현암 수상록

현암 수상록

25

이을호 지음 · 다산학연구원 편

간행사

　선생이 1998년 88세를 일기로 서세하신 후, 2000년 11월 <이을호 전서> 9책 24권이 출판되었고, 2010년 탄생 100주년을 기념하여 『현암 이을호 연구』가 간행되었다. 그리고 10여 년 사이에 몇 가지 학계의 여망을 수렴해야 할 필요성이 대두되었다. 초간본에서 빠트린 글들을 보완해야 할 필요성이 제기되었고, 현대의 독자들을 감안해서 원문 인용문 등도 쉽게 풀이하는 것이 좋겠다는 요청이 있었다. 그 가운데 가장 중요한 것은 선생의 저술들이 가지는 학술적 가치를 고려할 때 몇몇 주요 저술들을 단행본으로 손쉽게 접할 수 있도록 보완해달라는 것이었다. 이로 인해 <이을호 전서>를 <현암 이을호 전서>로 개명하고, 9책 24권 체제를 각권 27책 체제로 확대 개편하는 수정 증보판을 내놓게 되었다.

　일반적으로 선생을 가리켜 다산학 연구의 개척자라 하기도 하고, 현대 한국학의 태두라 하기도 하지만, 이는 그 일면을 지적하는 것일 뿐, 그 깊이와 내용을 올바로 판단한 것은 아니다. 선생의 학술적 탐구가 갖는 다양한 면모와 깊이는 전체적으로 고찰하기가 어렵기 때문이다.

선생의 학문 여정을 돌아볼 때 고보 시절에 이제마(李濟馬, 1838~1900)의 문인으로부터 『동의수세보원』을 익힘으로써, 인간의 근원에 대한 이해, 곧 그때까지 유행하고 있었던 주자의 성리설(性理說)로부터 고경(古經)의 성명론(性命論)으로 전환하는 계기가 되었다. 또한 경성약전을 졸업하고 중앙의 일간지에 「종합의학 수립의 전제」등 여러 논설을 게재하고 『동양의학 논문집』 등의 창간을 주도하면서 '동서양 의학의 융합'을 주장하였던 것은 일제하에 허덕이고 있었던 민생을 구하고자 하였던 구세의식의 발로(發露)였다.

27세 때, 민족자강운동을 펴다가 일경에게 체포되어 영어의 몸으로서 『여유당전서』를 탐구하였던 것은 다산이 멸망하는 조선조의 운명을, 새로운 이념으로 광정(匡正)하고자 하였던 그 지혜를 배워서, 선생이 당면하였던 그 시대를 구하고자 한 것이었다. 광복과 함께 학교를 열었던 것은 평소에 꿈꾸었던 국가의 부흥을 교육입국을 통하여 현실에 실현시키고자 함이었다.

학술적으로 첫 업적이라고 할 수 있는 국역 『수은(睡隱) 간양록(看羊錄)』은 우리의 자존심으로서, 일제에 대응하고자 하였던 존엄의식의 발로였다. 마침내 다산의 경학연구로 학문적 토대를 쌓아, 육경사서(六經四書)에 대한 논문과 번역 등 『다산경학사상연구』를 비롯한 많은 저술을 남긴 것은 조선조 500년을 지배한 주자학의 굴레로부터, 학문적 자주성과 개방성으로서 새로운 시대의 올바른 문화를 열고자 하는 열망을 학술적 차원에서 이룬 것이었다.

선생의 학문은 난국의 시대에 국가의 앞날을 우려하여, 우리의 의식으로서 새로운 사상적 전환을 이룩하고, 한국학의 독자성을 밝혀, 현대문화의 새로운 방향을 제시한 것이라 할 수 있다. 선생의 학문은 깊고 원대한 이상에서 성장해 결실을 맺은 것임을 알 수 있으니, 그 학문세계를 쉽게 말할 수 없다는 소이가 바로 여기에 있다.

선생이 가신 지 어언 15년의 세월이 흘렀음에도 선생의 저술에 대한 기대가 학계에 여전한 것은 오롯이 선생의 가르침과 학술로 거둔 성과다. 문인으로서 한결같이 바라는 것은 선생의 학술이 그 빛을 더하고 남기신 글들이 더욱 널리 퍼지는 것이다. 이 새로운 전집의 간행을 계기로, 선생의 학문이 더욱 널리 알려지고, 그 자체의 독자성이 심도 있게 탐구되어 대한민국의 학술사에서 선생의 위상이 새롭게 정립된다면, 이것이야말로 이 전서의 상재(上梓)에 참여한 문인들의 둘도 없는 소망이다.

2013년 납월(臘月)
문인 오종일 삼가 씀

일러두기

1. 이 책은『이을호전서』9책 Ⅱ권『수상록』을 단행본으로 분책하면서『현암 수상록』으로 제목을 바꾼 것이다.
2. 이 책은 저자가 여러 지면에 발표한 수필·수상 등을 편집자가 주제에 따라 분류해서 단행본으로 구성한 것이다.
3. 번역 과정에서 기간(旣刊)된 다른 책의 번역을 참고하였다.
4. 저자가 인용한 원문은 그 출처를 표시하였고, 궐문의 경우에도 이를 보완하였다.
5. 이 책의 교열자는 최영희다.

현암 이을호 전서 27권

현암 수상록
목 차

학문과 사색

삶의 지혜

생활의 주변에서

학문과 사색

맹자의 민주정신과 현대지성

공맹을 한데 묶는 버릇은 아마도 송인(宋人)들이 유학을 선양하여 맹자를 아성(亞聖, The second sage)이라 칭한 이후부터의 일인 듯하다. 그야 맹자 자신도 "나는 그에게서 모든 것을 배워보고 싶은 사람이다"라 하기도 하고, "이제 내 소원을 말하자면 공자를 배우고 싶은 것이다"라 한 것으로 보아 그는 아성으로서의 지위에 만족하리라고 생각되나, 따지고 보면 마치 도가에서 장자를 병칭하기는 하지만 아예 노자의 유약겸하(柔弱謙下)의 처세관과 장자의 사생일여(死生一如)의 인생관과의 사이에는 건널 수 없는 깊은 구렁이 있듯이, 공자와 맹자의 사이에도 그의 동이를 따지자면 한두 가지가 아닐 것이다. 물론 어느 모로 보나 맹자는 공자의 직계 정통을 이어받은 뚜렷한 '별'이기는 하지만 그들의 사이에는 벌써 백 수십 년이란 시대적 간격이 있고, 더구나 이 시기야말로 정치적으로나 사회적으로나 또한 사상적인 면에 있어서도 전대미문의 전환기였던 만큼 그들의 사고 양식에 변화를 가져오기에 이르렀다는 것도 무리는 아닌 이야기다. 그러므로 우리는 언제까지나 맹자를 거저 유가에서 다루듯 아성의 위치에다만 놓아둘 것이 아니라, 공자의 기미에서 떼다가 맹자의 맹자다운 모습을 한번 그려보는 것도 흥미 있는 일일 것 같다. 그런 점에서 이 글은 맹자에 관한 어떤 새로운 창견을 내세워 보자는 데에 그 목적이 있다느니보다도 차라리 맹자로서의 특이한 일면을 추려서 그의 사상을 한번 정리해 보자는 데에 그 동기가 있을 따름이다.

태어난 시기와 그의 생애

중국사상사의 분류에 의하면 공자시대(551~479 B.C.)로부터 진초(秦初, 221 B.C.)까지를 제자시대(諸子時代)—일설에는 한문제 때까지를 자학시대(子學時代)라기도 하지만—라 한다. 그중에서도 맹자(371~279 B.C.)가 제선왕(齊宣王, 342~324 B.C.)의 직문(稷門) 하(下)에서 놀던 시기를 전후하여 중국 고대문화는 그야말로 백화쟁명의 가장 높은 수준에로 발전했다고 보는데 그와는 반대로 전국시대 말엽의 세기말적 혼돈상은 날로 고질화되어가고 있었기 때문에 "만일 천하를 바로잡자 하신다면 이러한 시대에 있어서 나를 내놓고 누가 있을 것이냐", 그렇게 맹자로 하여금 외치게 한 시대가 바로 이때인 것이다. 이때에 주나라의 구제도는 이미 최후의 숨을 거둔 지 오래라 곧 "오패(五覇)는 삼왕(三王)의 죄인이요 요즈음 제후들은 오패의 죄인"이 된 지 이미 오래인지라 맹자로 하여금 분연히 춘추대의를 부르짖지 않을 수 없게 하였고, 인간의 존엄을 위하여 공자보다도 더 억센 태도로 싸우지 않을 수 없게 하였다. "찬가에는 기름진 고깃덩이가 그득하고 마구간에는 살찐 망아지가 있는데 백성들의 얼굴에는 주린 빛이 떠돌고 들녘에는 굶어죽은 시체가 시글시글 굴러 있는" 그런 시대이기에 이윤(伊尹)의 말을 빌려 "하늘이 이 백성을 내실 적에 먼저 안 이가 뒤로 알 이를 깨우쳐주며, 먼저 깨달은 이가 뒤로 깨달을 이를 깨우쳐주게 하시니, 나는 하늘이 내신 백성들 중에 먼저 깨달은 사람이라" 자인하고 나서지 않을 수 없는 맹자였던 것이다. 다시 말하면 맹자가 활동하던 시대는 공자 사후 이미 160년이 훨씬 지난 때였던 만큼 공자처럼 그저 천하의 예악이 시들어 감을 걱정할 정도가 아니라, 파리 떼 같은 백성들을 위하여 제후들의 턱 밑에 인의의 칼을 들어대고 멱살이라도 잡고 늘어져야 할 판에 당면하게 된 것이다. 그러므로 맹자의 말씨는 억세고 거칠고 날카롭다.

그가 낳기는 추나라 땅인데 시방 산동성(山東省) 곤주부(袞州府) 추현(鄒縣)이라 공자의 출생지인 노나라 창평현(昌平縣) 추읍(陬邑) (시방 산동성 원주 곡부현)과는 그리 멀지 않은 곳이다. 노나라는 본시 주공의 아들 백금(伯禽)의 봉국(封國)이라 주공이 마련한 주나라의 문장제도가 고스란히 옮겨져 있었고, 그 전통이 공자 때까지도 뻗어져 있었기 때문에 공자의 존주사상(尊周思想)이란 결코 우연한 것이 아닌데, 맹자 또한 이러한 지역적인 환경에서 공자의 인(仁)과 춘추대의(春秋大義)의 정신에 철저하게 젖게 된 것도 무리는 아니다.

맹자의 어린 시절의 사적은 그리 선명하지 않으나 유향(劉向)의 『열녀전(列女傳)』에 맹모삼천지교(孟母三遷之教)의 기록이 있는 것으로 보아서 그는 어려서 아버지를 잃고 어머니의 엄격한 교육을 받은 것으로 짐작된다. 그러나 이는 믿기 어려운 일설이거니와 그가 아버지를 여읜 시절은 사(士)벼슬 때인 듯하니 "맹자의 나중 상례가 먼저 상례보다 나았다." "앞선에는 사벼슬이었고, 뒤에는 대부의 벼슬이었기 때문에"란 기록에 의하여 전상(前喪)을 부상(父喪)으로, 후상(後喪)을 모상(母喪)으로 보는 견해도 있기 때문에 부선망(父先亡)이었던 것은 의심없으나 그의 몇 살 때 일인가는 아직도 의심스런 점이 많다. 어쨌든 현모의 훈도 하에 자란 맹자가 제선왕과 양혜왕(梁惠王)을 만난 것은 그의 40 전후의 일인데 이 점 또한『사기(史記)』는 선제후양(先齊後梁)이라 하였고, 『통감(通鑑)』의 기록은 선양후제(先梁後齊)가 되는 셈이라, 주자(朱子)도 여기에는 단안을 내리지 않고 미지숙시(未知孰是)라 어느 설이 옳은지 모르겠다고 하였다. 이에 대한 시비는 후인의 고증을 기다리기로 하더라도 어쨌든 맹자는 이때에 공자처럼 구사(求仕)하려는 태도보다도 제후들과 더불어 왕도를 강론하는 데 더 많은 정열을 기울였다. 당시 진은 법가(정략가)인 상앙(商鞅)을 제는 손자(孫子)·전기(田忌)를, 초(楚)·위[魏, 梁]는 오기(吳起) 등 병가[兵家, 軍略家]를 기용하여 패권의 야욕에 불타 있는지라 왕정론자(王政論者)인 맹자가 그 틈에서 벼슬살이하기란 낙타가 바늘구멍을 뚫기보다도 더 어려운 시대였었는지도 모른다. 그렇기에 맹자의 일생이 공자의 코스와 비슷하지만 공자는 그래도 노나라 대사구(大司寇, 법무장관)의 자리에도 앉아 본 일이 있으되 맹자는 언제나 제후들과의 대결에서 한낱 정론가(政論家)의 위치를 일보도 더 내어 디디지 못했다.

그러므로 그는 봉건제도하 드물게 볼 수 있는 언론자유의 분위기 속에서 인권의 존엄을 위하여 싸운 것이다. 그뿐 아니라 "성왕은 나지 않고 제후들은 함부로 굴며 처사들은 함부로 지껄이니 양주(楊朱) 묵적(墨翟)의 학설이 천하에 그득하고 천하의 논설이 양씨에게 따르지 않으면 묵씨에게 기울어진" 시절에 그 사상적인 면에서도 공자학파의 챔피언이 되지 않을 수 없었다.

그가 74세의 한 생애를 마칠 때까지 그의 인생은 공자처럼 그의 제자인 만장지도(萬章之徒)와 더불어 학리와 세정을 논란하면서 지냈건만 그에게서는 공자 같은 원숙한 풍도를 찾기 어려운 것은 다름 아니라 일부당천(一夫當千)의 기개로써가 아니면 감당키 어려운 시대적 풍조 때문에 그리 되었거니 짐작하지 않을 수 없다.

민주주의 사상

흔히 맹자를 왕정론자라기도 하고 성선론자(性善論者)라기도 하는데 이 두 입장은 불가분의 표리가 되어 있다. 이 관계는 맹자사상의 전모가 밝혀짐으로써 비로소 이해되리라고 생각되는데 그러면 먼저 그가 주장하는 왕도란 무엇인가? "세력으로 인을 가장하는 자는 패자이니 패자는 반드시 큰 나라를 차지해야만 하고, 덕으로 인을 행하는 자는 왕자이니 왕자는 큰 것을 기대하지 않는다." 덕으로 인을 행하는 왕자는 어떤가? "덕이 어떠해야 왕노릇을 할 수 있을까요?" "백성을 사랑하고 북돋아 주면서 왕노릇을 하면 아무도 이를 방해하지 못하리다." 여기에 덕이란 백성을 사랑하는 것을 의미한다. "인을 간직한 이는 남을 사랑하고"라 하였으매, 이는 덕이 곧 인이니 다시 말하면 왕정이란 인정(仁政)이요, 덕정(德政)이요, 뒤집어 말하면 애민애인(愛民愛人)의 정치이니, 왕도정치란 바로 민주주의정치를 의미하는 것이다.

애민사상은 본시 맹자뿐만 아니라 일반적으로 동양사상의 한 특색을 이루고 있기는 하지만 이 점에 있어서 가장 철저를 기한 인물이 맹자요, 어느 점으로 보아서는 현대적인 경향을 이미 이천 수백 년 전에 띠고 있다는 것은 실로 놀랍 직한 사실이다. 그의 애민애인의 왕정은 인민에 의한(by the people) 인민을 위한(for the people) 인민의(of the people) 정치이어야 했다. "곁에 있는 사람들이 모두들 '어진 사람이올시다' 하더라도 안 됩니다. 여러 대부들이 '어진 사람이올시다' 하더라도 안 됩니다. 온 나라 사람들이 모두들 '어진 사람이올시다'라거든 그 때 비로소 잘 조사하여 그가 참으로 어진 사람인 것을 확인한 연후에 채용하십시오"는 인민에 의한 현인의 선출방법이요, "인정을 베풀어 형벌을 덜고 세금을 적게 하여 주며……청장년들에게는 농한기를 이용하여 효·제·충·신의 길을 닦게 하되"는 인민을 위한 정치요, "'그러면 순이 천하를 차지했는데 누가 주었습니까?' '하늘이 주었지.'" …… "하늘이 보시되 우리 백성을 통하여 보시고, 하늘이 들으시되 우리 백성을 통하여 들으신다"라거나, "걸·주가 천하를 잃은 것은 백성을 잃은 것이니, 백성을 잃었다는 것은 그가 민심을 잃었다는 것이다"는 인민의 정치를 의미한다.

여기서 맹자의 데모크래틱한 사상은 더욱 진전함을 볼 수 있는데 "사람마다 다 요·순같이 될 수 있다", "순은 어떤 사람이며, 나는 어떤 사람인가. 하기만 한다면 다 그렇게 될 수 있는 것을!"에서 평등사상에로의 발전을 엿볼 수 있고, 이 평등사상에서 아주 완전히 탈피하고 보면 "신하로서 그의 주군을 죽였는데 그래도 옳을까요?" "……한 놈의 왈패 주를 죽였다고 들었지 그의 주군을 죽였다고는 듣지 않았습니다"의 격어를 내뿜게까지 되는 것이니, 이를 일러 인민의 자유를 위한 맹자의 혁명사상이라고 한다.

그러나 그의 혁명사상은 요·순·우·탕의 선양(禪讓)에서 보는 바와 같은 천명(天命, The Mandate of Heaven)사상의 윤색화(潤色化)에 지나지 않는다. "백성이 가장 귀중한 것이요, 사직이란 그다음이요, 임금은 가장 경한 것이니라"의 입장에서 생각할 때 천명이란 언제나 인심의 귀추여하에 따라 움직일 수 있다고 볼 수도 있기 때문에 그의 혁명사상은 그저 단순한 유혈혁명을 의미한 것이 아니라 "인자에게는 적이 없느니라" 하였느니 싸워서 탈취하는 혁명을 의미하지 않는다. 오늘의 민주주의란 주권재민 인심의 소재를 결정하는 정도라고 할진대, 맹자가 천명, 곧 인심의 소재를 밝혀 그에 따르려는 태도와 다른 데가 있을까! 아마 그렇지 않다고 해도 그리 망발은 아니리라고 여겨진다. 그러므로 맹자의 혁명사상은 전에 일인(日人)들이 싫어하던 그런 역세(易世)를 위한 반민적(反民的) 혁명이 아니요, 시역(弑逆)을 도모하는 야심가들의 구실이 되는 그런 혁명은 더욱 아니다. 오로지 고대선왕들의 선양제도를 합리화하여 현인의 왕도정치를 실현코자 하는 혁명사상이기 때문에 이 점에 있어서는 플라톤 공화국에서의 철인정치론과도 일맥이 상통할 것이요, 오늘의 의회정치사상과도 그리 큰 거리가 있는 것도 아니리라. 다시 말하면 맹자의 혁명사상은 공자의 덕위일체론을 인본주의적 입장에서 서술한 것이라는 결론을 내리지 않을 수 없다.

왕정하의 민생

공자 때만 하더라도 경제적 궁핍과 사회적 혼란이 그리 심하지 않았는지라 오로지 주나라의 주권을 위하여 공자는 예악행정에 중점을 두었지만 맹자는 이제 그런 완만한 정책을 가지고는 도저히 민생의 활로를 개척할 수 없음을 깨달았다. 그러기에 그의 안중에는 공위화(空位化)한 주천자(周天子)의 주군쯤이야 돌볼 겨를이 없고, 거저 제후들의 기성세력을 용인하면서 그들의 실지 정책비판에 급급했던 것이다. 그야 맹자도 공자처럼 주의 문장제도를 따르려는 태도를 취하기는 하였지만 그런 중에서도 그는 예악보다도 경제정책 또는 사회정책에 더욱 많은 관심을 기울였다는 것이 하나의 특색이라면 특색이라고 할 수 있으리라. "항산(恒産)이 없더라도 항심(恒心)을 간직할 수 있기란 오직 선비들만이 그럴 수 있는 것이지만 일반 사람들이야 항산이 없으면 그 때문에 항심도 못 가지는 것입니다. 정말이지 항심이 없으면 함부로 하고 고집부리고 간사하고 사치스런 행동을 제멋대로 해 내칠 것입니다." 그렇기 때문에 그들에게는 먼저 항산을 마련해 주어야 한다. 그러므로 "명철하신 군왕이 국민산업을 통제함에 있어서 언제나 위로 부모를 섬길 수 있게 하고, 아래로는 저희들 처자를 길러낼 수 있게 하여 주며" 하는 정도의 생활을 보장해 주어야만 한다. 그 책임은 다름 아닌 백성의 부모인 왕자에게 있는 것이다. 이런 견지에서 맹자는 "그런데 인정이란 반드시 경계를 바로잡는 데서부터 시작해야 하는데 경계가 올바르지 않으면 논밭 차지가 고르지 않고 수확도 우뻑지뻑합니다. 그러므로 고약스런 군왕이나 지꺼분한 벼슬아치들은 으레 경계를 흐지부지하게 만들어 놓습니다"라 한 것이나 "농사집 들에 뽕나무를 심으면 오십난 노인도 명주옷을 입게 됩니다"라 한 것이나, "들에서는 구일제(九一制)에 조경법(助耕法)을 쓰고, 성안에서는 십일조법을 써서……"라 한 것으로 보아 맹자의 경제정책의 기초는 정전법(井田法)에 둔 것을 알 수 있다.

맹자의 정전법 정책은 주나라의 옛 정책을 답습하였다는 설과 고대 정전법의 윤색 개조라는 두 설이 있기는 하지만 어쨌든 맹자는 토착농민의 영농에 그의 경제정책의 기초를 둔 것만은 의심할 여지가 없다. 왕은 이민위천(以民爲天)하여야 하되 민은 이식위천(以食爲天)이기도 하기 때문이기도 하다. 그런 연후에 백성들에게 예를 가르치고 효제충신의 도를 가르쳐야 한다. 이는 교육에 선행하여 경제적인 민생의 안정이 있어야 함과 생활이 토대 잡히면 그 뒤에는 교육이 뒤따라야 함을 말하는 것이다. 이것이 바로 경제와 도의가 조화된 유토피아적인 이상국가이므로 이런 것을 일러 왕정하의 천하라고 맹자는 생각한 것이다.

이런 이상국가에서는 "마누라 없는 늙은이를 환(鰥)이라 하고, 이녁 없는 할멈을 과(寡)라 하고, 자식 없는 아비를 독(獨)이라 하고, 어려서 어버이를 잃은 아이를 고(孤)라 하는데, 이 넷은 천하에 호소할 곳 없는 불쌍한 무리들이다"라 하여 이들을 위한 구호정책을 세워야 하며 "군자가 없어도 농군을 다스리지 못할 것이요, 농군이 없어도 군자를 길러주지 못할 것이다"에서 분업제도의 정신을 엿볼 수 있으며, "천하의 벼슬아치들로 하여금 자진해서 왕의 조정에 나서게 하시며, 농부들도 제각기 왕의 영지를 경작하고 싶게 하시며, 장사치들도 다 왕의 저잣거리에 짐을 풀고 싶게 하시며, 길가는 무리들도 다 왕의 길거리를 지나고 싶게 하시며"에서 인정이란 결국 인민의 자유활동을 조장해 주는 정치요, 경제란 결국 자유경제체제를 원칙으로 함을 보여준 것이라고 할 수 있다.

이렇듯 맹자가 생각한 왕정이란 경제적 토대 위에 세워진 문화정치라 할 수 있고, 이의 실현을 위한 왕자의 지도 여하에 따라 그의 성과가 좌우된다고 그는 생각하게 된 것이다. 말하자면 왕자가 지닌

지도이념의 문제다. 여기에 공자의 인에 덧붙인 맹자의 인의가 당시 사회의 지도이념으로서 클로즈업된 소이가 있다.

왕자의 인의

맹자의 혁명사상에서 연역한 왕자는 지도자요 영도자란 뜻이다. "그러고도 왕노릇을 못하는 이는 절대로 없습니다"의 왕노릇의 왕이란 천하를 영도할 사람이란 뜻이다. 전에 그랬던 사람으로는 멀리 요순이 있고, 가까이는 문왕이 있다. 이들은 결코 천하를 탈취한 것이 아니라 민심, 곧 천명에 순응하여 천하의 왕이 되었을 따름이다.

이제 맹자의 생각으로는 "천하가 물에 빠지다시피 된" 시절에 천하의 민심이 왕자의 출현을 대망하는 품은 "민중들의 기대한 긴 가뭄에 그름 피어오르기를 기다리는 것 같아서", "더구나 이 시대처럼 오래도록 왕노릇할 이가 나지 않은 시대도 없을 것이며, 이 시대처럼 백성들이 몹쓸 학정에 시달린 시대도 없을 것이니, 굶주린 자에게는 먹이기가 쉽고 목마른 자에게는 물을 축여 주기가 쉬운" 그런 시대에 맹자는 "제나라를 가지고 왕노릇하기란 손바닥 뒤집기 같을 거야!" 장담한 것이다. 그러면 이렇듯 찾고 있는 왕자는 어떠해야 하는가! 그는 바로 인의의 사도이어야 한다는 것이 맹자의 주장이다. 그러므로 그는 양혜왕더러 "인과 의가 있을 따름이니라" 그렇게 말씀하실 일이지 "왜 하필 이(利)라는 것을 내세우십니까"라고 외친 것이다. 이는 바로 묵자의 공리주의에 대한 반박인 것이니, 묵자학파인 송경(宋經)과의 문답에서 "남의 신하가 된 자로 이해를 따져가면서 그의 주군을 섬기고, 남의 아들이 된 자로 이해를 따져가

면서 그의 주군을 섬기고, 남의 아들이 된 자로 이해를 따져가면서 그의 아비를 섬기며, 남의 아우가 된 자로 이해를 따져가면서 그의 형을 섬긴다면 이는 임금과 신하 아비와 아들, 형과 아우가 결국 인과 의를 떠나서 이해만을 따지면서 접촉하게 될 것이니, 그러고도 망하지 않을 자는 결코 없을 것입니다"라고 한 것으로 보아도 그의 입장은 반묵적(反墨的)인 면에서 반공리주의인 것이다.

왕자의 인의란 서백(西伯)의 위치에 있던 문왕이 천하를 차지하게 된 그 원동력이다. 걸주(桀紂)는 비록 천하에 군림했으나 인의에 어긋났기 때문에 천하를 잃고 말았다. 그러므로 맹자는 등문공(滕文公)과 같은 소공자더러도 "인간의 성은 선한 것이라 하며 말끝마다 요순을 찬양하였다"고 하니, 등도 요순의 도를 실천하면 천하의 왕이 될 수 있다는 것이다. 요순의 도는 다름 아닌 인의의 도인 것이다.

공자 때만 하더라도 인을 실천하지는 못했을망정 가인(假仁)이라도 해야 행세할 수 있었지만 맹자 때에는 이미 양묵의 도가 위아(爲我)의 안일과 공리의 타산으로 천하를 휩쓸었기 때문에 맹자는 무엇보다도 먼저 이들의 그릇된 이념을 부수지 않으면 안 될 입장이었다. 맹자가 양묵의 도를 공격한 것은 어찌 그들이 반유파(反儒派)라서만이 그랬을 것인가? 왕자의 인의를 대망하는 민중의 소리를 그대로 외쳤을 따름인 것이다. 그러므로 기성세력인 양혜왕이나 제선왕더러도 왕자가 되라 하였고 등문공과 같은 소공자더러도 인간의 양식에 호소하여 천하의 왕자가 되도록 노력하라 하였다. 천하의 왕이 따로 있는 것이 아니라 인의의 사도가 천하의 왕이 될 따름이다.

그러면 인의란 무엇인가! 여기서 비로소 우리는 맹자의 인(Benevolence Humanheartedness Love), 의(Righteousness)와 성선(性善)과의 관계

를 따져 보아야 하며, 왕정론자로서의 맹자가 성선론자로 발전하지
않을 수 없는 자취를 더듬어 보아야 할 단계에 이르른 것 같다.

인의와 성선

맹자의 생각으로는 "왕자는 인인(仁人)이요 의인(義人)이어야 한
다. 인인이란 사람을 사랑할 줄 아는 순정의 소유자인 것이오, 의인
이란 자아 양식의 각성에서 우러나오는 당위의 의지대로 행동하는
사람이다." 그러면 인간에게 있어서 이러한 순정과 양식은 어디로부
터 오는 것일까! 선천적이냐 후천적이냐 할 때, 맹자는 단정코 이는
인간의 본성 생김새 그대로 누구나 다 소유하고 있는 선험적 존재로
서의 성이라는 것이다.

인간은 본래 낙선이오악(樂善而惡惡)할 줄 아는 순정과 호덕이치오
(好德而恥汚)할 줄 아는 양식을 소유하고 있는 것이다. 인간이 악을
범하는 까닭은 이 본성을 버리기 때문이요, 인간이 자기의 본성을
따르면 "사람마다 다 요순같이 될 수 있다니 그럴 수 있을까요?"
"그렇다"고 주장하는 곳에 맹자의 성선론적 근거가 있다. 누구나 다
왕자가 될 수 있고, 왕자란 바꾸어 말하면 인의의 인이니 누구나 다
인의의 인이 될 수 있다는 근거를 맹자는 그의 성선론 속에서 찾아
낸 것이다. 그러므로 공자는 겨우 "본성은 서로 가깝고 습관은 서로
멀다[性相近也 習相遠也]" 정도로 얼버무려 놓고, 자사는 "천명지위성
(天命之謂性)"이라 한 성을 맹자는 "그 정상을 따지고 보면 선할 수
있다는 것이니 그래서 선하다는 것이다"라고 단정하였다. 여기에 정
상이란 인간성의 건실한 모습이란 뜻이다.

인간성의 참된 모습은 "사람에게는 다 남에게 차마 하지 못하는 마음이 있다"는 데에서 볼 수 있다. 이것이 바로 인인의 마음씨인 것이니 이 마음씨를 확충하면 애인애민할 수 있는 왕자가 된다. 그러므로 죄 없이 죽음터로 끌려가는 한 마리 송아지의 죽음도 차마 그대로 보지 못하고 양과 바꾸라고 한 제선왕의 마음씨가 곧 "그것이 어진 이들의 마음씨"인 것이다. 이처럼 남에게 차마 하지 못하는 마음씨를 뒤집어 말하면 남을 사랑하는 마음이 되는 것이니, 이것이 바로 선할 수 있는 인간의 본성이요 순정이다. "이렇게 따지고 보면 불쌍히 여기는 마음이 없으면 인간이 아니다. 부끄러워하고 싫어하는 마음이 없으면 인간이 아니다. 사양하는 마음이 없으면 인간이 아니다. 옳고 그름을 따지는 마음이 없으면 인간이 아니다. 불쌍히 여기는 마음은 인의 싹이요, 부끄러워하고 싫어하는 마음은 의의 싹이요, 사양하는 마음은 예의 싹이요, 옳고 그름을 따지는 마음은 지의 싹이다."

성선과 지성

인간의 심리적 현상에서 유추하여 낸 맹자의 성선론은 공자의 충서사상(忠恕思想)과 결부하여 확고한 철학적 근거를 마련해 놓았다고 할 수 있으니 충서란 "내 집 늙은이를 생각하듯 남의 늙은이도 생각하고, 내 집 어린 것을 생각하듯 남의 어린 것도 생각하면 천하도 손바닥 위에서 놀리듯 할 수 있습니다"에 나타난 것이다. 그러므로 맹자는 공자의 충서론(자신이 하기 싫은 것은 남에게도 시키지 말라[己所勿欲 勿施於人])의 밑받침으로서도 성선론을 조장하였을 뿐만 아니라, 그의 왕정의 주체가 되는 왕자의 심성을 따지는 면에 있어서도 결국 성선론의 입장을 취해야만 했던 것이다. 그리하여 왕정과 성선은 표리불가분의 관계가 있다는 견해가 이에 성립된다.

맹자는 바로 위에서 추려낸 바와 같이 그의 인의예지 사단론(四端論)을 통하여 성선의 짝을 엿보았고 "붙잡히면 간직되고 버리면 없어지는" 인간의 마음은 "생각하지 않더라도 저절로 알게 되는 그 힘을 양지(良知)라 한다"의 그 양지이기도 하다. 양지뿐이 아니라 "사람이 안 배운다 하더라도 할 수 있는 능력 그것을 양능(良能)이라 하는" 능력이 있다. 이에 맹자의 성선론은 천부양지양능론(天賦良知良能論)으로 발전하였으니, 맹자의 인의도 다름 아닌 이 양지 양능에서 우러난 실천의 소산에 지나지 않는다. 이 점이 바로 맹자사상의 정점이라고 할 수 있는 만큼 친친(親親)의 인이건 경장[敬長, 尊賢]의 의건 모두 양지의 말미암은 바요, 양능의 실천하는 바다. 그러므로 고자처럼 "성이란 버들가지와 같고"도 아니요, "성이란 여울과 같은 지라"도 아니요, "태어난 그대로를 성이라 합니다"도 아니요, "식욕이니 색욕이니가 성인 것이니, 인이란 안에 있지 밖에 있지 않고, 의란 밖에 있지 안에 있지 않습니다"도 아니요, "성이란 선한 것도 없고 선하지 않은 것도 없다"도 아니라, 맹자의 성은 인의를 실천할 수 있는 양지 양능의 성인 것이다.

이 양지 양능이야말로 인간의 인간다운 귀여운 모습이다. 요즈음 흔히 지성인이란 말을 쓰는데, 맹자는 이미 인간이란 양지의 인이요, 양능의 인임을 안 것이다. 지성인이란 자아의 지성에 호소하여 인류의 정로를 개척할 수 있는 능력의 소유자라고 할진대, 맹자가 말하는 양지 양능의 인이란 바로 그런 사람이 아닐까! 이것이 이른바 인의의 인이요, 현인이요, 철인이요, 대인이요, 군자요, 나아가서는 왕자가 아닐까!

왕자, 곧 지성인이야말로 맹자의 이른바 현인이요, 플라톤이 이른바 철인이라고 한들 그리 큰 망발은 아닐 것이다. 여기서 맹자의 왕정론이란 바로 현인정치론임을 알 수 있으니 요즈음 말로는 지성인의 정치론이랄 수도 있지 않을까! 지성인이란 어디 따로 있는 것이 아닌 것과 같이 현인도 결코 특정의 인물이 아니다. 누구나 다 현인이 될 수 있으니 이는 인간의 성은 인의를 실천할 수 있는 가능적 존재이기 때문이다. 이 인의실천의 가능적 존재로서의 인간이기 때문에 인간 본연의 성은 선할 수밖에 다른 도리가 없는 것이다. 성이란 선할 수밖에 없기 때문에 지성도 또한 성선을 밑받침으로 하지 않을 수 없지 않은가! 맹자의 성선과 현대적 지성과가 서로서로 피를 통하고 있는 소이가 바로 여기 있다.

후세에 끼친 영향

진정 맹자사상의 가닥을 추리자면 여러 갈래가 있으나 위에서는 오로지 왕정론자로서의 맹자가 성선론자로서의 맹자로 발전한 그의 모습만을 대강대강 더듬어 보았거니와 그의 사상이 후세에 끼친 영향은 실로 크고도 넓은 바가 있다. 특히 그의 심성론적인 성선론은 송명 철학의 주류가 되었고, 우리나라 성리학도 따라서 그의 성선론을 밑받침으로 하지 않을 수 없게 된 것은 새삼스럽게 이야기할 것도 없으리라. 주자도 그의 『대학장구』 서문에서 "맹자가 돌아가신 후로 그의 전통이 끊어졌더니……하남정씨(河南程氏) 두 선생이 나시어 맹자의 전통을 이으시니"라 한 것으로 보아도 정주학(程朱學)이란 바로 공(孔)·회(回)·사(思)·맹(孟)의 후계임을 알 수 있고 특히 맹자의 사단론은 주자(朱子)의 이발설(理發說)로 말미암아 송대 철학의 중심과제가 되었으며, 또한 맹자의 양지론은 왕양명(王陽明)의 치양지설(致良知說)의 모체가 되어 명대 철학의 핵심을 이룩했고, 정주철학이 우리나라에 들어와서 이조유학의 주류를 형성하자 퇴(退)·고(高) 양현(兩賢)의 사칠논변(四七論辯)의 토론이 벌어졌는데 사칠(四七)의 사(四)는 다름 아닌 유자입정(孺子入井)의 설에서 발단한 사단설(四端說)의 사(四)임은 다시 말할 나위도 없다. 이렇듯 맹자를 모르고서는 송명철학이나 이조유학을 이해할 수 없음은 너무도 뻔한 노릇이다.

뿐만 아니라 근대 청말에 굴기한 공양학파(公羊學派)나 실학파들은 모두 정주 등 자가 유학파들을 반대하는 입장에서 도리어 공맹의 진면목을 찾자는 데에 그들의 학적 목표를 두었고, 그의 여세를 타고 손문(孫文)의 삼민주의(三民主義)가 파생하였다고 보기 때문에 이에 맹자의 민본주의 사상과 그의 왕정론은 면면부절 이천 수백 년 후의 오늘에도 생생한 그대로 살아 있음을 공감케 한다.

어찌 중국에만 한한 일이랴! 바다 건너 일본의 소위 유신(維新)의 지도자 요시타 쇼인(吉田松蔭)이 사형수로서의 옥중에서 『맹자』를 강론한 것은 너무도 유명한 이야기라 그들이 얼마나 많은 정신적 양식을 『맹자』에서 구했는가 짐작할 수 있는 일 삽화이거니와 우리나라 한말의 철인 이제마(李濟馬)의 사상철학(四象哲學)도 따지고 보면 『맹자』에서 그의 단수(端首)를 이끌어 냈다고 볼 수도 있으니 이런 점 저런 점을 상고해 볼 때 맹자를 그저 옛사람이라고 해서 모른 체해 버릴 수는 없는 인물이요. 그의 사상일 것 같다(思潮 1958.9).

학문의 흰자위와 노른자위

—외도론의 변명

영광된 독서의 제1장

내가 『천자문』을 배우던 시절까지 거슬러 올라간다면 그간에 어느덧 60년이란 세월이 흘러간 셈이다. 나의 독서 편력도 따지고 보면 이 60년이라는 세월의 이야기가 되어야 할는지 모른다. 그러나 그러한 지루한 역정을 낱낱이 더듬을 겨를도 없거니와 더듬어 보았자 그다지 신통할 것도 없을성 싶기는 하지만 혹시나 하는 뜻에서 몇 가지 생각나는 대로 줄거리를 간추려볼까 한다.

좀 싱거운 이야기가 될지는 모르지만 아무래도 이 글의 성질상 『천자문』의 이야기를 이 글의 서장으로 내세울 수밖에 없다. 어쩌면 그것은 서당 풍경을 배경으로 한 옛이야기가 되는지 모른다. 서점도 도서관도 없고 신문이나 잡지도 없던 시절의 서당이란 책의 유일한 집산처(集散處)라고나 할까. 그러한 서당에서의 초입생인 내가 『천자문』한 권을 걸쳐 메고—당시에 책가방이 있었을 턱이 없다—통학

하던 모습은 당당하였고 의젓하였으리라. 지금처럼 책이 넘쳐서 시글시글한 시절과는 달리 아마도 유일본인 양 그 희귀 가치를 등에 메고 다녔으니 그 자랑스러움은 짐작할 수 있지 않겠는가. 지금 기억으로는 여름철이었음이 분명하다. 『천자문』을 뗀 어린 손자를 위해서 참외 한 바지게를 서당으로 보내주시던 할아버지의 기억이 새롭다.

이때 들쳐 멘 교과서 『천자문』의 왼쪽 귀손으로 책장을 넘기는 곳은 어찌나 닳았던지 누더기처럼 되어버린 그 처참한 모습이 눈에 훤하다. 아마도 그쯤 되어야 한 권의 책을 뗄 수 있었을는지 모른다. 뗀다는 것은 외워버린다는 것을 의미하며 독서란 어쩌면 송독(誦讀)을 의미했는지도 모른다. 비록 닳다닳다 망단하여 책장의 절반이 뭉개지더라도 그것들은 이미 책을 외워버린 후의 일이기에 그다지 문제가 되지 않는 것은, 책이란 읽어서 내 것을 만들기 위한 도구이지 결코 서가의 장식물이 아니기 때문이다.

공자의 위편삼절(韋編三絶, 공자가 『역』을 애독하여 가죽으로 맨 책 끈이 세 번이나 끊어졌다는 고사를 가리킴. 책이 닳도록 읽는다는 뜻)도 결국 책이란 망가질 때까지 읽혀져야 하는 것이 그의 본래적인 숙명인지도 모른다.

그런 의미에서 나의 『천자문』 책이 지녔던 그 누더기 같은 모습은 그의 영광된 독서의 제1장을 장식한 것이라 자부해도 좋지 않을까 여겨지기도 한다.

책벌레의 즐거운 비명

그러나 진정한 의미의 독서 시절은 고보 시절—지금의 중·고등학교시절—에 그 서막이 열렸고 당시의 회상은 실로 나에게 있어서는 풍요한 그것이었다고 자부함 직하다. 왜냐고 묻는다면 그 대답에 앞서 잠시 시대적 배경을 대강 설명해 둘 필요가 있을 것 같다. 때는 1925~30년대요, 내 나이는 겨우 15~20이라는 틴에이저.

바야흐로 국내에서는 「조선문단」, 「개벽」, 「어린이」 등의 잡지가 간행되었고 「동아」, 「조선」, 「시대」, 「중외」 등의 일간지들이 활발히 논설을 펴던 시절이었다. 인물로는 육당(六堂), 벽초(碧初), 춘원(春園), 동인(東仁), 민세(民世), 안서(岸曙), 학송(鶴松) 등이 기라성처럼 활약하던 시절이라 이들의 글이나 소설에 친숙해야 했고 이러한 새로운 문운(文運)에 휩싸였던 젊은 시절은 결코 외롭지 않았던 추억으로 남는다.

게다가 이때는 현해탄의 파고가 높지 않았기 때문에 진고개(지금의 충무로) 일대의 고서점에는 일서(日書)가 범람하였고 뿐만 아니라 동경 등지에서 간행되는 고서 목록은 요구만 하면 꼬박꼬박 보내주던 시절이었다. 일본어 독해력만 지녔다면 비록 국문판은 아닐망정 어느 분야의 책이건 간에 구독하지 못할 책은 없었으니 가위 독서광이라 지칭받는 사람의 욕구 충족도 그리 어려울 것이 없었던 시절이었다.

뿐만 아니라 오늘의 전집류 월부판의 선구를 이루고 있는 소위 원본(圓本)이라는 전집류가 판을 치던 시절이고 보면 서적이 없어서 책을 못 읽는다는 핑계는 아예 통하지 않던 시절이었다. 『천자문』

한 권을 가지고 책장이 반쪽이 닳아 떨어지도록 읽어야만 했던 그 시절에서 겨우 10년이 지난 때의 일이건만 이제 이 소년(나)은 두어자(蠹魚子, 책벌레)처럼 산더미 같은 책 속에 묻혀 즐거운 비명을 올려야 하는 신세가 되었던 것이다.

이 시절을 한마디로 잘라 말하라 한다면 탐독이 지나친 남독(濫讀) 혹은 난독(亂讀) 시절이었다고 해야 할 것 같다. 왜냐하면 책이란 책은 어떤 종류의 책이건 간에 닥치는 대로 읽어치워야만 후련했으니 마치 책 읽을 의무라도 지고 이 세상에 태어난 양 싶기도 하였다. 그런 판국에 질량으로 따지자면 어찌 질을 바랄 수 있겠는가. 깊이보다도 폭으로 셈해야 하는 양적 독서에 지나지 않았으니 좋게 말해서 다독시절이라 부를 수 있을는지 모른다.

다람쥐처럼 쏘다닌 책의 숲 속

그러면 대체로 어느 만큼의 폭을 지닌 다독이었을까. 6·25 때 몽땅 잃어버린 것들 중에는 제법 수준이 높은(중·고등 학생들에게는) 사상전집, 세계문학전집을 비롯하여 『주역강좌』라든가 빈델반트의 『서양 철학사』 같은 책들이 끼어 있기도 했지만 윤백남(尹白南) 중심의 우리나라 야담전집은 말할 나위도 없고 일본인 만화가 오카모토 잇페이[岡本一平]를 중심으로 한 만화전집까지 갖춘다는 식의 잡동사니도 우글우글했다. 마치 북극에서 남극까지를 동시에 내왕하는 식의 독서가, 그나마도 정독 아닌 걸 핥기가 나를 위해서 무엇이 보탬이 되었는지 사실상 저울로 달 수도 없거니와 되로 될 수도 없는 일이다.

그러나 어언 50년의 세월이 지난 오늘에 와서 옛날 어린 소년 시절을 회상할 때 실로 남은 것이 있다면 책이라는 도구를 통하여 동서고금을 섭렵했다는 사실만이 오늘의 나를 위한 가장 기름진 밑거름으로 되었다고 할 수 있을 것이다. 내게 만일 그러한 남독 시절이 없었다면 지금보다도 더한 딱딱하고 고루한 인간이 되지나 않았을까 나 자신을 몰래 저울질해 보기도 한다.

다산은 『성호(星湖)』를 읽은 후로 "천지의 큼과 일월의 밝음을 알았노라"고 술회한 바 있거니와 나는 나의 소년 시절에 책의 대해를 일엽편주처럼 떠돌았고 책의 숲 속을 다람쥐처럼 쏘다녔지만 결과적으로는 대해의 망망함을 알게 되었고 수림의 울창함을 보게 되었다고 할 수 있을 것이다. 꼭 어느 한 권의 책이 나의 교양의 양식이 되어 주었으리라고 나는 내세우려 하지 않는다. 차라리 오색찬란한 샹들리에의 불빛이 나를 황홀하게 만들어주듯 만 권의 잡학이 오히려 무한대의 가능성을 나에게 안겨 주었는지도 모른다. 후일 이것저것 손을 대며 학문의 외도를 서슴없이 즐길 수 있는 소지가 이미 이 시절에 마련된 것이 아닌가 싶기도 한 것이다.

남독에서 정독시대로

근자에 와서 나의 등 뒤에 '학문의 외도가'라는 레테르가 붙게 된 것은 '약학에서 철학[실은 다산학(茶山學)]'에로의 전이 때문인 줄을 나는 잘 알고 있다. 그러나 따지고 보면 1931년(내 나이 21세)에 이제마의 『동의수세보원(東醫壽世保元, 사상의학 원전)』을 손에 쥐면서부터라고 해야 할 것이다. 왜냐하면 이제까지 읽던 것들을 모조리 묶어서 한 자로 표현한다면 문(文)이요, 거기에 또 다른 한 자를 덧붙인다면 문예·문화·문학·인문 등 넓은 의미의 교양에 속한 것들이었다. 그러므로 설령 이런 책을 읽기 위하여 밤을 세우더라도 결코 다시 재탕─재독의 뜻─하는 일은 없었을 뿐 아니라 색연필로 줄쳐둔 대목마저도 다시 찾아 읽는 일이 없으리만큼 주마간산격의 독서였다고 해야 할 것이다. 그러나 『수세보원』을 읽기─사실은 배우기─시작한 후로는 정독에 정독을 거듭하여 수불석권(手不釋卷)의 고사를 그대로 실천에 옮기기라도 하려는 듯 여행 중의 객창 밑에서는 말할 것도 없고 다산이 그의 『주역』을 다룰 때처럼 "밥상머리[對飯], 치간 갈 때[登圊], 손가락 놀리며[彈指], 아랫배를 문지를 때[捫腹] 일망정 『주역』 아님이 없었다" 했듯이 나 역시 자나깨나 어느 때 어느 곳에서나 『수세보원』 아님이 없었음이 생각난다. 실로 『수세보원』한 권은 내 생애와 더불어 존재하는 양 귀중하게 간직했던 것이다. 이는 마치 많은 사람들이 『논어』나 『바이블』을 신주처럼 모시는 그런 심경과 조금도 다르지 않았던 것이다.

왜 하필이면 『수세보원』을 소재로 택하였는가 하는 질문에 대한 대답은 장황하겠기에 여기서는 이를 설명하지 않겠거니와 어쨌든 이를 계기로 하여 나의 남독시대가 정독시대로 바꾸어진 것만은 의심할 나위가 없다. 횡적 독서에서 종적 독서로 옮겨진 것이요, 양적 독서에서 질적 독서로 옮겨진 것이요, 교양독서에서 전공 독서로 옮겨진 것이니 이는 바로 나의 독서 생활에 있어서는 획기적 전환을 의미하는 것인지도 모른다. 그런데 이를 어찌 외도라 할 수 있겠는가. 범아일체(汎我一體)라 하거니와 넓고 넓은 학문의 대해에 있어서는 장원(牆垣)을 쌓듯 그러한 확연한 구분이 있을 수 없지 않을까 여겨지기도 하는 것이다.

음양론적 달걀론

내가 약학 전문의 3년 수업을 갖게 된 직접적인 동기는 바로 이『수
세보원』공부의 심화를 위한 것이다. 그러므로 나의 약학은 나의 독
서 세계에 있어서는 질적 심화를 위한 한 초점이지 그것만이 나의
독서 세계의 전부일 수는 없다는 사실을 나는 항상 마음속으로 되뇌
고 있는 것이다. 이러한 형태의 상황을 나는 대학생들에게는 대충
달걀에 비유하여 설명해주곤 한다. 나의 달걀론의 이론적 근거는 대
략 다음과 같다.

그것은 음양론에 근거한다. 음양양의(陰陽兩儀)에 의하여 태극(太
極)이 생성되는 것은 음양론의 상식이다. 주역에서는 이를 거꾸로
"태극이 양의를 낳는다" 하였다. 요즘 말로는 태극과 음양의 관계는
생성 관계라 할 수 있다. 그리고 이들은 동시성(同時性)과 동위성(同
位性)으로 서로 묶여 있기도 한 것이다.

달걀(태극)은 흰자위(양)와 노른자위(음)로 되어 있으며 이는 만물
중 가장 뚜렷한 음양론적 작품이다—모든 알이 다 그렇다—학문이
라는 달걀이 어찌 교양이라는 흰자위만으로 이룩될 수 있으며, 전공
이라는 노른자위로 성립될 수 있을 것인가. 흰자위 없는 달걀도 생
각할 수 없으려니와 노른자위만으로 달걀 구실을 다할 수 있으리라
는—어느 다방에서의 모닝 커피처럼—협량(狹量)도 우리는 경계해야
할 것이다.

이러한 음양론적 달걀론이 나의 입장을 설명해 줄 수 있는 이론적

근거가 된다는 사실은 다름 아니라 이것이 바로 나의 외도론이 근거가 없다는 지적을 반론해 주는 논거가 되기 때문이다. 내가 『수세보원』을 탐독하여 급기야 약학 전공에까지 몰고 간 것은 틴에이저 시절에 그처럼 광적 남독을 시도했던 흰자위 위에 한 점 노른자위를 찍은 것에 지나지 않거늘 어찌하여 그것이 엉뚱한 외도일 수 있겠는가.

그 후로도 나의 독서 습성은 이러한 음양 양면을 갖추고 있음을 스스로 느끼곤 한다. 소위 전공 논문을 준비, 구상, 집필하는 과정에 있어서도 일간지의 소설 따위의 통독을 모든 기사에 우선해야만 직성이 풀리는 것은 "세 살 버릇이 여든까지 간다"는 속언도 있듯이 결국 중학 시절의 그 남독 습성이 그대로 남아 있기 때문인 것은 아닐는지!

피가 되고 살이 된 옥중독서

그러던 차 하늘은 나에게 시련의 한 시기를 안겨 주었다고 나는 지금도 믿고 있다. 그것은 1938년(28세)에 향리에서 어떤 사건에 연좌되어 1년 반 동안 영어 생활을 강요당했던 것이다. 타인에 의한 영어는 곤욕임에 틀림이 없지만 단속(斷俗)의 좌선경(坐禪境)은 고승의 그것과도 결국 백지 한 장의 차이에 지나지 않는 것이다. 이는 하늘이 내게 주신 절호의 기회였던 것이다. 이 '틈', '여가', '시간의 여유'를 나는 결코 헛되이 허송해서는 안 된다. 소위 사상범의 예심 기간은 장기화하는 것이 당시의 통례이거늘 나는 이에 장기간적인 독서 계획을 짜야 했고 그것만이 이 '시간적 여유'를 가장 보람 있게 보낼 수 있는 유일의 길이기 때문이다. 그러므로 이 계획의 실천을 위하여 밖에 있는 친지들을 총 동원하여 서적 차입을 의뢰했으며 오늘날 다산경학의 기초가 되는 사서삼경도 이때에 통독하였으니 나는 되로 배워 말로 풀어먹는다는 속담도 무색할세라 홉으로 익혀 섬으로 풀어먹는 격이 된 셈이다.

일인 동양학자로 손꼽히는 우노[宇野], 쓰다[津田], 다케우치[武內] 등의 저술도 C교수의 세심한 배려로 차입받아 익힌 것이 오늘에 이르기까지 나의 학문의 피가 되고 살이 될 줄이야 그때에는 어찌 짐작이나 했겠는가.

나의 옥중 독서는 거듭 말하거니와 천혜의 그것이 아닐 수 없다. 그것은 나로 하여금 이제마의 사상의학에서 정다산의 『여유당전서』에로의 전환에 힘을 부여해 준 계기를 마련해 준 셈이다. 『여유당전서』나 『연암집』 등의 간행이 1936년대요, 나의 출옥이 1940년이었으니 출옥과 동시에 얻어진 이들의 전서는 다산이 성호를 읽고서 술회한 그 말을 여기에 다시금 되풀이할 것도 없이 천지의 큼과 일월의 밝음뿐만 아니라 우주 간의 모든 일이 그 안에 있음에 심취하지 않을 수 없었던 것이다. 이것은 『수세보원』이라는 노른자위가 『여유당』이라는 노른자위로 바뀌었을 뿐 거기에는 아무런 돌연변이도 없건만 흔히 '약학에서 철학'에로 탈바꿈한 것처럼 말하는 이 없지 않음은 웬일일까. 그것은 진정 나의 달걀론의 진수를 이해하지 못한 탓인 것이다.

나는 결코 외도로 학문을 즐기는 것이 아니라 넓은 학문의 세계에서 이리저리 동서고금을 섭렵하다보니 때로는 남의 눈에는 그것이 외도인 양 그릇 간주될 따름인 것이다.

이러한 바탕 위에서 나는 8·15해방을 맞이하였다.

아득하기만 한 학문의 길

해방 직후의 이야기는 잠시 잠재워 두기로 하고 나의 인생에 새로운 하나의 장이 열린 것은 6·25사변이었던 것이다. M항도에서 피난 생활 중 우연히 C형의 권유로 '항도편신', '유달산' 등의 수필을 처녀 투고한 것이 인연이 되어 40에 막상 문재(文才)(?)를 인정받고 보니 마치 동심이 되살아난 듯 글읽기에서 글쓰기에로의 맛을 들이게 된 것이다.

제법 내 글이 활자화되었을 때는 만천하 사람들이 다 내 독자나 된 듯이 기쁘기도 하거니와 대견스럽기도 하였다. 그리하여 항도에서의 무리한 생활을 달래기 위해서이기도 하였지만 자신의 문재를 시험해 보기 위해서도 한 번 의욕을 내 본 것이 『간양록(看羊錄)』의 번역이었다. 당시 굴지의 대가인 R씨의 격절찬탄(擊節贊歎)에 힘입어 출판의 행운을 갖고 보니 신춘문예 입선의 신진이나 된 듯하였고 나의 문필 생활은 이로부터 문이 열렸던 것이니 만학에 곁들인 만년필생이 될 줄이야 어찌 알았겠는가. 이는 그간에 축적된 독서의 저력이 밖으로 표출된 것에 지나지 않는다고 볼 수는 없을 것인가.

해방 후 나의 독서 경향이 주로 국사나 국어에 집중된 것은 오로지 일제 시대의 갈증을 푸는 의미의 욕구 충족이었다고 여겨진다.

다산학을 붙든 후로는 지나칠 정도의 편식가인 양 옛날의 그 폭넓은 섭렵벽은 간 곳이 없이 사라져 버렸다. 지나친 구심적 노력은 우물 안 개구리 같은 세계 속으로 침몰되어버린 결과가 되지 않았을까. 그렇기 때문에 나는 요즈음 와서는 다시금 외계에로의 원심적 향수를 느낀다. 그리하여 해방 후 30년이 지난 오늘에야 비로소 총서류의 월부책을 사기도 하고 인접 학문에 대한 탐구욕을 일깨워 보기도 한다. 내 나이 고희를 바라보는 정년생이 되었어도 새로운 흰자위를 찾으려 하니 일모도원(日暮途遠). 학문의 길이란 아득하기만한 것일까.

광역에 걸친 독서 편력

끝으로 나는 다시금 『수세보원』의 이야기로 이 글을 끝맺으려 한다. 『수세보원』이란 사상의학이면서 그의 책머리에 실린 성명론(性命論), 사단론(四端論) 등은 동양 철학의 이해없이는 결코 해석할 수가 없다. 게다가 구조 철학의 이해도 곁들여야만 비로소 실마리가 풀리는 글이다. 다시 말하면 의학만이 아닌 인접 학문으로서 역학, 윤리학, 심리학 등은 물론이거니와 생리학, 물리학, 생물학 등 자연과학의 분야도 『수세보원』의 해독을 위해서는 동원되어야 할 지식들이다. 급기야 『수세보원』을 손에 쥔 지 문득 40여 년의 세월이 지난 후에야 비로소 성명론의 원리를 어렴풋이나마 해득하였으니 나의 우매함이여!

그러나 그것은 나의 우매에만 그 허물이 있는 것이 아니다. 『수세보원』의 원리를 의약학적 지식으로 풀려는 태도 때문에 막혔던 길이 뜻밖에 다산 경학에 심취하여 동양 철학의 세계를 방황하다가 다시금 『수세보원』으로 회귀함으로써 비로소 그 길이 열린 것이다. 다시 말하면 과학이 철학의 힘을 빌려 비로소 그의 본질을 뚜렷이 밝힐 수 있게 된 것이다. 여기서도 철학과 과학은 하나의 태극을 이루게 됨을 알 수 있다.

『천자문』에서 비롯한 나의 독서의 반세기는 좌충우돌 때로는 방향 감각을 잃은 양하기도 하였지만 철학, 종교, 윤리, 문학에 곁들인 의약학 등의 문호까지 기웃거리면서도 다산학이라는 초점에 중심을 맞춤으로써 나의 학문 세계는 비로소 틀이 잡히게 된 것이 아닌가 스스로 자성해 본다.

지금도 '약학에서 어떻게 철학으로'라는 의문을 내게 갖는 이가 없지 않다. 그리하여 학문의 외도가로 지칭하기도 한다. 그러나 그것은 억울하다. 나는 결코 외도가일 수도 없으려니와 잡학을 즐기는 괴이파도 아니다. 독서 편력이 지나치게 광역을 차지하고 보니 나는 급기야 약학이건 철학이건 다 같이 한 울안의 동류로 이를 간주했을 따름인 것이다(월간 독서생활 1976.5).

의약분리의 시비

꿩을 잡는 것이 매요 병을 고치는 것이 의사란 말이 있다. 약이란 의사의 약탕 속에 담아주어야 하는 것이요 의사의 약탕이 허퉁하면 총칼 없이 사냥 나선 포수처럼 된다.

의사의 재주란 병을 보는 데 있는 것이 아니요 병을 고쳐주는 데 있다. 불침으로 부스럼을 쭉 쨌다면 모를까 병 뒤의 약이란 그림자처럼 따라다녀야 한다.

옛날에는 병이란 귀신의 장난으로 알았기에 꽹과리를 치고 북을 두드리면서 주문을 읽었다. 그러나 산과 들에 즐비한 쓰고 달고 맵고 신 풀 잎새나 무 뿌리를 뜯고 캐다가 앓는 사람을 다려줄 줄 알면서부터 병 고치는 즐거움이 생겼으니 즐거운 풀이 곧 약이 아니냐! 병 나은 환자만 즐거운 것이 아니라 고쳐준 의사도 따라서 기뻐하였으리라.

약이란 의사의 노리개다. 채약꾼이 범이 으르렁대고 가시덤불이 앞길을 막는 깊숙한 산골짜기를 헤매는 것도 따지고 보면 의사의 약탕을 채워주기 위해서인 것이요. 의사의 즐거운 노리개가 또 한 채약꾼들의 허덕거림 없이 생길 수도 없을 것이다. 병 고치는 의사 약을 마련해 주는 채약꾼―요즈음은 약제사 혹은 약사라 하는―이 두 사이는 앞서거니 뒤서거니 하는 형제 같아서 어디 이보다 더 가까울 수가 있겠느냐!

옛날에 어진 이가 임금이 되면 먼저 백성들의 병을 덜어 주고자 했으니 황제는 신하 기백을 데리고 병을 의논했고 신농씨는 풀뿌리를 맛보면서 채약꾼이 되지 않았더냐! 그의 지체가 높고 낮고 간에 그의 구실이 크고 작고 간에 의사와 채약꾼은 수레의 두 바퀴처럼 입술과 이처럼 서로 버티고 서로 도와야 하는 사이가아니더냐!

아우가 형의 방에서 거문고를 튀던 시절은 아득한 옛 일처럼 눈에 암암하고 색시가 낭군의 등골을 뺐다는 둥 뒤숭숭한 이야기만이 밤거리를 시끄럽게 한다. 왜 그럴까.

의학과 약학이란 서로 나눠질 사이가 못 된다. 낭군은 들로 가서 밭갈이를 하고 아내는 갯가에서 빨래를 하되 밤이면 호롱불 켜놓고 도란도란해야 하지 않느냐. 이렇듯 그들이 하는 일이 요즘 말로는 과학적인 연구의 길이 다르다 하더라도 언제나 도란도란한 살림 속에서 자라야 할 그들일 게다.

그들이 갈라서야 할 이유는 하나도 없다. 의사와 약제사는 서로 도와야 한다. 의학과 약학은 서로 그들의 지식을 교환하여야 한다. 윗방에서 병을 연구하면 아랫방에서는 약을 연구하여야 한다. 외과의의 뒤에 마취사가 따르듯이 내과의의 뒤에는 약제사가 따라야 한다. 좋은 약을 그득하게 싸놓고서야 맘놓고 병을 볼 수 있을 것이 아니냐.

약제사가 의사의 심부름꾼은 아니다. 아내가 남편의 치다꺼리, 부엌데기가 아닌 것과 마찬가지다. 어진 아내는 남편을 돕고 슬기로운 약제사는 의사의 갈 길을 열어준다.

높은 산에 흰 구름이 감돌고 늙다리 황소는 푸른 풀을 즐긴다. 노리개는 차고 다녀야 빛이 나고 아내는 귀여워해 주어야 주름살이 펴진다.

의학과 약학은 형제요 벗이다. 한길을 나란히 걸어가는 길동무가 아니냐. 그들이 언제 갈리었던가. 그것은 그리 오래전 일도 아니다. 요즈음 와서의 일이다. 서로 많은 일이 달라졌다 하더라도 아주 갈라설 수 없음을 의리를 아는 이는 알으리라. 모든 학문이 전문화할수록 맡은 바 그 분야만은 꿰뚫어지게 깊어지지만 이를 종합하는 데에서 우러나는 힘은 시들어지기 쉽다. 울음 쌓고 들어앉아서 제 일만 꼼하던 학도들도 이제 울 밖으로 나와서 이웃도 찾고 친구도 만나보아야 할 때는 왔는가 한다.

의학과 약학이 제제금 제 일에 충실하고 부지런히 연구하여 서로서로 큰 공을 세우기에 노력하는 것은 좋은 일이나 의학의 발전만을 알고 약학의 발전이 그 뒤를 따라야 한다는 사실과 약학의 발전만을 알고 의학의 발전에 그의 앞장을 서야 한다는 사실을 모른다면 의학과 약학은 서로 갈라선대도 영원히 만날 기회를 얻지 못하리라.

견우와 직녀는 한 해 한 돌을 눈물로만 보내야 하는가. 은하수에 오작교는 언제 다시 놓일 건가. 칠월 칠석 부슬비 내려 애끓는 그들의 맘을 적시어 줄 그 날을 나는 기다린 지 오래다. 아니 시방도 그 날이 멀지 않은 것만 같다. 의약과 약학은 하나다. 하나가 둘로 갈렸으니 다시 하나가 되어야 한다. 하나의 상아탑을 세워놓고 그 안에서 오순도순 지내게 될 날이 머지않아 올 것을 나는 믿고 싶다. 아니 나는 소처럼 누워서 그저 그 날만을 기다리고 있는 사람의 형상인가 보다.

채약동이 꼬마동이
신선의 재롱동이

불로초로 비진 술을
잔 가득 부어놓고

항여나 임이 오시나
먼 산 바라보더라(행림 1954.7.15).

서재유감

　"장서 천여 권 책을 쓰며 스스로 즐기네[藏書千餘卷 著書以自娛]"
하던 옛사람의—시방도 그런 분들이 많지만—풍취를 내 어찌 바랄
수 있을까. 서재라고 했자 먼지 낀 몇 권 책이 두서없이 꽂혀 있을
뿐 서재라고 하기는 너무도 옹졸한 생각이 든다. 그러나 아무리 옹
졸한 내 한 칸 방이나마 만 권 서책이 즐비해야만 하지 않을 바에야
책 다루는 서재라 부른들 어떠랴 싶기도 하다. 권 수의 다과는 장서
각에나 가서 따질 셈 치고 그리고 또 방이 크고 적기란 열람실을 두
고 이른 말이라 핑계를 친다면 옹졸이 오히려 아담한 양하여 한 칸
서재나마 지니고 있다는 사실이 스스로 다행한 일이 아닐 수 없다
고 여겨지기도 한다. 알다시피 우리네 살림에 방 세 칸이면 넉넉하
고 또 넉넉한 것일 수는 없지만 보통은 되는데 게다가 6, 7 수의
가솔을 거느리고 있는 처지에 한 칸 서재란 특권이요 용단이 아닐
수 없다. 남은 한두 칸이 결국 거실이요, 식당이요, 침실이요, 게다
가 어린것들의 난무장까지 겸하고 보니 나의 서재야말로 왕자의

내전처럼 금단의 구역이요 별유천지라 한들 그리 과장된 풍은 아닐 것이다.

이렇듯 중의 선실처럼 잔잔한 책상머리에 앉아 있게 되면 고금은 안전에 있지만 세속은 천 리 밖에 나야 온당한 일이로되 서재라는 존재가 천 년 아성이 아닐 바에야 살림꾼의 틈입(闖入)을 금할 길이 없는 것이 선방(禪房)과는 다른 점이다. 그도 여름철에는 월하(越夏)란 글귀가 없듯이 마루도 방 구실을 하지만 겨울이 다가올수록 월동(越冬)이란 조어가 서재의 공기를 차갑게 한다. 구공탄 구멍 수는 여름 겨울이 없지만 아궁이 구멍 수는 신축(伸縮)을 달리해야 하는 것이 아마도 동신(冬神)의 작희(作戲)인 양 싶다. 그런 점에서 일장 가족회의를 거치지 않고서는 서재 아궁이도 구공탄 맛을 볼 수 없게 되는 것이 아슬아슬한 초겨울 한 고비이기도 한 것이다.

실로 서재란 필수품이냐 사치품이냐고 묻는 것이 오히려 어리석은 일이다 하겠지만 야(冶)쟁이기에 불무간이 사치품이 아닌 것쯤은 누구나 아는 일이로되 글을 다루고 글을 가르치는 학구들에게 한 칸 서재를 마련해 주는 데는 가정에서나 학교에서나 어찌도 그리 인색한지 모르겠다. 그야 인색하고파서 인색한 것은 아니라는 아량 있는 이해쯤 못 가질 바 없지만 사실상 학구 생활을 폐업하면 모를까 부연이면 필수 이상의 필수가 아닐까. 학구 생활이란 말이 났으니 말이지 촌서당 훈장처럼 종일토록 '하늘 천, 따 지'만 되풀이해도 되는 것인지 모르겠다. 파고들자면 끝이 없고 지어다보자면 아득하기만 한 생활, 그러나 어찌 독행(獨行)의 즐거움이 없으리. 하기야 따지고 보면 서재나 실험실로 연결된 생활은 석공이 돌을 쪼는 일처럼 고된 일이기도 하다. 그러나 녹슨 칼이 불 맛을 보지 않고는 광채를 낼 수 있는 기적을 우리는 기대할 수 없듯이 학구는 아마도 서재에서 붓방아를 찧지 않고서는 가까이는 자신의 몸 둘 곳도 위태로울 것이요 멀리는 보람 있는 남김도 남기기 어려울 것은 너무도 뻔한 노릇이다. 다시 말을 돌리자면 내 집 구공탄도 걱정이 아님은 아니로되 늘 학교의 교수실―실상은 연구실―에 난방 걱정은 누가 해주는 것인지. 사무적인 소관을 따지자는 것이 아니라 우리 M대학만 하더라도 교수 휴식실 중앙에 한 개의 난로가 온 직원을 위한 보온 시설로 되어 있어도 우리는 아무런 한 마디 불평도 호소도 없이 그걸로 월동을 하고 있는 것이다. 모두가 체념의 도인이 아니면 무혈의 목석인 양 그저 묵묵할 따름이다. 아마도 학교의 연구실은 그저 오다가다 의복을 걸어놓는 곳이 아닐 바에야 내 집 서재를 작은 서재라 한다면 학교의 연구실은 그야말로 대서재가 아닐 수 없는 것이 아닐까. 학문의 전당이요 권위의 산실 대서재 연구실이 한겨울 삭풍을 막을 길이 없어 언제나 옹기종기 모여 앉아 노변담화(爐邊談話)로 삼동(三冬)을 허송해야 하니 딱할 정도를 지나 기가 막힐 일이다. 이에 생각해 본즉 나는 새도 우리가 있거늘 한겨울의 우리의 우리일랑 언제나 걱정해야 하는 처지가 서글프다. 다행히도 그야말로 천행으로 내 집 재무상의 쾌재를 얻어 구공탄을 길로 싸놓고 서재 출입에 활개를 펴게 되었으니 인제는 적설(積雪)이 서창(書窓)을 넘어도 걱정이 없다. 인제 한 가지 걱정이 있다면 구색이 갖춰져야 일손이 잡힐 것인데 고색창연한 묵은 책들만 가지고 어떡한담! 공자는 『주역』 한 권을 읽다가 위편(韋編)이 삼절(三絶)하였다니 그렇게나 지내볼까. 남들은 가을이 독서의 계절이라 하지만 나는 겨울밤, 함박눈이 보근보근 나리는 내 서재에 앉아 무엇인가 읽어보기도 하고 무엇인가 끄적끄적써 보기도 하다가 수마(睡魔)가 찾아오면 잠자리로 돌아가 고이 잠든 아내의 얼굴과 어린것들의 모습을 조용히 들여다보는 것도 일취(一趣)가 아님이 아님을 느끼곤 하기도 하는 것이다. 겨울밤의 정적 속에서 그들의 그들대로의 꿈이 아로새겨질 때 나는 내 방에서 무엇을 하다가 여기에 온 것일까. 아마도 서재의 꿈은 먼 데 있고 그들의 꿈은 바로 오늘의 삶 속에서 먹고 자는 그것이 아닐까. 동상이몽이 아닌 한 줄기 꿈속에서 우리는 살아 볼 수는 없는 것일까(전남대학보 1961.5.7).

본교의 앞날을 위한 관견

1

　23년이라는 4반세기의 세월은 오늘과 같은 눈부신 성장을 우리들에게 안겨주었다. 앞으로의 4반세기는 또한 얼마만큼의 경이를 우리들에게 안겨줄 것인가. 그 옛날 치송(稚松)과 분묘와 취락이 뒤섞인 구릉 위에 대학의 초석을 놓고 먼 훗날의 꿈을 심던 옛 기억이 아직도 생생한데 지금 바로 우리들의 눈앞에서 삼삼오오 5,000건아들이 희희낙락 안정된 분위기 속에서 학업과 낭만을 즐기는 그 모습을 대할 때 실로 그 성장의 과속(過速)(?)에 만족과 경탄이 뒤범벅된 감회를 억누를 길이 없다.

　나는 생각건대 우리 전남대학은 이제 창업기는 지났고 이제부터 바야흐로 성장기에로의 문턱에 올라섰다고 보고 싶다. 마치 20세 청년의 나이와도 어쩌면 그렇게도 맞먹는지 모르겠다. 그동안 그래도 그런대로 상·법 두 대학은 이미 문리대 곁방살이를 면한 지가 오래요 공대 또한 옛날 푸념은 이제는 이미 옛이야기가 되어 가고 있다. 늦동이 트는 시대의 스마트한 본관 전경은 오히려 노산(老産) 문리대학의 선망의 적이 되고 있는 형편이다.

대강당의 완성이 목첩(目睫) 간에 있고 도서관의 장관은 어디다 내놓아도 손색이 없다. 학생회관의 기공식이 금명간에 있으리라 하거니와 7천 평 과학센터의 준공은 명년을 시한으로 잡고 있는 것이다. 여기에 그동안 우거진 용봉수의 푸른 숲과 용지의 잔잔한 물결을 빼놓을 수가 없다. 어쨌든 이제는 우리 대학은 누가 무어라 하더라도 혼자 우뚝 설 수 있는 위용을 갖추었다고 한들 아무도 이의를 내걸 사람은 없을 것이다.

물론 이러한 외형적 시설의 절대적 목표의 달성은 아직도 요원하다는 사리를 모르고 하는 이야기는 아니다. 이만큼의 기초시설은 창업기의 꿈의 일차적인 달성이라는 점에서 자부할 따름이요 이 정도일 망정 앞으로의 성장을 위한 도약대로서는 크게 고무적이 아닐 수 없다. 아직도 시설이 대학의 성장지수의 뒤를 따르지 못하고 있다 하더라도 이제 그런대로 마치 삼칸 초옥일망정—실제로는 초옥이 아닌 고루거각이지만—'내 집'을 가진 살림이 되었다는 사실은 실로 중요한 의미를 갖는다고 본다. 대학에 있어서 내강의실 내 실험실 내 서재—교수실—을 갖는다는 것은 창업의 기본조건의 달성을 의미하며 이제 바야흐로 '내 집'을 가진 대학으로서는 앞으로 비약적 발전을 기대해야만 되지 않나 여겨지는 것이다.

이제는 틀이 짜여졌고 게다가 성장궤도 위에 올라선 우리 전남대학은 옛날과 같은 창업기의 가난과 불편과 비리를 씻고 내실을 기약하는 성장의 대열에서 낙오될 수 없음을 깨달아야 할 것 같다. 이로부터 우리 대학은 우리 대학다운 자아발견 또는 자기완성의 시대를 맞이했다고 보는 것이 더욱 적절한 표현이 될는지 모른다.

2

이제 유년기에서 청년기로 접어든 우리 대학으로서는 해야 할 많은 일이 가로놓여 있을 것이다. 그러나 한마디로 말하라고 한다면 이제는 외형에서 내실에의 시대라 할까. 개성 있는 자기완성의 시대라고나 할까. 그 어느 때이고 이러한 요청이 없었을 바 아니지만 그러한 여건들이 성숙된 천시(天時)야말로 지금이 아닌가 싶은 생각에서 몇 가지 구체적인 이야기를 하나둘 챙겨보려고 하지만 그에 앞서 허튼 이야기가 될는지 모르나 한 가지 심심풀이 이야기를 하고 싶다. 그것은 다름이 아니라 지난 Y총장 시절의 이야기다. "서울의 여러 대학에는 그 대학을 상징하는 코끼리, 독수리, 호랑이, 소, 뱀들이 있는데 우리 대학도 그러한 totem을 하나 갖는 것이 어떤가" 하는 견해가 있는데 "그러한 동물도 좋지만 꽃, 다시 말하면 교화(教花) 같은 것을 설정하는 것이 어떨까" 하는 이야기가 있었다. 듣고 나면 싱거운 이야기가 될는지 모르지만 그때에 나는 이제 우리 대학도 개성 있는 자아의식이 싹트기 시작한 것을 느끼었던 것이다. 나다운 나의 의식이란 성인의 이름처럼 독자적인 것이다. 이는 남과의 구별에서 얻어지는 강렬한 자기표현의 욕구라는 점에서 귀중한 것일 수 있는 것이다.

그러한 Y총장의 창의적 표상은 실현되지 못한 채 그 자리를 떠났으니 그러한 일도 후임총장에의 인계사항의 차원을 넘어서 우리 대

학의 앞으로의 문제의식이 되어서 나쁠 것은 없을 것으로 여겨질 뿐
아니라 그것은 어쩌면 보다 더 구체적인 형태로 차츰차츰 성취되어
야 하지 않을까 여겨지기도 한다.

자아의식이라 하면 흔히 주제의식을 연상하기도 하고 혹은 국적
있는 교육이란 말로도 표현이 되겠지만 그처럼 철학적이거나 교육
학적인 차원까지 치켜올릴 것도 없이 손쉬운 말로는 '전남대학다운'
그 어떠한 개성 있는 대학의 창업이라는 의미로 가볍게 받아들여도
좋지 않을까 한다. 그것은 외형적인 것에서보다는 차라리 내실적인
면에서 더욱 절실하게 갈구되는 자가 아니어서는 안 될는지 모른다.

3

'개성 있는 자아의식'이라는 단구가 만일 성년대학의 전진목표로
설정될 수 있다고 가정한다면 이러한 목적의식의 구현을 위해서는
여러 가지 시안이 있을 수 있을 것이다. 그러나 그러한 목적을 위한
시안이 대학의 제도와도 관계가 있는 부문에 대하여는 주어진 나의
과제의 소관이 아니라 되도록 거기에 대하여는 언급을 삼가려고 한
다. 부득이 제도 면에 관한 말이 나온다 하더라도 그것은 어디까지
나 나의 사견으로서 결코 어떠한 건의나 제언의 성질의 것은 아님은
다시 말할 나위도 없다.

가령 각 학과와 연구소와의 관계를 놓고 교수들의 위치를 생각해
볼 때 성년기의 대학은 적어도 연구소의 강화라거나 확충 없이는 소
기의 목적을 기대할 수 없으리라는 것이 현재의 나의 사견이다.

왜냐하면 교수직의 기능에 두 가지가 있다고 생각할 때 하나는 학

생들을 가르치는 교수이요 다른 하나는 각자 전문분야에 있어서의 연구 업적이라 할 수 있음은 다시 말할 나위도 없다. 그러기 때문에 교수들은 수업을 위하여 각 학과에 소속하고 있다 하더라도 스스로 연구 업적은 연구소를 통하여 축적되지 않으면 안 된다.

교수에게는 그 어느 쪽도 소홀히 할 수 없는 양면이 있기는 하지만 지금까지 창업기의 대학에서는 지나치게 교수들에게 수업의 무거운 짐을 짊어지워 놓고 있는 것이다. 또한 그런 중하[重荷]를 불평 없이 지금까지 치러 왔고 그것이 마치 교수들의 천직인 양 감수해오고 있는 것이다.

그러나 교수의 천직은 거기에 그치는 것이 아니다. 교수로서 연구 업적에 소홀히 하거나 연구 의욕이 결여되어 있다면 그것은 자기 천직의 반을 포기한 것이 되고 말 것이다. 그런 사실의 결과는 자기 성장의 길을 가로막는 결과에 그치는 것이 아니라 지식의 전수를 받아야 하는 학생의 불행이기도 하다는 사실을 상기해야 할 것이다. 성장기를 맞은 오늘의 대학에서는 교수들이 앞을 달려가야 한다고 나는 생각한다. 연간 1편의 강요된 논문을 쓴다는 소극적인 자세에서가 아니라 연구소의 연구원으로 또는 대학원의 학생으로 또는 국내외 학회에의 참가자로서 또는 선진지역의 시찰자로서 지역사회 개발의 주도역으로서 다각적인 불면불체(不眠不體)의 활동을 자담(自擔)하는 지식인이 되어야 할 줄로 안다. 그것이 바로 학교와 더불어 성장하는 자신의 자기완성의 길이 되기 때문이다.

4

우리 전남대학은 성장기로 접어들면서 또 하나의 크나큰 시련에 부딪히고 있는 것은 실험대학에로의 서서(徐徐)한 개편이라 할 수 있을 것이다. 나는 여기서 그러나 문제를 정면으로 다룬 입장에 놓여 있지 않으므로 이에 대하여는 언급을 피하거니와 하나 분명히 말할 수 있는 것은 우리 대학은 종합대학이요, 종합대학이라는 단일단위로서의 균형 잡힌 발전이 기대된다는 사실은 표면적인 어떠한 변화가 있다손 치더라도 부증(不證)의 사실이 아닐 수 없으리라는 점이다.

우리는 여기서 냉철하게 주변을 살펴볼 필요가 있을 것이다. 왜냐하면 우리는 너무도 지나치게 자기중심적이 아닐까. 이웃과의 연계가 마치 도시의 이웃처럼 번지를 달리하고 있는 것과 같이 남처럼 되어 있는 것은 아닐까.

이제 '남'이라는 의식이 '우리'라는 의식으로 승화될 수 있는 하나의 가정의식이야말로 종합대학의 본연의 모습이 아닐까 여겨지는 것이다.

이제 독립자존할 수 있는 우리 청년 전남대학은 용봉기에 깃들인 용봉정신의 새로운 좌표를 마련해야 하지 않을까.

그것은 하나의 '짐승'이나 '꽃'으로 상징되는 유형한 것임에 그치는 것이 아니라 눈에 보이지 않는바 소위 정신적인 것이어야 한다면 그것은 다름 아니라 너무도 흔한 진부한 술어일는지 모르지만 '협동에 의한 자립정신'이라 이르고 싶다. 만인의 협동 없이 대사가 이룩된 선례도 없으려니와 자립정신 없는 곳에는 하늘의 도움도 깃들이지 않는 법이다. 이제 교수건 학생이건 간에 공자도 삼십이립(三十而

立)이라 하였거니와 자립의 기개로 전진할 따름이 아닌가 한다.

교수뿐만 아니라 또 하나의 대학의 주인인 대학생들에 대한 이야기를 뺄 수 없다. 많은 이야기가 있을 수 있지만 그중에서 꼭 한 가지만을 강조하고 싶은 것이 있다. 그것은 다름이 아니라 '지방의식에서의 탈피'인 것이다. 전날 초창기에 있어서 선배들은 서울 못 간 잔류부대로서의 열등의식에 사로잡혀 있던 사실을 우리는 솔직히 인정해야 된다. 그러나 오늘의 사정은 완전히 달라졌다.

그대들은 여기에 잔류한 것임에는 다름이 없지만 그대들은 이제 전남수재로서 어느 누구와도 우열을 겨룰 수 있는 힘을 가진 그대들인 것이다. 선배들의 경우처럼 온전히 자의에 의한 선택의 잔류라는 점에서 오늘의 대학생활을 환희 속에서 자부해도 좋은 그대들인 것이다. 가슴에 찬 전남대학의 뺏지가 얼마나 자랑스러우며 보람찬 빛을 내고 있는 것일까.

이 시점에서 전 전남대학인으로서 가져야 할 지상의 목표가 있다면 그것은 다름 아니라 "지금까지의 낙오의식을 불식하고 모든 선의의 경쟁선열에서 승리가도의 선두주자가 될 일대전기를 마련해야 한다"는 사실이다. 이 목표를 통하여 전 용봉인은 한 걸음 한 걸음으로 천 리를 가듯[步步千里] 전진을 계속해야 할 것이다(전남대학보 1975.6.9).

학생 연구활동의 조성책이 시급히 요청된다
—논문집 제7집의 간행을 보고

1957년에 제1집을 낸 후 햇수를 거듭함에 따라 이제 제7집의 논문집을 내게 되었다. 500여 편의 방대한 책을 손에 들고 보니 그간 꾸준한 노력을 경주한 분들의 업적을 치하하고픈 반면에 몇 가지 느끼는 바를 솔직히 피력하고 싶다.

이번 논문집은 특히 '개교 10주년 기념특집'이라는 부제를 붙여 간행된 만큼 그 내용에 있어서 좀 더 광범위한 논문들이 다채롭게 수록되기를 기대하였다.

그러나 총 수록 논문 26편 중 인문사회과학편이 겨우 5편이요 자연과학편이 그의 네 곱절도 넘는 21편인 데다가 그나마도 그중의 15편이 어느 한 단과대학 계통의 논문으로 되어 있는 만큼 우리는 여기서 그들 논문의 질적인 내용을 비판하고자 하는 것이 아니라 적어도 6개 단과대학으로 구성된 우리 전남대학교 논문집으로서는 다시금 한번 반성해 보아야 할 숫자적 현상이 아닌가 여겨진다.

왜 그러한 파행적 현상이 나타났는가 하면 거기에는 몇 가지 이유가 있음을 본다.

첫째, 연구비의 문제는 실로 한 대학이 제대로 움직이는 데 있어서 중요한 과제의 하나이기는 하지만 오늘날까지 또한 등한시된 것도 숨길 수 없는 사실이다. 이번 논문집을 놓고 보더라도 그래도 제 교실을 갖고 있는 계통의 논문이 태반을 차지했고 교실이라고 했자 책상 하나 반듯이 놓고 지낼 만한 분위기를 갖지 못하고 게다가 참고 재료나마 손쉽게 구할 능력을 갖추지 못한 계통에서는 실로 한심하고도 적막한 현상을 그대로 나타내고 있는 것이다. 이번 논문집에 있어서 4 대 1의 비율을 보여준 인문사회과학 부면의 의욕이 결코 자연과학 계통의 활동에 뒤졌다고 우리는 보고 싶지 않다. 오히려 보다 더 의욕적인 연구활동을 조장해주지 못했기 때문에 그러한 결과를 나타낸 것이 아닌가 한다.

그러므로 이러한 현상을 타개하기 위하여 교수들의 노력의 부족을 탓하기 전에 그들의 연구활동을 조성해줄 수 있는 방책을 시급히 강구해야 할 줄로 안다. 그러한 방책은 여러 가지 각도로 검토되어야 하겠지만 무엇보다도 먼저 인문사회과학 계통도 학과 단위로 교실다운 교실을 형성하도록 도와주어야 한다. 이 점에 대하여는 학교 당국으로서도 심각히 고려 중에 있다고는 듣고 있으나 우리는 한 걸음 더 나아가 전체 교수들에게는 국가의 백년대계를 위하여 연구업적을 낼 수 있는 연구비의 책정이 있어야 할 줄로 안다.

뿐만 아니라 인문사회과학 부면에 있어서도 한 교실을 꾸미고 또한 교실 중심으로 움직이는 데 있어서는 자연과학 계통에 있어서의 실험실습에 못지 않는 연구재료와 문헌수집 활동이 필요하다는 사실을 들어 자연계의 실험 실습비와 방불한 연구활동비의 책정이 또한 고려되어야 하지 않을까 한다.

이제 일정한 연구비와 교실단위의 실습비 외에 또한 교수들에 대한 특수한 장학제도의 활용이 요청된다. 이는 전체교수에게 일률적으로 미치는 문제는 아니라고 하더라도 우리 대학은 서울지방에 있어서의 몇 가지 기관에서 관여하고 있는 장학금의 혜택을 지방 대학이라는 핸디캡 때문에 경원시되어 있는 느낌이 없지 않다. 그러므로 이 점에 대하여는 교수들 개개인은 서울과의 연락이 사실상 불가능하므로 학교당국에서는 항상 세심한 조사와 연락의 임에 당하여 주어야 할 것이다. 그럼으로써 특수분야에 있어서의 교수들의 업적을 기대할 수 있을 줄로 안다.

또 하나의 방책으로 생각하는 것은 우리 대학에도 좀 색다른 하나의 구상이 필요하지 않을까 한다. 이는 우리의 지방적 향토와 연결을 맺을 수 있는 연구센터를 만들어보는 일이다. 이는 실로 원대한 하나의 이상을 밑받침으로 하고 지방적인 각분야의 협조를 얻는 동시에 이를 기초로 하여 마련되는 '향토문화연구소'(가칭)가 우리대학을 중심으로 하여 움직이는 날에는 그의 국가적 의의는 실로 과소평가할 수 없을 것으로 믿어진다. 이는 결코 좁은 의미에 있어서의 교수들과 학생들의 연구활동에 도움이 될 뿐 아니라 향토문화의 발전과 향토의 경제적 발전에도 기여할 수 있는 터전이 마련되리라고 본다. 더욱이 대학과 향토와의 유기적 연결이 절실히 요청되는 오늘에 있어서는 결코 이 문제는 하나의 탁상공론이라고만 여길 수 없을 것으로 여겨진다. 둠벙을 파야 너구리가 뛰어든다는 속담도 있듯이 새로운 둠벙을 파는 작업도 필요함 직하다. 그럼으로 해서 우리의 일이 보람 있는 일이 될진대 또한 우리들을 돕는 큰 힘이 국가 예산으로 또는 외국 원조에 의하여 조성될 수 있을 것으로 믿어서는 안 될 이유도 없지 않을까!

그리하여 대학의 연구활동은 결코 가만히 앉아서 기대할 수는 없다. 교수고 학생이고 간에 연구란 자발적인 의욕도 필요하지만 경우에 따라서는 연구의 과제를 주어 연구의 업적을 내도록 채찍질해야만 한다. 다시 말하면 연구는 시켜야 하는 것이다.

그러한 현상이 이번 논문집에도 반영이 안 되었다고 부인할 수 없다. 논문이란 순수한 의미에서의 학문적 업적이지만 때에 따라서는 어떠한 목적을 위하여 준비되는 경우도 적지 않다. 학위를 취득하기 위해서라든지 또는 교수의 승진을 위해서라든지의 경우가 그의 좋은 예라고 볼 수 있는데 이러한 것은 그의 동기가 비록 어느 정도의 공리적 목적과 결부된다손 치더라도 억지로라도 논문이 작성되게 마련이다. 만일 그것조차도 없다고 한다면 이번 논문집의 부피의 절반도 꾸며내기가 어렵지 않았을까!

이러한 실정을 디디어 생각할 때 적어도 대학이 대학다운 모습을 갖추기 위해서는 교수들에게 그들의 연구활동에 불편이 없도록 도와주는 동시에 또한 그들에게서의 연구업적을 강요하는 방향으로 끌고 나가지 않으면 안 될 것이다.

그리하여 교수들로 하여금 학위를 위하거나 승진을 위하는 따위의 소승적 입장에서보다도 그야말로 학문과 진리를 사랑하는 학구적 의욕을 북돋아줌으로써 많은 역사적 업적을 내게 하여 실로 어느 누구에게도 지지 않는 권위 있는 논문집으로 육성되기를 바라는 마음 간절하다(전남대학보 1962.10.25).

고교판 전남대학

—재자배지론(栽者培之論)

4·19 이후 재빠르게 고교생들의 머리가 오분 남짓 움이 돋았는데 5·16 이후에 다시 중머리로 환원했다. 당시에 나도 학부형의 한 사람이라 찬반양론이 있었던 것은 잘 알고 있으나 결과적으로는 삭발료의 학부형 부담만 늘고만 셈이다. 그러던 것이 5·16혁명의 거세개혁에 발맞추어 고교생들의 머리도 다시 훤칠하게 깎아버린 것이다. 보기에도 시원스럽거니와 부형들의 부담도 오분만큼은 가벼워진 셈이라고 할까. 가벼워진 금액이야 얼마 되랴 싶지만 학생들의 입장에서는 한 달분 학급비는 족히 될 것이요 집안식구끼리는 한 끼 꽁치 값은 거기서도 나옴 직한 돈은 될 것이다.

이를 돈으로 문제 삼자면 위와 같거니와 돈뿐이 아니라 따지고 보면 딴 문제도 거기에 있다. 그때로 말하면 머리 자르자는 문제와 아울러 여러 가지 자잘한 요구사항이 학교 따라 저제금 논의되던 시절인데 모두가 예전 것과는 반대되는 것들이 많았던 것으로 기억된다.

그런 것들은 여기서 새삼스럽게 주어 셀 필요는 느끼지 않거니와 얼추 그때의 생각으로는 '새롭기를 바라는 마음은 갸륵하지만 새로운 것은 아닐 텐데……' 하는 생각이었다. 이러한 느낌이라든가 생각이란 마치 늙은이들의 입버릇처럼 여겨질는지 모르지만 아마도 늙고 젊고 간에 모든 일을 처리할 때는 언제나 앞뒤를 생각해야 하는 것이 아닐까.

그야 늙은 사람은 젊은 사람들에게 비하여 결정적인 용기가 부족하고 또 모든 생각이 보수적이 되기 쉽다고 할 수 있겠으나 그와는 반대로 어릴 때의 이력은 경험의 부족에서 오는 잘못도 무시하지 못할 일이 아닌가 한다.

굳이 고교생 제군들의 나이를 따져본다면 15세에서 20까지. 대학의 준비시절 아직도 부모의 품에서 고이 자라는 시절. 몸이나 정신이나 이상이 무럭무럭 자라는 시절…….

옛사람들은 인생을 나누되 춘하추동의 넷으로 쪼개보았다. 그대들은 두말할 것도 없이 인생의 봄에 처하여 가을의 열매를 꿈꾸는 시절임은 그대들 스스로 느낄 수 있고 또 그렇게 느껴야 하는 것이지만 인생의 가을은 그대들에게 손쉽게 열매를 가져다주는 것이 아니라는 것쯤의 지각은 그대들도 가지고 있어야 하는 것이다. 내 집 뜰에도 몇 그루의 과실나무가 있다. 가을이 되면 붉은 감덩치가 집안식구들을 즐겁게 해주기도 하다. 그러나 봄에 피었던 감꽃의 절반도 남지 않았음을 볼 때는 욕심꾸러기의 서글픈 생각을 또한 어찌할 수 없는 것이다.

꽃마다 다 열매가 되는 것이 아닌 까닭이다.

인생의 봄이오 인생의 꽃인 고교생들은 사실상 대학생들과도 종이 다르다. 대학생들은 이미 자기의 갈 길과 방향을 결정한 젊은이들이지만 고교생들은 아마도 아직도 여문 채 피기를 기다리는 꽃봉오리인지도 모른다. 피어나려고 하는 그 위대한 힘을 간직한 채 온 세상이 온통 내것인 양 벅찬 힘에 겨워 그저 모른다고 엊그제까지도 어머니의 품에 안겨 어리광을 부리던 일쯤은 까마득하게 잊어버리고 제 키가 벌써 아버지 키만큼 자라고 보니 어느새 성인이 다 되어버린 것과 같은 착각에 사로잡히는지도 모른다. 봄에 새싹은 푸릇푸릇 자라도 여엿한 꽃봉오리가 가지가지 여물 때 꽃은 가지를 잊고 허공만을 바라다보는 듯 활짝 피어난다. 그러나 가지가지 마디마디 열린 꽃일랑 고이 피고 열매맺기를 바라는 마음은 가지가지의 마음이요, 마디마디의 뜻인 줄을 아마도 모르는 시절인지도 모른다.

그대들의 스승이나 그대들의 부형들은 말하자면 그대들의 꽃이 피어 덩실한 열매를 맺어주기만을 바라는 가지가지요 마디마디인 줄을 모르는 시절인 것이다.

그러나 한편 생각해보면 어떤 고교생들의 귀여운 점은 어린 티를 벗고 한 사람의 구실을 하고 파하는 거기에 있는 것도 같다. 때로는 그들의 말버릇이 거칠고 행동이 엉뚱하다손 치더라도 한번 치러야 하는 시구처럼 지나가는 생리적 현상인지도 모른다. 그러나 문제는 여기에 있다. 이 시구를 곱게 치르느냐, 그렇지 않으면 제멋대로 치르느냐에 따라서 그들의 일생이 결정지어지고 마는 것이다. 고교생의 아비의 한 사람으로서 고교생들을 아침저녁으로 맡아 가르치는 스승들의 마음마저 미루어 생각할 때 언제나 두렵고 조심스런 마음에 사로잡혀 있는 이유는 여기에 있는 것이다. 그들이 이때를 잘 넘겨야 하는 것이다. 이 시절의 줄기찬 힘은 누구도 막지 못할 것이다. 그러나 그 줄기찬 힘일랑 고이 가꾸어지지 않으면 영원히 열매 맺지 못하는 병든 꽃이 되고 말기 때문이다. 세살 때 버릇이 여든까지 간다지만 실로 소년과 성인과의 경계선 속에 놓인 고교시절이야말로 가장 위험한 시절이며 어려운 고비가 아닐 수 없다.

그러면 이 시절을 어떻게 가꾸어야 하는가. 말하자면 이제 바야흐로 이성의 어린 싹이 겨우 싹트는 시절이므로 그 싹을 어떻게 가꾸어야 하느냐가 문제다. 이 시절이야말로 어진 어버이와 슬기로운 스승의 도움이 없이는 혼자서는 또박또박 걸을 수 없는 시절임을 자타가 스스로 느껴야 한다.

독립보행이란 그리 손쉬운 것이 아니다. 언젠가는 혼자서 걸어야 하기까지는 올바른 지도자가 필요한 것이오. 그러한 필요를 스스로 자각하는 사람만이 자라서 제 구실을 똑바로 할 수 있으리라는 사실을 알아야 한다. 그렇지 못한 사람은 어떻게 되나 천이면 천 만이면 만이 모두 열매를 맺지 못하는 낙오자가 된다는 두려운 사실을 알아야 한다.

무엇보다도 먼저 말하고 싶은 것은 '물을 줄 아는 사람'이 되어야 한다. 그리고 '들을 줄 아는 사람'이 되어야 하는 것이다. 부모의 타이름을 잔소리라 한다면 그대들의 귀는 영원히 귀머거리가 되고 말 것이다. 누구 하나 그대들을 위하여 또는 그대들의 올바른 길을 위하여 채찍을 줄 사람이 없게 되기 때문이다. 스승의 말을 업신여기는 마음이 생긴다면 그대들은 마치 등불 잃은 나그네가 되고 말 것이다. 등불 없이 긴 인생의 길을 혼자서 걸을 수 있다고 생각하는 것처럼 위험천만한 일은 없을 것이다. '아는 길도 물어가고, 돌다리도 두들겨 보라'는 말은 결코 젊은 용기를 꺾자는 뜻에서 나온 것은 아니다. 용기와 지혜라는 것은 항상 따라다녀야 하는 것이기 때문에 지혜 없는 용기를 만용이라 하는 것이다. 주먹으로 범을 두들겨 잡고 맨발로 강물을 건너려는 어리석음을 뉘라서 비웃지 않는 사람이 있던가! 범은 총으로 잡고 강물은 배로 건너야 하는 것쯤의 슬기는 어버이에게서 또는 스승에게서 배워야 하는 것이다. 배운다는 것은 곧 묻는 데에서 오는 것이요, 묻고서 들을 줄 아는 조용한 마음의 준비가 있는 사람만이 참다운 용기를 기를 수 있는 것이요, 길고 긴 인생의 앞날에 큰 열매를 맺게 되는 것이다.

다음으로 말하고 싶은 것은 고교시절을 어칠버칠 어영부영 지내서는 안 된다는 것이다. 천하의 일을 하나도 할 수 없게 되는 길로도 통하는 것이다. 모든 것을 다 알고도 싶고 모든 것을 다 사고도 싶지만 두 마리의 토끼를 쫓는 자는 한 마리도 못 잡게 되는데 하물며 천하의 토끼를 모두 잡으려고 한들 잡힐 턱이 있는가. 물론 알고 싶고 하고 싶은 의욕이 나쁜 것도 아니며 또한 그러한 의욕이 없어도 안되는 것이지만 '한 가지 일이라도 철저히' 해야 하는 버릇을 길들여야 한다는 말이다. 고교시절이 가장 중요한 것은 이때에 닦은 바탕이 일생을 좌우하게 되기 때문이다. 어칠버칠 놀아버린 사람은 죽을 때까지 어영부영하다가 죽게 될 가엾은 사람이 될 것이오, 이것저것 손만 대고 끝장을 못 내는 위인은 제자리걸음으로 일생을 마치고 마는 것이다. 하늘은 스스로를 돕는 사람을 도와준다는 사실을 알아야 하겠다. 고교시절을 좀 더 보람 있게 보내는 길은 놀음에 팔리지 않아야 하는 것이 첫째 요건이요, 그리고서 내 할 일을 내가 찾아내기 위하여 언제나 부모나 스승의 도움을 받도록 노력해야 하는 데에 있다. 그리하여 스스로의 좋은 싹을 잘 가꾸어야 하는 것이다. "재자배지(栽者培之)"라는 말은 『중용』이라는 옛 책에 있는 말인데 이를 약해서 재배(栽培)라고도 한다. 심은 싹은 가꾸어야 한다는 뜻이다. 어찌 이 말이 농부들에게만 쓸 수 있는 말이겠는가! 사람도 마찬가지다. 사람이 사람다운 사람이 되는 길도 이와 다를 것이 없다. 어린 싹을 잘 가꿈으로써 비로소 가을의 큰 수확을 기대할 수 있듯이 고교시절이야말로 모내기의 모와도 같이 잘 가꾸므로 말미암아 장차 좋은 이삭을 거둘 수 있지 않을까! 모름지기 곧게 심은 나무는 곧게 클 것이오. 굽은 나무는 쓸모없는 재목이 되고 만다. 부모와 스승은 그대들이 굽지 않고 오직 곧고 튼튼하게 자라도록 언제나 마음 좋이며 애태우고 있다는 엄연한 사실을 아는 사람만이 스스로를 가꿈으로써 하늘의 도움을 받아 대성의 인간이 될 수 있을 것이다. 스스로를 가꿀 줄 알며 부모님과 선생님들의 도움을 받을 줄 아는 사람이 되자! 그래야만 장차 혼자서 걷게 될 때 기우뚱거리거나 넘어지는 일이 없게 될 것이다(고교판 전남대학 1961.7.10).

한국유도의 새로운 방향

변질과정

공자교를 시원으로 한 유교는 그의 유교권 내에서 2천 수백 년래 적어도 2차의 크나큰 변혁을 가져왔다. 선진유교가 진화를 겪은 후 한당시대를 들어서 소위 경학시대를 맞이하면서 교가 학으로 성립됨에 따라 훈고학과 사장학이 유학의 두 기둥이 되었던 것이다. 그러나 여기서 간과할 수 없는 하나의 사실은 한당 시절에 조성된 시대적 사조가 유학 깊숙이 젖어들어 갔다는 점이다.

그것이 다름 아닌 한대의 술수학과 당대의 노장학인 것이다. 우주의 원리로서의 음양오행설은 복서학적 도참학이 되었고 노장학적 무위설은 역리에까지 침투하였다.

이러한 변화는 유자들의 철학적 사색의 욕구를 어느 정도 충족시키었다손 치더라도 그 때문에 빚어진 원시유교의 손실은 메울 길이 없게 되었음도 알아야 할 것이다.

원시유교란 곧 공자의 수기군자학(修己君子學)과 맹자의 현자치인학(賢者治人學)을 가리킨 것으로서 이를 합하여 말한다면 수기치인지학(修己治人之學)으로서의 원시유학을 의미한다. 다산도 "공자의 도는 수기치인일 뿐이다[孔子之道 修己治人而已]"라 했듯이 원시유교로서의 공맹학은 이렇듯 실천윤리학적일 따름인 것이다. 그것이 음양오행설—동중서(董仲舒)의 오상설(五常說)도 그의 일례—과 같은 형이상적 원리로서 설명될 수 있을는지 어쩔는지도 매우 의심스러운 일이기 때문이다.

송명대에 이르러서는 그야말로 근본적 변화를 일으켰던 것이다. 천명지성(天命之性)에 성즉리(性卽理) 심즉리(心卽理) 등 천리(天理)가 개입함으로써 성선(性善)·성악(性惡)의 단순한 인성론에 일대변혁을 가져왔다. 이는 불교의 교리에서 채취된 자로서 그것이 비록 유교철학의 근간을 이룬 자가 되었다고 하더라도 원시유교의 군자학적 입장에서 볼 때에는 이단이 아닐 수 없는 것이다. 그렇다고 해서 송학의 철학적 구실이 결코 과소평가될 수 없다는 것은 물론이다.

주례의 참뜻

이상은 유교의 학리적 변혁을 문제 삼은 점이거니와 비학리적인 면에 있어서는 윤리적 삼강설의 생성과 가례적 예법의 존중을 들지 않을 수 없다.

삼강설은 오륜 중에서 추출된 자로서 한대의 소산임은 자명하다. 선진의 공자학은 삼강의 충효열보다도 효제충신에 그 윤리적 기반을 두었고 맹자학은 또한 인의예지의 사단에 의하여 설명되고 있을 따름인 것이다. 그럼에도 불구하고 진한시대로 넘어오자 천존적(天尊的) 가부장제에 지비적(地卑的) 충효열(忠孝烈)이 종속됨으로써 삼강의 권위가 형성되고 신자부(臣子婦)의 일방적 희생이 요구되기에 이름으로써 유교윤리는 변질이 되었던 것이다.

공자의 예악형정론은 『주례(周禮)』에 근본한 자이거니와 예치(禮治)는 덕치(德治)의 제도적 근간이 아닐 수 없다. 그러므로 유교는 예를 존중하지 않을 수 없는 것이다. 상서(尚書) 오례(五禮)—길(吉)·흉(凶)·빈(賓)·군(軍)·가(嘉)—는 이의 구체적 내용인 것이다.

이는 천하의 예로서 국가적 또는 사회적 의미를 지니고 있거니와 『주자가례(朱子家禮)』이후『사례편람(四禮便覽)』[숙종대(肅宗代) 이재(李縡) 저(著)]이 출현하자 마치 오륜이 삼강으로 집약되듯 예개념으로 관혼상제의 가족행사로 축소된 것이다. 이는 유교의 예가 가족주의의 시녀화한 결과를 낳게 했다는 비난의 소지가 마련된 셈이다.

삼중구조

이러한 변화과정을 거쳐온 유교를 한 마디로 말하라 한다면 아마도 이를 3중 구조적 유교라 해야 할는지 모른다. 그의 핵심적 구조는 물론 공맹의 군자학이 되겠지만 그 위에 세워진 두 개의 층이 다름 아닌 한대의 술수학과 송대의 가례학(家禮學)인 것이다. 이러한 구조적 유교는 과연 현대사조와 맞부딪치게 될 때 어떠한 구실을 하게 되는 것일까?

흔히 근세의 유교는 근대화의 저해요인으로서 존재할 따름이라는 혹평을 서슴지 않는 사례가 있음을 우리는 잘 알고 있으며 좋건 싫건 그러한 비판의 소리에 대하여 우리는 결코 귀를 막는다고 해서 들리지 않을 리 없다. 그렇다면 그러한 '소리'가 들리게 된 소인은 과연 어디에 있는 것일까. 그것은 아마도 원시유교의 변천과정의 평가에서 그의 해답이 얻어질 것이다.

한대의 술수학이 유교에 가미되자 역학(易學)은 복서가(卜筮家)의 전유로 화하였다. 본래 『역경』은 경서가가 사용하는 것과 점복가가 사용하는 것의 두 길이 있음에도 불구하고 전자의 소용보다도 후자의 소용이 더욱 확대됨으로써 관상·사주·반합·풍수에 이르기까지 역학은 잡술화하였던 것이다.

역리(易理)란 일월대명(日月代明)·사시상추(四時相推)·오세재윤(五世再潤)의 자연법칙에 기저를 둔 음양변화의 우주론적 원리인 것이다.

여기에서 추리된 음양대대의 변증법적 통일원리[태극]는 윤리·정치·인성·자연 등 모든 분야에 원용되는 자이거니와 이러한 기본적 기능과는 아랑곳없이 생년월일에 명수를 걸고 좌청룡 우백호에서 해골의 명복을 찾는 사도(邪道)가 어찌 유학본연의 모습일 수 있겠는가.

내실위주

다음으로 문제되는 것은 예의 가례화와 아울러 형식화를 따져보지 않을 수 없다. 주례적인 예는 정치적 제도·사회적 관습·종교적 의식 등에서 구체화되고 있거니와 이러한 예의 광의적 의의는 점차로 망각되는 반면에 관혼상제, 그중에서도 관(冠)을 제외한 혼(婚)·상(喪)·제(祭)례에 유가의 온 정성을 쏟는 풍조는 과연 유가의 정통적 풍모랄 수 있을 것인가는 자못 의심스럽지 않을 수 없다.

복제상기(服制喪期) 문제만으로 그처럼 소란했던 옛 기억은 그만 두고라도 근래에 이르러 소위 의례의 간소화를 부르짖지 않을 수 없 는 그의 이면에는 역시 옛날 묵가들이 호소하던 번문욕례의 폐단이 또한 유가의 탈을 쓰고 우리 앞에 도사리고 있지 않다고 아무도 소 리 높여 외칠 수 없는 실정인 것이다.

예란 본시 천리(天理) 인기(人紀)에 기본을 둔 자로서 그의 본질과 형식이 하나로 조화됨으로써 비로소 그 본연의 구실을 다할 수 있는 것이다. 만일 이 두 가지 중에 어느 하나를 버리지 않을 수 없다면 "사치하기보다는 차라리 검소해야 한다"이기에 겉치레의 형식보다 도 내실을 갖춘 형식의 간소가 요구되며, 그러기에 "형식을 갖추기 보다는 슬퍼해야 한다"으로써 상제례의 형식적 겉치레보다는 차라리 심애(深哀)의 모정이 요구되는 것이다.

그럼에도 불구하고 예가 만일 본말도착하여 형식에 치중하다가 가산을 탕진하고 심지어 가도(家道)를 문란하게 하는 결과에 떨어진 다면 어찌할 것인가. 이러한 현상은 결코 유가의 정통이 아닐 것은 물론이요 도리어 그의 지엽말단의 소의에 집착된 암매(闇昧)의 소치 랄 수밖에 없는 것이다.

충성의 전통

그러면 유교의 본질은 어디에서 찾을 것인가. 앞서 말한 유교의 3 중구조의 핵심인 공맹의 학에서 찾는 길 외에 따로 있을 까닭이 없 다. 위에서도 논급한 바와 같이 그것은 다름 아닌 수기치인의 군자학인 것이다. 급기야 한대의 술수학이나 후대의 지나친 번문욕례가 유학의 심층부를 영원히 둘러싸고 있는 한 유가의 질식 상태는 좀처럼 구원의 길이 트이지 않을 것이다. 그것은 시대적 전진의 저해 요인이라는 타율적인 문제일 뿐만이 아니라 그것은 오히려 유가 자체의 자멸을 초래할지 모르는 위기를 내포하고 있다는 점에서 더욱 깊은 우려를 표명하지 않을 수 없다.

이는 태서교(泰西敎)에서 그의 전철을 보아왔으니 결국 은감불원(殷鑑不遠)인 셈이다. 타산지석으로 이를 받아들임으로써 자아혁신의 길을 모색하지 않는 한 불행도 한국의 유교는 현재 막다른 골목길에 도달해 있지 않은가 하는 위기의식을 어찌할 길이 없다.

공자는 그의 교를 군자학으로 만들었고 맹자는 그의 학을 현인의 도로 꾸몄으며 다산은 목자의 도로 그의 학을 전개하였다. 우리의 많은 선인들은 이 길을 차근차근 걸어왔던 것이다.

멀리는 그만두고라도 가까이는 여말국초의 정포은(鄭圃隱)에서 비롯한 충국단성이 정암(靜庵)에 이어졌고 그의 정치적 실패는 시운의 소치라 하더라도 국말유생들의 국치설욕의 의열 속에 또한 맥맥히 이어진 하나의 정신은 그것이 바로 전인적 인격으로서의 군자=현인=목자=의인들이 지닌 경국제세의 일관된 유교의신(儒敎義神)이 아닐 수 없는 것이다.

이러한 정신이야말로 수기치인의 전인적 인격 속에서 비로소 배양된다는 사실을 우리는 여기서 강조하지 않을 수 없다. 그것만이 현대사상과 직결할 수 있는 유일의 길인 것이다. 무엇을 일러 현대사상이라 하는가? 그것은 여러 가지로 논할 수 있겠지만 단적으로 말하라 한다면 그것은 '인격의 존엄에 기초를 둔 시민윤리'라는 표현을 빌릴 수밖에 없을 것이다. 그것은 유교의 기본사상도 인간의 존엄에 기초를 둔 윤리사상이기 때문이다.

공자의 윤리는 인의 윤리요 맹자의 윤리는 인의의 윤리이므로 이들의 윤리가 인간적 평등의 호혜윤리라는 점에서 비로소 태서의 시민윤리와 상통할 수 있는 소지가 마련되어 있는 것이다.

이제 한국의 유교는 복고적 향수 속에서 비로소 그들의 고민과 더불어 새로운 방향이 찾아질 것임을 확신한다. 한대의 훈고나 송대의 성리는 학이지 교는 아니다. 학은 학으로서 존재가치가 있음에 의심의 여지는 없다손 치더라도 한국유교의 재생의 길은 학보다도 교에 있음을 알아야 할 것이다. 그 교란 다름 아닌 공맹의 원시유교 안에 깃들어 있는 교를 의미하는 것이다. 그것은 자사가 이른바 "천명지위성(天命之謂性) 솔성지위도(率性之謂道) 수도지위교(修道之謂敎)"라고 한 명(命)·성(性)·도(道)·교(敎)로 일관된 실천윤리의 교, 바로 그것인지도 모른다.

실로 현대처럼 전인적 인간상이 절실히 요청되는 시대도 드물 것이라는 점에 한국유교가 담당할 좌표와 방향은 이미 굳어져 있는 것은 아닐까. 술수학적 이단사설의 어둠 속에서 벗어나고—옛날 맹자가 양묵을 거부하듯—욕례의 가시덩굴을 헤쳐 버리고 오직 외길인 성현군자의 정도를 다시 찾는 길만이 오늘의 한국유교에 지워진 유일의 과제가 아닐 수 없는 것이다(유림월보 1973.4.25).

경전의 대중화

중국문화가 우리나라로 들어온 연대로 말하면 문헌이 부실하여 꼬집어 정론를 얻기에 힘이 드는 바이나 대체로 다음의 두 가지 사실은 확실하다.

1. 박사 왕인(王仁)이 『논어』 10권 『천자문』 1권을 일본에 전한 연대는 백제 고이왕(古爾王) 2년(서기 285)이요

2. 불교의 수입이 고구려 소수림왕(小獸林王) 2년(서기 372)이니

유(儒)·불(佛) 양교(兩敎)가 삼국시대에 이미 외래사상으로서 수입되었고 더구나 해외 일본에까지 전달하는 교량적 역할까지 맡아 하게 되었음을 알 수가 있다.

그러나 당시로 말하면 우리나라에는 자국어의 문자가 없었으니 불행히도 한문자(漢文字)를 그대로 수입해 드리는 방도 외에 딴 길이 없었을 것은 수긍하기에 그이 어렵지 않다.

그후 얼마 지나지 않아 신라 신문왕(681~692) 때[時]에 설총이 이두문자(吏讀文字)를 마련하여 방언(方言)으로써 9경(九經)을 해석하였

다고 하나 이는 모두 인멸무전(湮滅無傳)하니 더 캐어물을 길이 없고 그럭저럭 천수백 년이란 시일이 흘러 이조로 접어들게 되었다. 그러는 동안에 한문자에 대한 민족적 병질(病疾)은 날로 굳어졌고 이두문자 따위의 유치로 한문자에 대한 정확에 대항할 길이 없었을 것은 너무도 뻔한 일이다. 이에 우리나라는 지리적으로나 정치적으로나 점차 중국에 대한 번병(藩屛)의 지위를 감수(甘受) 자안(自安)하기에 이르니 이제 정치의 면뿐만이 아니라 문자상의 사대주의에까지 이끌려 들어갔다 하지 않을 수 없다.

그러나 세종 28년 '훈민정음'의 반포 있음이 어찌 우연한 일이랴! 정음(正音) 반포(頒布)의 주안점은

1. 중국문자는 난해하여 우리나라의 생리(生理)에 맞지 않고
2. 특수한 글이라 대중성이 없다.

함에 있었던 것이니 온 백성들로 하여금 알기 쉽고 읽기 쉽고 쓰기 쉬운 글을 마련하자는 데 깊은 뜻이 있었음은 췌언(贅言)을 불요(不要)하는 바로 실로 우리나라의 문자혁명의 의의가 있었음은 다시 더 말할 나위가 없다. 이로 인하여 우리도 한문자에 대한 문자적 예속에서 벗어나게 되었으니 다시 말하면 소위 중화에 대한 문자적 예속의 지위에서 자주권을 탈취한 셈이 된다. 따라서 세종대왕의 심려(深慮)는 '역경(譯經)'에까지 기울였으니 그의 즉위 30년, 곧 정음 반포 다음다음 해 3월 13일에 집현전 직제학(直提學) 김문(金汶)에게 명하여 사서 국역을 지시한 것으로 보아 알 수 있다. 이는 불행히 수명자(受命者) 김문(金汶)이 중풍으로 병졸하자 미성(未成)되고 말았으

나 '경전의 대중화'를 꾀한 세종대왕의 심려(深慮)는 역경(譯經)의 선하를 이룬 점에 있어서도 그 영적(榮蹟)의 찬연한 바 있음을 본다. 이것이 바로 우리나라 역경계획(譯經計劃)의 효시라 할 수 있으리라.

그 후 '한글'이 연산군의 폭정으로 인하여 잠적을 부득이하게 되자 또다시 한자(漢字) 일색의 암흑시대—한글문맹시대—를 맞이하게 되었으니 이는 비록 진서 언문의 별로 나누어 한문의 특수화 언문의 통속화의 과정을 밟게 되었다 하더라도 학술문화면에서 대중은 점차 괴리되어 갔음은 불문의 사실이다. 어찌 한문을 진서라 하고 '한글'을 언문이라 할 수 있으랴. 이러한 굴욕적 술어를 만들어야만 한 당시의 시대상이 너무도 슬프다. 한문진서(?)가 아니면 학문이란 칭할 수 없다는 풍이 이때로부터 더욱 굳어 갔음을 본다.

좀 더 내려와 선조조에 이르자 그의 즉위 9년 2월 26일에 왕은 율곡 이이(李珥)에게 경서의 현토를 상정하도록 칙명을 내렸다. 애초에는 경서의 토역을 유희춘(柳希春)에게 명(命)하였으나 그는 이를 사양하고 자기 대신 율곡을 추천하니 율곡은 이에 경서의 토역를 꾀한 바 있다. 그 후 유희춘도 『대학석소(大學釋疏)』 1권, 『유합(類合)』 2권을 인출하니 이러한 사정을 드디어 생각건대 현행 경서언해본(經書諺解本)은 율곡과 유희춘 양현(兩賢)의 업적인 듯하다

이 사서삼경 언해본은 임진란의 말기에 일본으로 흘러가니 이를 본보기로 하여 일인 유자(儒者) 하야시 라잔(林羅山)은 『고문진보언해(古文眞寶諺解)』, 『효경언해(孝經諺解)』, 『손자언해(孫子諺解』 등의 저서[等書]를 짓게 되었다. 일인이 '가나'(假名)로서의 해경(解經)에 언해(諺解)의 명칭을 습용(襲用)한 것은 모방을 즐기는 일인습성(日人習性)의 소치라 하더라도 학계의 하나의 난센스다. 그 후 그들도 언

문(諺文)이란 '한글'의 속칭(俗稱)임을 깨닫고 언해(諺解)를 피하고 '국자해(國字解)'로 이를 대체하였다. 오규소라이[狄生徂來]의 『장자국자해(莊子國字解)』, 『손자국자해(孫子國字解)』 등의 저서는 이를 보이는 예이거니와 우리나라에서는 아직도 '경서언해(經書諺解)'의 경지를 벗지 못한 채 근세에 이르니 어찌 한심치 아니한가. 이조 경학이 주로 주자학의 정저(井底)에서 벗어나지 못하고 진서(眞書)(?)의 울안에서 대중성을 얻지 못하였으니 필자 과문의 탓일는지 모르나 역경(譯經)의 업적이란 이 이상 더 내세울 것이 없는 양하다.

그러나 문예의 면에서 있어서는 훈민정음이 반포된 후 중국의 전기(傳記) 소설류(小說類)가 매우 많이 번역 또는 번안(飜案)되어 사랑방(舍廊房) 부로(父老)들과 규방(閨房) 부인(婦女)들의 애완을 독차지하였으니(『고려대학교오십주년 기념논문집(高麗大學校五十週年 紀念論文集)』, 박성의(朴晟義) 씨, 『한국소설(韓國小說)에 끼친 중국소설(中國小說)의 영향(影響)』 참조) 대중의 기호와 낭만이 어디에 있음을 우리는 알 수 있다. 일반 대중은 자기의 생리에 맞는 말과 글을 주어야 한다는 것을 의미한다. 제아무리 심오한 학문이요. 철리(哲理)라 하더라도 이의 전문적 탐색은 별문제로 치고 이를 대중화함에는 번역 혹은 번안의 길 외에 다른 길이 있을 까닭이 없다 다시 말하면 일반문화—주로 학술(學術) 문예—의 상호 침투작용은 번역, 번안이라고 하는 과도기적 교량작업을 매개로 하여 성취한다는 사실을 우리는 경시할 수 없다. 그럼에도 불구하고 우리나라에 있어서는 역사적으로 보아서 이러한 면에 있어서 너무나도 그 업적이 한미(寒微)한 것이다.

상기한바 사적반성(私的反省)을 기초로 하여 앞으로의 전망을 개관컨대 이제 우리는 동서문화의 교류기에 처해 있다고 할 수 있다.

이는 무엇을 의미하느냐 하면 우리는 우리 자신의 고유문화부터 먼저 자신이 소화해야 한다는 것을 반증한다. 외래문화의 수입도 급무 아님이 아니지만 자신의 정리도 또한 시급한 문제에 속한 일이라 하지 않을 수 없다.

어쨌든 동양문화는 한문권내(漢文圈內)의 문화임은 좋건 싫건 수긍하지 않을 수 없다. 따라서 이는 벌써 중국 제 고장에 있어서도 고전화(古典化)되었거니와 그의 예속적(隷屬的) 권내(圈內)에 속하는 우리나라와 일본에 있어서랴! 그러므로 일본에 있어서는 명치(明治) 연간(年間)에 있어서 이미 고전국자해(古典國字解)의 노력이 대성과를 거두어 오우충동(汗牛充棟) 업적을 쌓은 바 있고—일일이 이를 예시할 필요조차 없다—서구에 있어서는 프랑스의 루이 14세(1634~1715)가 선교사 COUPLET ENTORCETTA 등에 명하여 *CONFUCIUS SINARUM PHILOSOPHUS*[중국(中國)의 철학자 공자]를 간행할 것을 교시로 하여 그 후 영국 옥스퍼드 대학의 인도·중국 고전총서의 간행과 전후 미국에 있어서의 동양학에 대한 관심 등으로 결코 피안(彼岸)시할 수 없는 현상을 우리는 본다. 사상 면에서 몇 예를 들면

1. 역학원리(易學原理)와 HEGEL 변증법(辨證法)
2. 실존철학(實存哲學)과 중용사상(中庸思想)
3. ROUSSEAU와 노장(老莊)의 자연주의(自然主義)
4. BERGSON과 관자(管子)의 ENERGY론
5. SCHOPENHAUER과 불교철학

등 동서사상의 접선을 볼 수 있겠거니와 이들은 오로지 동양고전의 역경을 통하여 비로소 그의 심도와 폭을 넓힐 수 있는 문제에 속한다 할 수 있다.

그런데 동서의 고전적 입장에서 볼 때 우리는 희랍고전과 중국고
전을 상기하게 되는데 고전이라고 하면 희랍고전을 먼저 생각하게
되고 중국고전을 마치 손댈 수 없는 그 무엇같이 여기는 까닭은 어
디에 있을까. 이는

　　1. 한문자(漢文字)의 난해(難解)

　　2. 한글전용에서 오는 반발(反撥)

　　3. 서양문화에 대한 현혹

등을 그 원인으로 들 수 있겠는데 이는 전부가 그의 피상적인 면에
서 오는 소인에 불과한 것으로

　　1. 자학시대(子學時代) 중국고전의 다양성

　　2. 동양문화의 지역적 특이성

등을 깊이 성찰하지 못한 데에 기인한 것이라 하지 않을 수 없다.

　　동양이란 널리 일컬어지는 바와 같이 그의 사회발전의 후진성과
자연과학계의 불진은 우리가 이를 시인하다 치더라도 그렇다고 해
서 정신문화의 면에서까지 자신의 긍지를 잃어서는 안 될 것이다.

　　어쨌든 중국고전은 동양철학, 동양윤리, 동양사상의 연원이 되는
자로 더욱이 우리나라는 그의 지리적 위치와 역사적 과정에 있어서
예속적인 의미를 떠나서 그의 권내에 속해 있음이 사실일진대 우리
의 고유문화는 또한 그 속에서 움트고 자라고 살쪄 왔던 것이다. 그
러므로 우리에게는 우리 문화의 모태가 된 중국고전에 대하여 이해
를 깊이 함으로써 자신을 아는 데 하나의 빠른 길을 찾아야 한다. 그
것은 다름이 아니라 고전을 학자들의 수중에서만 맡겨 둘 것이 아니
라 대중의 장중(掌中)에로 빼앗아 와야 하는 것이다. 이것이 바로 역

경사업(譯經事業)이니 멀리 세종대왕의 유의(遺意)를 받아들이는 소이가 되는 것이요 서양문화와 비중을 맞추어 나아가야 하는 우리들 노력의 길이기도 하다.

과거의 우리의 문화재란 문화재는 온통 한문으로 되어 있으니 이는 마치 우리의 것임에도 불구하고 남의 것인 양하고 영(英)·불(佛)·독서(獨書)와 『목민심서(牧民心書)』, 『열하일기(熱河日記)』를 서가에 꽂고도 외서(外書)에 손이 먼저 가야만 하는 것은 우리의 교육이 혹은 우리의 노력이 지나치게 이국편중(異國偏重)에 있었고 또 있기 때문이다.

그러므로 17세기에 있어서 루이 14세의 관심을 배우고 일본의 명치 연간의 노력을 본보기로 하여 앞으로 우리에게도 '역경'사업의 꾸준한 진척이 있어야 할 것을 기대하는 의미에서 용렬한 소론이마나 엮어 본 것이니 여기에 '경전'이란 어찌 중국고전만을 뜻한 것이랴! 우리나라 선현들의 귀중한 작품들도 우리의 손으로 손쉽게 가지고 읽어서 우리의 양식으로 삼고 널리 또 이 시대의 빛이 되도록 하여야 할 것을 느끼는 데에서인 것이다. 여기에는 국가적인 조장책과 대학의 뒷받침이 있어야만 그의 성과를 기대할 수 있으리라는 것을 끝으로 덧붙여 두지 않을 수 없다(전남대학보 1957.4.29).

호남문화의 개황

　필자는 호남문화의 기저를 이루고 있는 본질적인 특성을 그가 지
닌 '서민성'에서 찾아보려고 시도한 바 있다. 이러한 서민성은 주로
비귀족적이라는 측면에 문제가 되기 때문에 신라의 금관문화와 같
은 찬연한 빛은 찾아볼 수 없다는 점에서 생각한다면 설령 무령왕릉
에서 백제금관이 출토되었다고 하더라도 그것은 어디까지나 백제왕
실의 유물은 될지언정 백제유민의 것은 아니라는 야릇한 문제를 안
고 있는 것이다. 왕실의 금관은 신라나 백제나 고구려나 다를 바 없
는 귀족문화의 유산이기 때문에 그것이 비록 호남의 백제고지―공
주―에서 나왔다손 치더라도 그것은 진실로 '서민성'의 범주에서는
너무도 멀리 떨어져 있는 것이다. 그러므로 왕관은 백제유산은 될지
언정 호남문화의 유산일 수 없다는 결론이 나오게 되는 것이다.

　그러면 호남이 지닌 그의 서민성은 그것이 호남적인 것에 그치는
것이 아니라 도리어 더 크게 확산됨으로써 범한국적인 것으로 될 수
있는 것이 아니냐 하는 것이 문제가 될 것이다. 어쩌면 문화란 귀족

과 서민이라는 이층구조로 형성되는 것인지도 모른다는 사실을 놓고 생각한다면 범한국적인 문화에도 이러한 이층구조에서 오는 서민성을 결코 간과할 수는 없을 것이다. 그렇다면 호남적 서민성과 범한국적—다시 말하면 비호남적—서민성과는 어떻게 구별되어야 할 것인가.

필자는 이것을 구별함에 있어서 범한국적 서민성은 대귀족적(對貴族的)인 일반적 서민성이랄까. 그것은 어쩌면 범서민성이 될는지도 모른다. 그러나 호남적 서민성은 비록 거기에 한국적인 범서민성이 곁들여 있다손 치더라도 '호남적'인 짙은 색깔이 칠해진 서민성이 아니면 안 된다는 특수성격이 거기에 곁들여 있지 않고서는 결코 이를 '호남문화'라 지칭할 수는 없다고 해야 할 것이다.

호남은 지역적으로는 해양을 낀 농경지요 역사적으로는 백제유민의 정착지라는 특수한 배경에서 얻어지는 본질적 특성은 없는 것일까. 그러한 특질이 없다면 호남문화란 애당초 문제가 되지 않을는지 모른다. 그러나 호남의 서민성에는 범한적 서민성 외에 또 다른 특성이 거기에 있을 것이라는 추정이 만일 허락된다면 그것은 대략 다음과 같은 것들이 되지 않을까 한다.

첫째, 호남은 재인의 고장으로서 어쩌면 예술인의 집결지라는 지역적 또는 역사적 사실을 시인한다면 호남에서의 음악—창—이며 미술—도예—같은 분야에 걸쳐서 어떠한 특성을 찾아내기란 그리 어려운 일이 아닐는지도 모른다. 이는 망국유민들의 '애이불상(哀而不傷),' '낙이불요(樂而不妖)'하던 멋의 고장이라는 점에서 아마도 다른 지역문화와는 구별되어야 하지 않을까 한다.

둘째, 호남은 역사적으로 왕화(王化)가 미급하던 농경지대로서 때로는 왕권의 우심하던 오랜 전통을 지닌 고장임을 상기할 필요가 있을 것이다. 그것이 그들의 생활양상을 규정지어 준다고 한다면 분명코 그들에게는 자치와 자활할 수 있는 수단이 있었을 것임에 의심의 여지가 없다. 두레조직이나 모정의 존재는 이를 단적으로 설명해 주는 것이 될 것이다. 이는 호남문화의 정경적(政經的) 측면이 아닐 수 없다.

마지막으로 언급해 두지 않을 수 없는 한 가지 사실은 그것을 꼭 문화적인 면에만 다루어질 성질의 것이 아닐는지 모르지만 호남은 백제 의병 이래 불의에 대한 저항정신의 고장으로 일컬어지고 있다는 사실이다.

호남이란 고장은 과연 그처럼 다스리기 힘드는 고장인가. 아니면 다스림을 제대로 받지 못했던 고장인가. 그러기에 왕건은 호남인을 미워했고 이조에 이르러서도 수신번농(守臣飜弄) 서리작간(胥吏作奸)에 의한 유리민의 고장이기도 했으며 그들의 오랜 울분이 민우의 형태로 터져야만 했던 고장이 또한 호남이라는 사실은 아마도 학문적 분석을 기다리고 있는 일면이기도 한 것이다.

실로 호남이란 '멋'과 '힘'이 한데 어울린 진정한 의미의 서민의 고장이라는 점에서 호남문화란 그러한 척도로서 잴 수 있는 자료는 아직도 호남의 유증(油證)처럼 시추 발굴을 기다리고 있기도 하지만 빙산의 일각처럼 노정된 부분은 호남의 재인, 묵객, 촌로, 규방 그 어느 곳에도 산재해 있을 것이다(전남대학보 1973.3.15).

근대화과업과 교육

　조국근대화의 과업은 모름지기 정경일치(政經一致)의 원리에 입각하여 일로 그의 경제성장을 서두르고 있거니와 이렇듯 정경일치의 색조가 지나치게 강하면 강할수록 흔히 정교불가분(政敎不可分)의 대경대법(大經大法)이 간과되기 쉬운 것이다. 한 국가의 경제성장과 국민교육은 그 나라 정치의 양대 지주로서 어느 하나도 소홀히 할 수 없음은 다시 말할 나위도 없다. 국가의 경제성장이 급진전을 기약하는 이때에 국민교육이 또한 이를 뒷받침하는 방향을 취하지 않을 수 없음은 또한 이해하고도 남음이 있다.

　이를 일러 생산교육이라고도 할 수 있고 크게는 과학정신의 개발교육이라고도 규정할 수 있을 것이다. 우리나라가 과거에 있어서 지나치게 기공을 멸시했기 때문에 금일의 후진성을 자초한 것이거니와 이제라도 늦을세라 실업교육에 국민교육의 초점을 맞춘다는 데 대하여는 이론의 여지가 없는 것이다. 더욱이 조국근대화란 대과업이 국민경제의 향상 없이 이루어질 수 없다는 점을 계산에 넣고 생각한다면 이에 실업교육의 진흥이야말로 시의에 알맞은 자라 하지 않을 수 없는 것이다.

그러나 국가의 모든 시책이 당면문제의 해결을 위하여 급급한 나머지 앞날의 백년대계를 흐리게 할 수 없다는 점에 있어서는 교육도 그의 예외일 수 없는 것이다. 생산교육 또는 실업교육에 치중하는 나머지 국민의 기본자세를 바로잡아야 하는 인간교육 또는 도의교육 면을 잠시도 등한히 할 수 없음은 당연 이상의 당연지사가 아닐 수 없는 것이다.

이러한 문제는 교육론에 있어서는 하나의 상식에 속해 있음에도 불구하고 어찌하여 등한시되는 것일까! 인간교육의 노력이란 그야말로 노다공소(勞多功少)라고나 할까! 눈에 띄는 즉각적인 성과를 기대하기도 어렵거니와 그 반면에 그의 책임분야가 또한 학교와 가정과 사회가 서로 연관성을 맺고 있는 만큼 이는 실로 국민적인 종합교육의 형태로서 꾸준히 밀고 나가야 할 거창한 사업에 속하기 때문인 것이다.

더욱이 조국근대화의 과업은 결코 경제성장만이 그의 전부는 아님을 상기할 필요가 있다. 국민으로서의 올바른 자세의 확립 없이 어떻게 조국근대화가 이루어질 것인가! 올바른 자세란 다름 아닌 국가 재흥(再興)의 의욕과 국가자립정신의 확호한 신념을 의미한다. 우리에 앞선 많은 나라의 부흥에 있어서도 그를 뒷받침하는 애국정열 없이 이루어진 전례는 모두 없다는 사실을 우리는 명념(銘念)해야 할 것이다.

그러므로 조국근대화의 과업을 뒷받침하는 교육에 있어서 그의 기술교육은 하나의 수단에 지나지 않고 이를 밀고 나갈 수 있는 원동력은 차라리 나라를 사랑하고(애국심) 스스로의 힘으로 살아가는 (자립정신) 인간을 만드는 교육에 있다고 해도 결코 과언이 아닐 것이다. 이런 점에 있어서의 책임은 실로 중차대한 것이다(전남매일 1967.10.).

경애(敬愛)하는 Gregory Henderson님께

—보내주신 「정다산론(丁茶山論)」을 읽고

　　얼마 전에 귀국 국회도서관에 계신 학형(學兄) 양기백(梁基伯) 님
을 통하여 보내주신 "Chong Tasan: A Study in Korea's Intellectual
History"를 배독(拜讀)하고 정다산(丁茶山)을 사숙(私淑)하는 한 학도
로서 감회 자못 없지 않아 이렇듯 공개(公開)의 지면을 빌려 한 말씀
소회(所懷)를 여쭈려고 합니다. 처음에는 사신(私信)에 대하는 이러
한 공개의 방법이 선생에게 실례나 되지 않을까 주저하였으나 이야
기가 다산선생에 관한지라 오히려 공청(公廳)을 바라는 것이 떳떳한
일일 것 같이 생각되었기 때문입니다.

　　무엇보다도 먼저 선생께서 우리 한국역사의 연구 특히 문화사적
인 면에 지대한 관심을 가져주시는 데 대하여 감사를 드리지 않을
수 없습니다. 더욱이 우리의 손으로도 아직 개척하지 못한 새로운
분야에까지 형식(炯識)을 넓혀주신 데 대하여는 실로 경외(敬畏)의
정(情)을 억제할 길이 없습니다. 이러한 의미에서 선생의 「정다산론
(丁茶山論)」은 정다산의 인격됨을 소개한 정도에 그친 것이 아니라

정다산의 전기를 통하여 고질적인 이조 당쟁사의 이면을 부판(剖判)하고 나아가 우리들에게 어떠한 지침까지를 명시하여 주셨으니 더욱 경탄할 따름입니다. 진정 선생의 마음과 같은 관찰은 우리들에게 뼈아픈 역사적 회고가 됩니다.

>······In an almost protestant reaction, the Ch'ing scholars returned to ancient texts, urged study that would be critical and objective, argued for state theories that would be mere practical, inveighed against the abstract, intuitional, ultraconservative orthodoxy of Ch'u Hsi······
>
>Korea had no such dynastic break, no such dramatic stimulus to re-examine the old orthodoxy. Allegiance to Ch'u Hai held on, sanctified by long dynastic tradition······

정다산을 중심으로하는 이조 실학파는 청조(淸朝) 실학파들과 입장을 같이하고 있거니와 불행히도 이조 500년은 선생께서도 "Far more, even, than Ming China. the world of Ch'u Hsi in Korea was law, and no other philosophy could be considered······"라고 지적한 바와 같이 주자학 일색과 당쟁의 반복으로 종말을 고하고 만 것입니다. 그러므로 정다산의 설화는 곧 이조 당쟁의 설화에서부터 끌어내지 않을 수 없으며 다산의 전기는 바로 동서 신구문화 대립의 반조경(反照鏡)이 된다는 사실을 잘 알겠습니다.

이런 의미에서 이조 실학파들의 위치는 그들이 더욱 정치적으로는 불우하였다고 하더라도 그들의 존재의의는 퇴(退)·율(栗) 등의 성리학파보다도 더욱 색다른 점이 있다고 보임을 갖게 됩니다. 우리 역사의 반성이라는 점에서 더욱 우리는 정다산에 대하여 보다 더한 관심을 갖게 됩니다. 우리 선조들이 서학(西學)을 읽고 새 문화에 관심을 가졌다는 점 하나로 그들에게 그처럼 참혹한 박해를 가한 것은 결국 우리 민족 자신의 자살행위에 지나지 않았습니다. 정다산의 유적생활(流謫生活) 이후 등신(等身)의 저술을 남겼으나 그의 「자찬묘지명(自撰墓誌銘)」이나 「서증신영로(書贈申永老)」(『담원국학산고』 100쪽)를 보더라도 후세에 전부전(傳不傳)을 걱정하였으리만큼 당시의 시대상은 너무도 암담하였습니다(이 점은 선생께서도 지적하셨습니다).

이조 말기 전까지도 다산의 저술은 서학을 한 남인의 서(書)라는 단순한 이유 때문에 천하에 공행(公行)하지 못하고 『목민심서(牧民心書)』만은 목민관 실무의 서(書)이기 때문에 Schaolar-officials들의 공소매 속에서 몰래 읽혀졌다는 웃지 못할 야화가 전해 내려오는 형편입니다.

선생께서도 지적한 바와 같이 이조 역사는 주자학파 당쟁사이기 때문에 아직도 그의 유산을 깨끗이 청산하지 못한 수구의 입장에 선 사람들은 다산의 존재를 그다지 높이 평가하지 않고 박이조루(博而粗漏)하다고 폄(貶)합니다. 다산은 늘 "육경사서로 나를 닦고 일표이서로 사람을 다스린다"라 한 바와 같이 다산의 경학은 한당(漢唐) 송원(宋元) 명청(明淸)의 제가설(諸家說)을 집대성하여 일가견을 세웠기 때문에 주자학에서 멀리 탈피하였다고 보입니다. 일본 천리대학(天理大學) 타카하시 토오루[高橋亨] 교수도 그의 「정다산(丁茶山)의 대학경설(大學經說)」 중에서 다산의 역(易)·예(禮)·중용(中庸)에 대하여도 일언할 기회를 가지고 싶어 했거니와 다산의 전모를 살피기 위하여는 『목민심서』 등 소위 경세제민의 서(書)만을 통할 것이 아니라 시(詩)·서(書)·예(禮)·악(樂)·역(易)·춘추(春秋)의 육경과 논(論)·맹(孟)·용(庸)·학(學)의 사서에서도 다시 다산의 반면을 살펴야 할 것입니다. 선생의 정다산론은 "Korean's long and complex factional-philosophic history"를 해부하여 다산의 설화(說話)를 취급하였기 때문에 다산학의 기저까지는 건드리지 않은 줄로 사료(思料)합니다마는 다산학의 깊이를 좀더 파고 들어가고 싶은 한 학도의 입장에서 볼 때에는 다산을 알기 위하여는 다산학의 전모를 살펴야 한다는 데까지 생각이 이르지 않을 수 없습니다.

다음 귀론(貴論) 중에 몇 가지 의심 나는 점이 있어 이 기회에 한 말씀 드리고자 합니다.

① 귀론(貴論) 13중단(中段)에 "when Tasan was 15, the death of Che-Kong occured, followed the new year, by that of the king ……"이라 하였는데 채제공(蔡濟公)은 정조원년부터 23년간 집정하다가 정조 서거 전년인 1798 A.D.에 몰하였으니 이때 다산의 나이 38이요, 그다음 해에 죽은 The King은 다름 아닌 정조입니다. 바로 그 밑으로 "Tasan's father and his teachers nourished bitterness in retirament"라고 하였으나 다산의 부 정재원(丁載遠)은 귀양간 흔적도 없고 또 진주목사(晋州牧使)로 있다가 임자(1793 A.D.) 4월에 임지에서 사거(死去)하였으니 채용보다 7년 앞서 죽었습니다. 요컨대 귀론(貴論) 중(中)에 나오는 The King의 사실과 말단의 정조에 관한 논은 동일인 정조의 사실이 양단(兩斷)되지나 않았나 합니다. 채용과 다산의 부 재원은 정조 원년에 과거 등용되고 다산은 그 후에 등과하여 신유교난 직전까지 정조와 채용의 총애를 받았습니다(「자찬묘지명(自撰墓誌銘)」).

② 4쪽 말기에 "The most illustrious member of Yojy Lee circle, at whose knees Tasan had studied, Lee Ka-Whan, had become his brother-in-la ｗ……"라 하였는데 다산의 처는 풍산(豊山) 홍씨(洪氏)요 이가환(李家煥)의 처는 정씨(鄭氏)니 다산과 가환과의 사이가 brother-in-law일 수는 없는데 "교가 경내에 거처할 때 이가환은 문학으로 세상에 명성을 떨쳤다. 매부 이승훈 또한 칙궁하고 뜻을 분발하였다. 조부는 성호 이선생 익의 학문을 서술했고, 용은 그 유서를 보고 기쁘게 학문을 뜻으로 여겼다[驕倨京內時李公家煥以文學聲振一世 妹夫李承薰又篏窮勵志 皆祖述星湖李先生瀷之學 鏞得見其遺書欣然以學問爲意]"로 보아 다산의 자부(子婦)는 이승훈입니다. 그러나 다산이 성호의 학과 친숙하게 된 것은 귀론(貴論)과 같이 이가환과 또 그의 자부(子婦)인 이승훈입니다. 다시 5쪽 상부에 "Ka-Whan's brother-in-law was, in 1783, appointed Ambassador(i. e. head of the annual tribute mission) to Peking. His son, yi sung-hun, who had been studying with tasan.……"에 대하여는 당시(當時) 북경동지사 겸 사은사(北京冬至使 兼 謝恩使)는 황인점(黃仁點)이요 그의 서장관(書狀官)으로 이동욱이 수행하게 되었는데 그가 바로 이승훈의 부(父)입니다. 이때에 승훈이 부친을 따라 입연(入燕)하였습니다. 그리고 가환은 무후(無後)하여 그의 종조형 구환(九煥)의 아들 재적(載績)으로 양자를 삼았으니(「정헌묘지명(貞軒墓誌銘)」) 여기에 his son의 his는 가환의 대명사이어서는 안 될 것 같고 Ka-whan.s brother-in-law가 사절단의 head인 황인점인지는 알 수 없으나 황씨의 아들이 더구나 이승훈일 수는 없을까 하여 일언을 드리는 바이며 류홍열(柳洪烈) 저 『조선천주교사(朝鮮天主敎史)』 상권 84쪽에는 "그의(승훈) 모는 이익의 후손인 이가환의 누님이며……"라 하였는데 가환이 성호의 후손임은 「정헌묘지명」의 기록에도 나와 있지만 유(柳)씨설에 의한다면 이승훈, 이가환의 양이(兩李)가 동성

이본(同姓異本)이었던가? 어쨌든 이승훈 일족도 선생께서 지적한 바와 같이 여주 이씨의 일족인 듯한데 승훈, 가환 양인의 족친 관계는 이 이상 더 캘 길이 없습니다. 명백한 고증이 있으면 일교를 바랍니다.

③ 끝으로 "There has been, for 150years, much argument as to whether Tasan himself became a Christian secretely or not." 이는 다산을 위하야 있을 수 있는 당연한 의안(疑案)이요, "His belief in sort of a creator, however, in contrast to Confucian-Philosophy appears to show the influence of Christian thought." 또한 다산사상을 연구하는 데 있어서 흥미를 돋우어주는 일면입니다. 선생께서도 의문으로 여기시는 바와 같이 다산이 당시에 교도였는가의 여부는 아직도 많은 논란의 여지가 있는 문제요 현금 한국 Catholic 당로자들은 다산을 배교자(背敎者)라고 부르고 있으니 그들의 다산에 대한 규정은 그들로서의 어떠한 근거에 의한 것이겠지만 우리는 오히려 다산의 천명관에 혹연 선생이 지적하는 바와 같이 기독교 사상의 영향이 있지 않나 하는 문제는 우리들에게 흥미 있는 과제가 아닐 수 없습니다.

이제 본지 편집자에게서 얻은 지면의 제약 때문에 이 이상 더 이야기를 계속할 수 없습니다. 오늘의 이야기 가운데 잘못이나 예 아닌 것이 있다면 이는 다산을 좀 더 알고 싶어 하는 심정에서 지나치게 천착했기 때문이 아닌가 하오니 이 점 깊이 양해하시고 앞으로 사학(斯學)에 더욱 정진하사 좋은 논문을 계속 발표하여 주시기 바라오며 길이 건강을 축원합니다. 끝으로 「다산론(茶山論)」 함께 보내주신 양기백(梁基伯) 학형과 선생의 공저인 「An outline of the History of Korean Confucianism」도 정독하고 있사오니 아울러 감독(感讀)의 말씀을 드립니다(전남대학보 1957.9.1).

본 대로 느낀 대로

—연구하는 대학

　요즈음 와서 갑자기 '공부하는 대학생'이니 '연구하는 교수'니 하는 새로운 유행어가 대학가를 휩쓸고 있다. 그러면 지금까지 공부도 않고 연구도 안 하던 대학생이오 교수였던가 하는 논리를 펴면서 역설적인 불쾌(不快)를 느끼는 측도 없지는 않지만 사실상 대학이 대학다운 제구실을 했던가 하는 점에 있어서는 또한 반성의 여지도 없지 않았음을 우리는 솔직히 시인해야 할는지 모른다.

　이제 '공부'니 '연구'니 하는 단어가 가진 바 개념을 잠깐 살펴본다면 꽤 다른 점이 있음을 발견하게 된다. '시험공부'니 '과외공부'니란 말은 있으되 '시험연구'니 '과외연구'니란 말은 어딘가 서툰 데가 있다. 공부란 아마도 이미 있는 학습재료를 반복(Repeat)해가면서 익히는 공정(Process)을 의미하고 연구(Study)란 기존자료를 검토 조사하면서 새로운 것을 캐내는 행위인지도 모른다.

　그러므로 소위 논문을 쓸 때에 '○○연구'라고 할 수는 있으되 'XX공부'라는 제목은 내걸 수 없음은 이 까닭인 것이다.

이렇듯 '공부'가 풍기는 개념이 다를진대 차라리 '공부하는 대학생'이니 하는 말을 거꾸로 '연구하는 대학생'이니 '공부하는 교수'니로 고쳐놓아도 좋지 않을까 싶기도 하다.

우리 대학 본관의 입구를 들어서면 '배울 때에는 싫증을 내지 않고, 가르칠 때에는 게으름을 피우지 않는다[學不厭而敎不倦]'이란 액자가 붙어 있는 것을 누구나 발견할 것이다. 이 글이 『논어』에는 "……배울 때는 싫증내지 않고 사람을 가르칠 때는 게을리 하지 않는다[……學而不厭, 誨人不倦]"(「술이(述而)」)로 되어 있고 『맹자』에서는 "배울 때는 아는 것을 싫증내지 않고 가르칠 때는 인함을 게을리 하지 않는다[學不厭智也 敎不倦仁也]"(「공손추 상(公孫丑 上)」)로 되었는데 '배우기를 싫어하지 않고 가르치기를 게을리 하지 않는다'는 그 근본적인 뜻에서는 모두 다 다를 바 없음은 곧 알 수 있다. 공자나 맹자는 본시 한 인간으로서 항상 '배우면서 가르치던' 사람들이었던 것이다.

'배움'과 '가르침'이란 점에서 생각할 때 자칫하면 대학생은 배우는 입장이오 교수들은 가르치는 입장인 것으로 나누어 생각하기가 쉽지만 따지고 보면 '배움'과 '가르침'은 결코 떼어서 생각할 수 없는 것이 바로 '학(學)'과 '교(敎)'가 지닌바 그의 본질인지도 모른다.

만일 한 대학에 가르칠 줄만 알지 공부할 줄 모르는 교수가 있다면—결코 그럴 리는 없지만—만일 이를 가정한다면 그 대학은 침체를 면할 길이 없을 것이오, 만일 한 대학에 배울 줄만 알지 거기서 일보전진해서 자기의 학문적 세계를 개척하려는 의욕을 가진 대학생이 없다면 그도 또한 앞날을 기대하기 어려운 대학생들이라 하지 않을 수 없을 것이다.

그러므로 대학이란 대학생이건 교수이건 할 것 없이 온통 '배우면서 연구하되' 차라리 교수들은 그들의 '공부'를 통하여 많은 자료를 대학생들에게 자모(慈母)가 아들에게 모유(母乳)를 주듯 제공하여주고 대학생들은 교수들에게서 받은 많은 영양을 섭취하여 이를 내 것으로 소화하되 그를 토대로 하여 내 연구에 정진함으로써 대학생다운 긍지와 본연의 자세를 확립하도록 해야 할는지 모른다.

　모름지기 대학생은 '공부하는 대학생'에서 한 계단을 올라 뛰어야 한다. 다시 말하면 공부하던 '중·고등학생'에서 '연구하는 대학생'에로 비약하는 곳에서 대학생의 면모를 찾아야 할는지 모른다. '연구'라는 단어를 '교수'들에게 독립시킬 필요는 없다. '연구'라는 광장은 '대학생'과 '교수'들의 공유에 속한다는 사실을 알아야 한다. '연구하는 교수'라는 유행어 속에 간직된 어감에서 행여나 대학생들이 '연구'에 외면할까 하는 노파심에서 느낀 대로 한마디 일러둘 따름이다(전남대학보 1967.4.19).

대학은 문화 창조자

1

　대학(大學)이 학문의 전당으로서 그가 지닌 고고(孤高)한 품격은 오히려 만인이 추앙하는 특성이기는 하지만 그렇다고 해서 그러한 성격이 바로 그가 처한 지역사회에서 고립(孤立)된 존재가 되어도 좋다는 이유는 되지 않을 것이다. 대학이라고 하면 물론 심오(深奧)한 진리를 탐구한다는 것이 그의 으뜸가는 책무이기 때문에 속화(俗化)된 사회와는 엄연히 구분해야 할는지 모른다. 그것은 바로 최고학부(最高學府)로서의 대학의 긍지(矜持) 때문일 것이다. 그러나 그것은 결코 입산수도(入山修道)하는 출가(出家)의 도승(道僧)처럼 세상과 등겨서는 안 된다는 데에 오늘의 대학이 지닌 바 문제점이 있는지도 모른다.

　대학과 지역사회와는 마치 모자(母子)의 혈연(血緣)과도 같이 얽히고 형제(兄弟)의 우의(友誼)처럼 서로 불가분(不可分)의 관계로 맺어진 사이라고나 할까! 그들은 또한 달걀의 흰자와 노른자와도 같이 밀착(密着)된 관계를 지니고 있다고도 할 수 있는 것이다. 대학이라는 노른자는 지역사회라는 흰자의 중심이 되는 것이요 지역사회라는 흰자는 대학이라는 노른자를 둘러싼 울이 됨으로써 그들은 비로소 달걀이라는 문화를 창조하게 될 것이라는 점에 비유할 수도 있을 것이다.

이렇듯 긴밀한 그들의 유대(紐帶)는 또 달리 말한다면 아마도 대학은 지역사회를 기름지게 할 학문의 부고(府庫)라고 해야 할는지도 모른다. 그 지역사회의 수요(需要)에 응해야 할 원천(源泉)이 됨으로써 비로소 대학의 권위는 제대로 서게 될 뿐만 아니라 이러한 대학의 영역(領域)은 결코 지역사회에서는 범할 수 없는 불가침성(不可侵性)을 지니고 있는 것이다. 그렇기 때문에 대학은 지역사회에 대한 학문적 책임을 그 누구에게도 전가할 수 없는 것이다. 대학이 그 지역사회의 노른자다운 구실을 담당해야 한다는 숭고(崇高)한 사명(使命)은 결코 홀가분한 것이 아닌 소이(所以)가 여기에 있는 것이다. 이렇듯 상호(相互) 얽힌 관계 하에서 문화적(文化的)인 면에 있어서는 어떠한 문제점(問題點)을 지니고 있는 것인가!

2

문화(文化)의 정의는 여러 가지로 내릴 수 있지만 '문화란 인간의 생활을 보다 더 풍부하게 할 수 있는 예술적(藝術的) 창작품(創作品)'이라는 데에는 이론이 없을 것이다. 문화란 비문화(非文化), 곧 야만과의 비어(比語)라는 말에서도 알 수 있는 바와 같이 문화란 인간생

활을 보다 더 아름답게 꾸며주는 면을 간직하고 있는 것이다. 그러
므로 문화는 학문과 과학과는 그 내용(內容)에 있어서 구별되는 것
이다. 학문이라거나 과학적(科學的)인 업적이 바로 인류생활(人類生
活)에 기여(寄與)하는 바이기는 하지만 진리탐구(眞理探究)를 그의 본
분으로 하는 학문적 업적은 대학이라는 상아탑(象牙塔) 속에 갇힌 채
이룩해낼 수도 있고 과학적(科學的) 법리(法理)의 연구도 그야 과학
인(科學人)들의 개인적 노력에 의하여 이루어질 수 있는 것이지만 문
화란 결코 상아탑(象牙塔) 속에 갇힌 채 또는 개인에 의해서만 이루
어질 수 없는 것이다. 그것이 다름 아닌 문화의 대중성(大衆性)이라
고 볼 수 있을 것이다. 이 점이 바로 대학의 학문과 구별되는 문화의
특성인지도 모른다. 한 나라 또는 좁게 말해서 그 지역사회의 문화
는 그것이 비록 오랜 전통을 지녔고 또 학문적인 요소를 내포하고
있다고 하더라도 그것이 대중 속에 깊이 뿌리를 박고 있지 않는 한
그것은 역사적(歷史的)인 또는 박물관적(博物館的)인 유물이 되거나
그렇지 않으면 뿌리 없는 꽃과 같이 일시적(一時的)인 것이 되고 말
것이다. 그러므로 우리는 문화라는 개념에서는 대중성(大衆性), 곧
사회성(社會性)을 인정하지 않을 수 없는 소이(所以)가 여기에 있다.

문화는 유형(有形) 또는 무형문화(無形文化)의 두 갈래로 나누거니
와 유형문화(有形文化)로서는 회화(繪畫), 조각(彫刻), 건축공예(建築工
藝) 등의 작품이 있고 무형(無形)한 것으로는 음악(音樂), 무용(舞踊),
설화(說話) 등이 있을 뿐만 아니라 언어(言語)와 문자(文字)를 바탕으
로 하는 우리 생활양식(生活樣式)이 바로 우리가 창조한 문화인지도
모른다. 다시 말하면 의식주(衣食住)에 바탕을 둔 전통적(傳統的) 현
존양식(現存樣式)은 그 지역사회의 특성을 그대로 간직한 문화적 유

산(遺産)이 되는 것이다. 그러므로 문화란 달리 말한다면 지역사회의 소산(所産)이라고 해야 마땅할른지 모른다. 그렇다면 문화일반(文化 一般)에 대한 대학의 역할(役割)은 무엇일까!

대학은 비록 그의 고고(孤高)한 학문적(學問的) 품격(稟格)이 속화 (俗化)되어서는 안 되겠지만 지역사회의 문화적 발전(發展)을 위한 모든 행사(行事)에 있어서는 적극 참여하는 태도를 취해야 한다는 점을 여기서 말하지 않을 수 없다. 문화란 결국 대학과 사회의 공동 작품(共同作品)이라는 점을 상기(想起)할 필요가 있다. 왜냐하면 문화 적 작품의 설계 또는 이론은 설령 대학이라는 상아탑(象牙塔) 속에서 이루어질 수도 있겠지만 문화적 성과(成果)는 대중(大衆)의 생활 속 에서 이루어지고 또 찾아내야 하기 때문이다.

지역사회의 하나의 기이한 현상(現象)의 일례(一例)를 들자면 만주 (滿洲)에서의 중국인(中國人)들은 홍등가(紅燈街)의 옥호(屋號)를 서관 (書舘)이라 하였듯이 이 고장 댄스홀의 옥호(屋號)에 '문화관(文化館)' 이 있는 사실을 우리는 어떻게 이해하여야 할 것인가! 이렇듯 문화의 개념이 저속화(低俗化)되고 왜곡(歪曲)될 바에는 문화의 개념을 보다 더 순화(純化)하여 그의 본연(本然)의 본질(本質)을 다시 찾는 노력에 대학인(大學人)들은 적극적인 관심을 기울일 필요가 있지 않을까!

문화란 어쩌면 정신적(精神的)인 면에서는 우아(優雅)한 교양을 의 미하고 물질적인 면에서는 생활(生活)의 개선향상(改善向上)을 의미 하는 것이라고도 할 수 있을 것이다. 이러한 의미에서 대학은 지역 사회의 문화적 향상(向上)과 개선(改善)을 위해서 적극적 참여는 바 람직한 노릇일 뿐만 아니라 거꾸로 지역사회에서는 대학의 모든 역 량(力量)을 이를 위하여 기울일 수 있는 기회와 편의를 제공하는 데 인색해서는 안 될 것이다. 대학 없는 지역사회의 문화는 답보(踏步) 침체(沈滯)를 면치 못할 뿐만 아니라 지역사회의 협찬(協贊)을 얻지 못하는 대학의 지식(知識)은 또한 볕을 보지 못한 나무처럼 거의 성장(成長)할 터전을 얻지 못할 것이다.

3

일반문화(一般文化)란 대학과 지역사회의 공동작품(共同作品)이라는 데에서 그의 특성(特性)의 일면을 엿볼 수 있는 것과 같이 소위 도의(道義)라는 어휘를 두고도 우리는 대학의 강단(講壇)에서만은 해결할 수 없는 특성이 있음을 지적하지 않을 수 없다. 소위 도의 과목(課目)이라는 교과과정(敎科課程)이 각급학교(各級學校)에서 실시되고 있으며 거기에 따른 교과서가 있고 그 과목을 담당한 교사가 있기는 하지만 그것만으로써 인간사회(人間社會)에서의 도의가 저절로 확립되리라고 안이(安易)하게 생각할 수는 없는 것이라. 왜냐하면 도의란 인간의 행동규범(行動規範)이요 동시에 이는 실천(實踐)을 통해서 비로소 그의 효과를 거둘 수 있는 것이기 때문이다. 도의의 실천이란 곧 그의 사회성(社會性)의 일면을 지적한 것이 아닐 수 없다.

흔히 이 시대의 사회상(社會相)을 분석하되 전통적(傳統的) 윤리의 가치관(價値觀)은 무너지고 거기에 갈음할 수 있는 새로운 도의관념(道義觀念)이 수립되지 않았기 때문에 신구(新舊)의 갈등이 생기고 무질서(無秩序)한 혼돈(混沌)이 빚어지게 된다고 한다. 이러한 양상(樣相)은 그야말로 이 시대에 있어서의 한국적(韓國的)인 양상인지도 모른다. 도의정신(道義精神)이 그의 방향감각(方向感覺)을 잃게 된 사회란 빛을 잃은 어두운 밤과 같아서 암담(暗澹)하고도 혼미(混迷)한 것이다.

도의(道義)란 글자 그대로 올바른 인간의 길을 의미하는 것이다. 문화란 인간의 생활 속에서 이루어지는 것이지만 도의란 인간 하나 하나의 마음가짐에 의한 행동에서 이루어지는 것이다. 그러므로 문화는 인간의 예술적(藝術的) 작품(作品)이지만 도의는 인간의 윤리적(倫理的) 행동(行動)이 아닐 수 없다. 그러나 이들이 다 같이 지닌 특성이 있다면 그것은 어디까지나 그가 살고 있는 지역사회 안에서의 문제라는 점에 있다는 것이다.

대학은 윤리학(倫理學)을 강의하고 그 시대의 윤리관(倫理觀) 확립을 위한 자료(資料)를 수집·조사·정리하는 곳이 아닐 수 없다. 일보(一步) 더 나아가서 그들에게는 그러한 연구(硏究)를 통하여 '인간의 갈 길'을 똑똑히 제시해줄 의무가 있는지도 모른다. 그러나 외삼촌(外三寸)이 조카를 죽이고 식모(食母)를 암매장(暗埋葬)하고 극장(劇場)에서 수류탄(手榴彈)을 던지고도 너털웃음을 웃고 댄스홀에서 춤을 추고 시치미를 뗄 수 있는 인간들이 우리들의 주변을 메우고 있다면 우리는 마치 이리떼나 호환(虎患) 속에서 살고 있는 것과 무엇이 다를까! 이러한 속에서 도의를 호소(呼訴)한들 마이동풍(馬耳東風)이 아닐 수 없음을 느끼게 하는 것이다.

이제 대학은 지식(知識)을 탐구(探究)하고 저장(貯藏)하는 곳일 뿐 아니라 그가 지닌 지식을 가지고 사회교화(社會敎化)의 일익(一翼)을 담당해야 할는지 모른다. 대학은 대학생(大學生)을 기르되 '교양(敎養)있는 지식인(知識人)'으로 기르고 있는 것이다. 지역사회에서도 그와 똑같은 인간의 부족(不足)을 통감(痛感)하고 있는 만큼 대학은 이점을 좌시(坐視)해서는 안 될 것이다. 지역사회의 요청에 의한 사회교화(社會敎化)에의 참여는 도의(道義)를 강론(講論)하는 대학인(大學人)의 당연한 책무라 하지 않을 수 없다(The Chonnam University Press 1968.6.9).

두 제자

별로 자랑할 것은 못 되지만 병후(病後) 오랜 칩거(蟄居)의 뒷맛이 아직도 개운치 않은 탓인지 심신(心身)의 불쾌지수(不快指數)가 가시지 않은 나날을 보내고 있는데 문득 어린이날이며 어머니날도 휙휙 지나가 버리고 어느덧 스승의 날 차례에 이르렀건만 가슴에 꽃 한송이 달아주는 기쁨을 안기 위해서 그나마 공식(公式) 회합에 나가볼 마음도 내키지 않기에 그저 무료한 하루를 어제나 다름없이 보내기로 했다.

그런데 뜻밖에 적요한 내 집 문전(門前)에 그나마도 어두운 밤에 찾아준 한 제자가 있을 줄은 나도 기대하지 않았던 일이다. 현관(玄關) 문을 열자마자 가슴에 한 묶음의 생화(生花)를 꽂아준다.

이미 학교를 나온 후 S시에서 '선생' 노릇을 하고 있는 줄로 기억하고 있는 H양—아니 결혼 주례를 해줬으니 H여사일까—임을 알아챘다. 멀리 찾아준 그 고마움.

그리고 다시 고요가 깃들인 문전(門前)이 어수선하기에 나서본즉

K클럽 학생들의 한 떼가 찾아든다. 창립부터 간여했던 K클럽에 나는 항상 '대학생 아기들'이라 속으로 부르곤 한다. 아니나 다를까. 이 아기떼들은 예쁜 조화(造花)의 자그마한 화환(花環)을 안고 와서 하는 말이 "만수무강(萬壽無疆)하소서"란다.

찾아준 한 아름의 귀여운 마음

이제 날이 새고 보니 '스승의 날'은 어제이건만 남은 것은 생화(生花)와 조화(造花) 두 송이 꽃뿐이다. 기이(奇異)한 지고. 생화와 조화. 조화와 생화.

내 본시 조화는 그다지 탐탁지 않게 여겨 왔건만 오늘따라 생화에 곁들인 조화의 의미는 없는 것일까! 무엇인가 머릿속에서 맴도는 것 같다.

생화는 인생의 영화(榮華)인 양 화려(華麗)한 그 모습을 우리들은 아끼지만 조화는 비록 신(神) 아닌 사람의 손에서 만들어졌지만 어느 때 어느 곳에서나 영고성쇠(榮枯盛衰) 없이 '변하지 않는다'는 그것 때문에 이를 아끼는 것일까!

두 제자가 준 두 송이의 꽃이건만 나는 어느 제자의 뜻을 따라야 할까? 영화(榮華) 속에서 피었다 지는 인생이기는 하지만 영원불변(永遠不變)하는 길이 있다면 아마도 그 길을 따라야 하지 않을까! 두 송이의 꽃을 앞에 놓고 숙연(肅然)히 나는 나의 '사람됨'을 되뇌어 본다(전남매일 1972.5.17).

학창여묵(學窓餘墨)

—육예(六藝)

대학교육이 각 분과(各分科)로 나누어 전문화(專門化)할수록 잊어버리기 쉬운 가장 요긴한 것이 있다. 그것은 다름 아닌 '인간교육'일 것이다.

인간교육이란 모든 전문학업(專門學業)에 선행하는 일반교양(一般教養)을 의미한다고도 할 수 있고 이 일반 교양이란 사회인(社會人)으로서 또는 시대인(時代人)으로서의 교양을 의미한다고도 할 수 있으리라. 다시 말하면 지적(知的)인 학자(學者) 또는 기술인(技術人)이 되기 전에 먼저 시대의 지도자로서의 자기완성(自己完成)이 앞서야 한다는 것을 의미하기도 한다. 옛사람의 교육법에 육예(六藝)가 있으니 그 내용을 그대로 옮겨 올 수는 물론 없지만 이 예(禮)·악(樂)·사(射)·어(御)·서(書)·수(數)를 추려놓고 보면 예(禮)란 인격(人格)의 도야(陶冶)요, 악(樂)이란 정서(情緒)의 요양(療養)이요, 사(射)란 스포츠요, 어(御)란 무용(武勇)이요, 서(書)란 실무(實務)요, 수(數)란 계산(計算)이니 이 나중 서수(書數)는 생활을 위한 것이라. 오늘의 과학적

(科學的) 지식이라고도 할 수 있다. 다시 추려보면 예악(禮樂)은 교양(教養)이요, 사어(射御)는 체련(体練)이요 서수(書數)는 과학(科學)이다.

그러므로 학문의 전문화를 일러 과학화라 한다면 대학에 있어서의 모든 교육이 지식편중의 서수(書數)교육에 그칠 우려가 있으니 어찌 국가의 동량을 기르는 대학에서 취할 태도이겠느냐.

대학이란 원래 태자(太子)의 학이란 데에서 유래하였다 하거니와 태자의 학이란 봉건시대의 냄새가 나는 술어이지만 요즈음 말로 옮기자면 지도자의 학이 아닌가! 그가 학자가 되건 그가 하나의 기술인이 되건 대학의 전 과정을 마치고 사회에 나서는 그날부터 세인(世人)은 우러러 우리의 지도자라 할 것이니 자기 자신이 지도자로서의 긍지(矜持)를 느끼기에 부족하다면 어찌 부끄러운 일이 아닐수 있겠는가! 그러므로 대학이란 하나의 기술학교(技術學校)가 아닌 바엔 예악(禮樂)의 교양(教養)과 사어(射御)의 무용(武勇)과 서수(書數)의 과학(科學)을 기초로 하여 하나의 지도자(指導者)로서의 인간을 만들어내는 곳이라고도 말할 수 있으니 사마천(司馬遷)『사기(史記)』 제27 「공자세가(孔子世家)」에 "공자의 제자는 모두 3천이나 육예에 통달한 자는 72인이다……"라 하였으니 제자 3천 명이로되 육예(六藝)에 통한 자 겨우 72인이라. 요즈음 대학에 있어서 학점취득(學點取得)이 문제가 아니라 결국 육예의 통달 여부(通達與否)가 대학생으로써 또는 지도자(指導者)로서의 그의 장래를 좌우(左右)하게 된다는 사실을 아는지 모르는지 실로 답답한 일의 하나가 아닐 수 없다(전남대학보 1955.3.15).

수기치인(修己治人)

—우리는 무엇을 배워야 하는가?

대학생은 무엇을 먼저 배워야 하는가? 배운다는 그 자체(自體)를 우리는 어떻게 설명하여야 하는가?

우리들은 흔히 배운다고 하면 바로 글을 배운다는 것으로 해석한다. 글을 배운다는 것이 배우는 것이 아님이 아니로되 글만이 우리의 배움의 전부는 아니라는 것쯤은 누구나 다 알 수 있는 일이 아니냐!

공자는 말하기를 "청소년(靑少年)들은 집에 들면 효도하고 밖에 나면 공손할지며 일은 삼가고 신의가 있어야 하며 널리 대중을 사랑하되 어진 이와 친해야 하나니 그리고서 남은 힘이 있거든 글을 배워야 하느니라"(『논어』, 「학이(學而)」편 제6절) 하였으니 공자가 제자들을 가르치되 글보다도 먼저 '사람'이 되어야 한다고 한 말이다.

'사람'이 '짐승'과 다른 점은 제 부모를 알고 제 형을 알고 아우를 알고, 윗사람을 알고 일에 충실하고 신의를 알고 남을 사랑할 줄 알고 따위에 있는 것이니 '짐승'에게 글을 가르친들 무엇에 쓸 것이냐 먼저 '사람'의 바탕에다 글의 씨를 뿌려야 한다는 공자의 깊은 뜻을 우리는 여기서 이해할 수가 있다.

고대(古代) 희랍의 궤변학파들이 그들의 허식적(虛飾的)인 논증으로 천하를 농락하려 할 때에 소크라테스는 무엇이라 하였던가! "너 자신(自身)을 알라"라는 말로 그들에게 일소을 던졌으니 이는 널리 알려진 소크라테스의 금언(金言)이거니와 그는 당시(當時)에 있어서 도의(道義)는 퇴폐(頹廢)되고 당리사욕(黨利私慾)의 무리만이 발호하는 세태를 차마 볼 수 없었기 때문이었을 것이다.

소옹(翁)의 말을 다시 뒤집어 말하면 "네가 사람 노릇을 먼저 하고서 잘난 체 지껄여야 하지 않느냐……"고 꾸짖는 말이 아닌가! 그러므로 공자는 '사람' 노릇을 하고서 글을 배우라 하였고 소옹(翁)은 박학능변(博學能辨)을 자랑하기 전에 '사람' 노릇부터 하여라 하였으니 비슷하면서도 다른 것 같으되 다르면서 같은 말인가 한다.

이것이 바로 수기(修己)이니 수기(修己)란 곧 수신(修身)이라 수기이후(修己而後)에 치인이란 소옹(翁)의 깊은 뜻이요 수신이후(修身而後)에 학문하는 것은 공자의 교육(敎育)인 것이다.

다시 뒤로 돌아가서 나는 또 한번 묻고 싶다. 대학생(大學生)은 무엇을 배워야 하는가!

대학생은 무엇부터 먼저 배워야 하는가! 희랍(希臘)의 지자(知者)로 자처(自處)한 소피스트들에게 묻기를 "그대는 무엇을 배울 텐가?" 하면 "나는 웅변술(雄辯術)을 배우겠다. 나는 수사학(修辭學)을 배우겠다" 하리라. 요즈음 학생들에게 "그대는 무엇을 배울 텐가?" 하면 "나는 의학을 배우겠다. 나는 공학을, 나는 농학을 법학을 문학을 철학을 상학(商學)을……" 가지가지의 대답이 쏟아져 나오겠지만 "나는 사람 노릇부터 먼저 하고" "그러고서 학문을 닦겠다"고 대답할 사람은 과연 몇이나 될꼬…….

우리가 진리를 사랑하고 학자를 존경(尊敬)하는 것은 어둠을 밝혀주고 몽매(蒙昧)를 깨우쳐주는 까닭이지만 진리를 가져다 그들의 목걸이를 만드는 (허식)학자가 있다면 아마도 한 그릇 밥이나 이웃과 나눌 줄 아는 필부(匹婦)보다도 그다지 대견할 것이 없는 존재일 것이다. 대학생은 무엇부터 먼저 배워야 하느냐! 대학이란 지도자(指導者)를 만들어내는 곳이다. 학자를 만들어내는 곳이다. 그러나 우리가 학자가 되려면 또는 지도자가 되려면 먼저 자신이 '무엇 때문에?'부터 생각하여야 할 것이니 그러면 '사람 노릇을 하기 위하여'라 해야 될 것이 아닐까! 그렇다면 결국 대학이란 '사람'을 길러내는 곳이니 대학생이란 일언이성지(一言以聲之)하면 '사람' 노릇을 배우는 사람들이라 할 수 있지 않을까!

'수기이후(修己而後)에 치인(治人)'은 천하(天下)의 대도(大道)요 '수신이후(修身而後)에 학문하는 것'은 교학(敎學)의 요체이니 공자와 소옹(翁) 과연 두 성인의 일언편구(一言片句)가 우리의 폐부(肺腑)를 찌름은 새삼스럽게 느끼지 않을 수 없다(전남대학보 1955.4.15).

책은 읽을수록 맛이 달다
―『논어』·『맹자』·『중용』·『대학』 등

　나는 본래 어려서부터 다독하는 성미여서 읽을 때 붉은 연필로 선을 긋기도 하지만 그것을 다시 재독하는 일이란 거의 없다. 그러나 후일 어쩌다가 그 붉은 선을 다시 읽을 때는 새삼 감명을 일깨워준다.

　게다가 노우트하는 일이란 아예 생각조차 해 본 일이 없다. 노우트하는 시간이면 한 줄이라도 더 읽고 싶은 욕심이 앞서기 때문이다. 그러나 그런 것들은 거의 교양서로서 한 번 눈을 거치는 것으로 만족하기 때문이다.

　후에 나는 경학(經學)에 맛을 붙이게 되자 『논어』·『맹자』·『중용』·『주역』 등을 깊이 탐독하였고, 또 그것들을 강단에서 강의하기에 이르렀고, 그중에서 『논어』·『맹자』 등의 번역서를 출판하기까지에 이르고 보니 이런 책들은 나의 가장 애독하는 책들이 되지 않을 수 없게 된 셈이다.

　이런 책들은 붉은 선이니 노우트니 하는 범위를 벗어나 외우고 새기고 음미하며 읽기를 몇 번이고 되풀이하게 되었다.

그러는 사이에 진정 책의 맛을 안 것은 책이란 읽을수록 맛이 난다는 사실을 알게 된 때부터라고나 할까. 책이란 선을 긋거나 노우트하는 것쯤으로 다 되는 것이 아니라 두고두고 다시 펼쳐 읽을 맛이 나야만 그것이 바로 내 책인 것이요, 평생 곁에서 벗이 되어 줄 책이 되는 것이다.

　나는 『논어』와 『중용』을 좋아하지만 그중에서 더욱이 『논어』를 좋아한다. 『논어』는 나뿐이 아니라 많은 사람들이 다 좋아하는 책이라는 것을 나는 잘 알고 있다. 그것은 읽는 사람에 따라서 다 제 나름대로의 즐거움을 갖게 되겠지만 나는 『논어』 속에서 항시 살아 있는 공자의 인간미에 접하기 때문이다.

　『논어』에 실린 토막말은 521장이나 이른다. 모두 짤막한 글들이다. 꼭 처음부터 줄글로 내리 읽지 않아도 좋다.

　어느 대목이든지 책을 펴면 눈에 뜨이는 글귀가 있다. 그것을 읽으면 된다. 짤막한 글귀는 외워버리면 더욱 좋다. 그런 토막 글들이 어느 때이고 머리 속에서 되살아날 때 우리의 삶의 양식이 되어 줄 것이다.

익명천자

　—형설지공

　　옛날에 차윤(車胤)은 형화조서(螢火照書)하였고 손염(孫廉)은 영설독서(映雪讀書)하였으매 이로 말미암아 형설지공이란 말이 널리 쓰이게 되었거니와, 이렇듯 옛사람들의 정진은 무서웠다. 차윤이 낮처럼 밝은 형광등을 보면 얼마나 부러워할까! 요즈음 설화로 천하가 떠들썩하지만 이때에 손염(孫廉)이 만산만야(萬山萬野)의 장설(丈雪)을 대했드라면 행여나 녹을세라 작약(雀躍)할는지 모른다.

　　이제 차윤 손염에 못지않은 적공을 쌓고 업을 필한 많은 졸업생을 내보내게 되매 천자춘추자(千字春秋子)의 감회도 적잖이 부풀어 오른다. 춘추자도 일찍이 6세에 서당에 입문하여 천자문을 읽은 일이 있다. 노사의 앞에 꿇어앉아 줄줄이 외워바치던 기억이 아직도 생생하고 잘못하여 종아리며 볼기를 맞던 기억도 새롭다. 그러나 외울 것은 외우지 않고 배겨낼 재주가 없다. 그러나 세상은 많이 달라졌달 수밖에 없다. 종아리나 볼기를 안 맞고도 대학졸업의 영예를 얻을 수 있으니 말이다. 이는 졸업생 제군이 스스로의 종아리를 만져보면 알 일이니 더 말할 나위도 없거니와 글쎄 학점이란 유령 같은 환영을 쫓아 4년 동안 허덕이지나 않았나 사제 간에 함께 반성해 볼일이다. 종아리를 맞아가면서 배운 형설지공이었던가! 그렇지 않으면 학점을 여기저기서 주워 모아 한 장의 졸업장을 얻게 되었는가 하는 문제는 인격에 관한 것이기 때문에 춘추자도 경단(輕斷)을 삼가려하거니와 이는 각자가 스스로 자신을 판단해보기를 바랄 따름이다.

그러나 졸업생 제군이 온상 같은 대학을 떠나 형극의 사회로 진출하게 되면 거기에는 형설지공의 고사보다도 더한 와신상담의 시련이 기다리고 있다는 사실만은 여기서 분명히 이야기할 수 있다.

내 자신의 힘이 없을 때는 낙후하기 마련임은 자명한 일이다. 거기에는 패자를 위한 동정도 없고 실력의 혈투장은 무자비한 것이다. 그러므로 인생수업에 있어서의 형설지공은 예나 시방이나 우리의 좌우명이 아닐 수 없는 것이다(전남대학보 1963.2.26).

나의 독서벽

—장례식 행렬의 가마 속에서도

옛사람들은 장서 천여 권을 자랑하였는데 시방은 장서 천여 권을 호칭하는 도서관이 있다는 말을 들었다. 내가 『천자문』을 들고 서당에 다니던 시절만 해도 인쇄된 책자를 구하기란 그리 쉬운 일이 아니었다. 그때는 으레 수사본(手寫本)이나 목판본이 나돌고 있으나 도시 글자 한자가 요즈음 일호활자 정도이었으니 천여 권의 장서라 했자 근래의 서책으로 치면 몇 권에 해당할는지!

당시의 만학 서생들이 읽던 책들은 경(經)·사(史)·자(子)·집(集)의 4종으로 구분되고 그중에서도 경사(經史)에 치중하였으니 그의 독서의 범위는 매우 좁고 참고서류도 없던 시절이라 '논어만독(論語萬讀)에 부지논어(不知論語)'라는 애꿎은 말도 생겨나리만큼 한 권 책을 붙들면 표피가 닳아서 겉에 쓰인 서명이 뽀얗게 될 정도까지는 읽고 또 읽었던 것이다. 그러기에 그때는 정독과 암송이 독서의 요체가 되지 않을 수 없었던 것이다.

소위 인쇄술의 급격한 발전이 아마 독서자들에게도 일대혁명을 가져온 것은 새삼스럽게 이야기할 것도 없을 것이다.

나의 고보시절—시방의 중·고등시절—은 온통 전집류의 범람과 또한 그와 대조적인 현상으로서 고본류가 가난한 독서자들의 구미를 돋우던 때이었다. 시골 초등학교—그때는 보통학교라 불렀다—때는 겨우 방정환의 『어린이』 잡지로 한 달의 독서욕을 달랬지만 국도의 복판에서 마치 신구본의 홍수를 만나게 되니 이에 탐닉하지 않을 재간이 없었다. 시방 생각해보아도 너무도 지나칠 정도로 무모한 탐독이 아니었던가 싶다.

전집류만 하드더라도 만화 전집류에서 비롯하여 사상전집에 이르기까지의 양극을 왕래하였고 문학 전집에서 미술 전집에 이르기까지 서가에 꽂아 놓아야만 마음이 풀렸으니 탐독의 도가 지나쳐서 아마도 광독(狂讀)이 아니었던가 싶다. 이때는 정독이 아니라 속독이었고 주경야독의 한가한 여유란 생각할 수조차 없었던 시절이다. 주야를 불허하고 읽다가 느낌이 생길 때는 붉은 연필로 줄을 그어놓는 것이 고작이로되 이를 언제 읽을 셈이었는지? 시방도 모를 일이다. 이 시절에 종조모상을 당하였는데 장례식 행렬의 가마 속에서 톨스토이의 인생론을 펴든 기억이 있다.

그러나 이러한 가위 광란적인 독서의 시절이 나에게는 그리 길지는 않았다. 어쩌면 길 없는 광야를 헤매는 듯한 이 시절에 일촉광처럼 나의 정신을 빼앗은 저술이 다름 아닌 동무(東武) 이제마의 『동의수세보원』이었으니, 이를 한마디로 말하자면 '철학적 기반 위에 세워진 의학서'로서 우주의 철리와 인생의 현존을 다룬 책이기에 이 책 한 권을 들고 금강산록(金剛山麓) 금화산중(金化山中)으로 입산을 꿈꾸어도 본 옛 기억이 새로운 것이다. 그리하여 그 후로 소위 동양

철학서를 차례차례 읽게 되고 나아가 다산의 경학에까지 기착하게 되고 보니 나의 독서행각도 따지고 보면 넓은 들에서 헤매다가 높은 산정에 오른 듯 실로 평탄하기만 하지도 않은 것 같다.

천자문 시절에서 비롯하여 오늘에 이르기까지의 50평생 반세기의 나의 독서기록을 한마디로 말하라 한다면 다독에서 정독에로의 길을 걸었다고나 할까! 무질서한 다독이 너무도 지나쳤던 것 같기도 하지만 나의 소위 교양이란 그 때에 이루어진 것이 아닐까!

루소의 『에밀』이나 다윈의 『종의 기원』 따위를 독파하려고 밤을 새우던 정열을 나는 시방의 나의 전공서적에 쏟지 못하고 있지만 그 때 읽던 글귀를 시방에 이르러 일일이 상기하지는 못한다 치더라도 나는 적어도 교양서적은 다독하여야 한다고 말하고 싶다. 마치 어린 시절에는 많은 곳을 여행하여 산 견문을 넓혀야 하는 것처럼 세계를 일주하는 기행과도 같이 고금을 통효하는 세계에의 교양은 다독에서 얻어지는 것이 아닐까!

그러한 기초 위에서 전공서적이야말로 정독을 하면서 폭을 넓혀야 하지 않을까 한다. 그러므로 요즈음 나의 독서의 세계는 다산에 집중하고 있다. 최근 10년은 적어도 그러하였다. 이는 남독을 피하여 일점에 집약하는 독서로서 나의 전공이 부득이 그렇지 않을 수 없었다고 하더라도 이제 다시금 밖으로서 외연적 독서의 필요를 절감하는 나머지 다시 다독을 꾀하고 싶은 심정에 최근에는 사로잡히곤 한다.

그러나 교양적 다독에서 전문적 정독에 머물렀다가 다시금 다독의 길을 더듬는다 하더라도 이제는 전공의 일점을 중심으로 하는 다독이기에 교양적 다독과는 그의 본질을 달리하는 것이라고 하지 않아서는 안 될 것이다. 이러한 길은 비단 나만의 길이 아니라 모름지기 일반 독서인들의 통례가 아닌가 싶어 이 글의 말미를 이렇게 맺어둘 따름이다(전남대학보 1965.10.15).

배운다는 것의 즐거움

배운다는 것과 가르친다는 것은 손의 앞뒤처럼 서로 따로따로 떼어서 생각할 수 없다. 떼어서 생각할 수 없을 뿐만 아니라 서로 떼어서 생각해서도 안 된다. 왜냐하면 배우지 않고서 어쩌면 배운 것 없이 가르칠 수도 없으려니와 가르치기 위해서는 많은 것을 배워야 하기 때문이다.

만고의 스승 공자와 같은 교육자도 3,000의 제자를 거느렸고 그중에서 뛰어난 제자만 해도 72인이었다고 하니 그들을 가르치는 일만 가지고서도 다른 경황이 없었으련만 그는 그의 『논어』의 첫 구절에서 "배우는 족족 내 것을 만들면 기쁘지 않겠느냐"라고 하여 무엇보다 먼저 우리들에게 배움의 즐거움을 안겨주고 있다. 그러므로 스승의 길이란 어쩌면 가르치기에 앞서 배워야 하는 길인지도 모른다.

배우며 가르치는 스승의 길이란 얼핏 보기에는 쉽게 느껴질는지 모르지만 그렇게 호락호락 걷기 쉬운 길은 아닌 것이다. 또다시 공자의 말을 빌려본다면 그는 그의 『논어』의 한 구절에서 "……배우기를 싫어하지 않으며 가르치기를 게을리 하지 않는 그런 일은 나도 하기 힘든 일이야"라고 한 것을 보면 실로 자기 스스로 꾸준한 노력을 기울이지 않고서는 스승의 길이란 결코 수월한 길이 아님은 다시 말할 나위도 없다.

우리나라 속담에 "다 배우고 간 무덤 없다"는 말이 있다. 이 말의 뜻을 되새겨본다면 사람이란 평생을 두고도 배워야 할 거리는 무진장하다는 것을 알려주는 속담이라 해야 하는지 모른다. 요즈음 말로 이 뜻을 풀이한다면 평생교육이라는 말이 되는지 모른다. 그러므로 배움의 즐거움을 평생토록 안고 걸어야 하는 것이 스승의 길이요, 어쩌면 우리들 사람의 길이라 해야 하는지 모른다.

배우며 가르치는 스승의 길이란 맹자삼락(孟子三樂)의 하나이기는 하지만 한시도 쉼이 없는 평생의 길이니 어찌 멀고도 아득한 길이라 이르지 않을 수 있겠는가. 그러한 의미에서 생각한다면 한 장 종이에 지나지 않는 졸업장이란 이제 바야흐로 인생 스승의 길을 떠나는 첫 신호에 지나지 않음을 알아야 할 것이다. 가르치는, 아니 배움의 길은 이제부터 그 첫발을 내디디게 되는 것이기 때문이다. 그러므로 대학에 있어서의 졸업장이란 대학과정의 이수를 증명하는 것에 지나지 않는다는 점에서 이제부터 다가오는 스승의 길은 망망대해처럼 자유로운 나의 배우며 가르치는 세계라 일러야 하는지 모른다.

우리들은 흔히 배운다는 것을 지적인 측면에서만 이해하려고 하기가 쉽다. 다시 말하면 지식의 축적을 학습하는 것으로 이해하고 있는 것이다. 그러므로 스스로의 전공분야에 있어서의 지식의 축적과 이에 따른 이해만 하더라도 결코 용이한 일이라 이를 수 없음은 물론이다. 그러한 의미에서도 전문지식인으로서의 교사의 길은 유난히도 힘겨운 길이 아닐 수 없다.

그러나 교사로서의 배움의 길은 여기에 그치지 않는다는 점에서 더욱 고된 길이 되는 것이다. 그것은 다름 아니라 제자들과 함께 어쩌면 제자의 앞에 서서 인간 도리의 길을 걸어야 하기 때문이다. 스승으로서의 사표가 되어야만 한다는 것은 이를 두고 이른 말이 아닐 수 없다.

스승이란 결코 지식의 전달자에 그쳐서는 안 된다. 지식의 전달자는 책만으로서도 어쩌면 충분하다고 해야 할는지 모른다. 요즈음 와서는 통신대학이라는 개념에 의하여 모든 수단을 동원하여 지식의 전달을 꾀하고 있다. 그러나 그 반면에 우리는 무엇을 잃고 있는가를 알아야 할 것이다. 우리는 이제 설득력을 간직하고 제자들에게 감명을 주어야 하는 스승의 목소리를 잃고 있는 것이다. 따뜻한 스승의 성해(聲咳)에 접할 수 있는 기회를 잃어가고 있는 것이다.

스승의 길이란 멀고도 아득한 것이다. 그러나 우리는 가르치기에 앞서 배움의 즐거움을 안고 이 길을 꾸준히 걸어야 한다. 그리고 동시에 우리는 지식의 전달자에 그치지 말고 한 인간의 스승으로서의 부끄럼이 없는 교사가 되기를 마음 깊이 다짐해야 할 것이다.

만남의 철학

뉘라서 요즈음 세상을 고해라 이르는고. 생각하기에 따라서 마냥 즐거운 세상인 것을……

인간이란 본래 알몸으로 태어날 제 문득 어머니의 품에 안겨 태어난 즐거움을 뉘 알세라 혼자서 만끽하였으리라. 뉘라서 그러한 세상을 무상하다 이르는고. 어머니의 포근한 젖가슴이여! 영원무궁토록 잊을 수 없는 어머니와의 만남이여! 그런 의미에서 인간이란 결코 외롭게 태어나지 않았다. 사람 치고는 누구나 자애로운 어머니의 품에 안겨 이 세상에 태어났기 때문이다.

이처럼 어머니의 사랑은 무변대해처럼 넓고도 깊어서 한도 끝도 없음에도 불구하고 불초 자식들은 왜 이 세상을 이처럼 쓰디쓴 고해로 만들고 살맛조차 잃어버린 무상한 인생으로 지새우게 하는 것일까. 그것은 정녕 어머니와의 만남을 잊은 탓이 아닐 수 없다. 왜 잊고 마는 것일까.

어머니와의 만남에서 비롯한 인간의 태어남은 천지창조 이래 태초부터 결코 외로운 삶이 아니었음에도 불구하고 왜 인간은 스스로의 외로움을 자초하였을까. 왜 스스로의 낙원을 고해로 탈바꿈시키었을까. 그것은 어머니와의 만남을 잊은 천벌이 아닐 수 없다.

인간이란 본시 금수와는 달리 인간과 인간과의 만남과 더불어 이 세상에 태어났던 것이다. 그것은 결코 어머니와의 만남에 그치지 않는다. 수많은 인간 끼리끼리의 만남 속에서 인간이란 스스로의 인생의 즐거움을 만끽하도록 되어 있다.

뉘라서 사랑이란 괴로움이라 이르는고. 어머니의 품을 떠나서 자라난 아이도 성인이 되면 이성을 그리는 사랑에 빠지는 것은 이 또한 하늘이 준 은혜로운 인정이 아닐 수 없다. 만남이란 유행가수의 애절한 노래사연이 아니라 하더라도 이 사랑에 빠지지 않은 청춘남녀가 있을까. 그것은 너무도 자연스러운 인간의 참모습이 아닐 수 없다.

그럼에도 불구하고 청춘남녀의 만남이 파국으로 치닫는 사례가 날로 느는 까닭은 어디에 있는 것일까. 그것은 사랑이란 주어야 하는 것이지 받으려는 것이 아니라는 단순한 원리마저도 모르거나 아니면 아예 알려고도 하지 않기 때문이 아닐까. 이를 거꾸로 이야기한다면 요즈음 세상은 온통 사랑이란 주는 것이 아니라 오히려 받아야 하는 것으로만 착각하기에 이처럼 살기 힘든 세상으로 치닫고 있는 것은 아닐까.

우리의 만남은 모자의 만남과 남녀의 만남에 그치지 않는다. 인간이란 어쩌면 온통 만남 속에서 태어났다가 그대로 만남과 더불어 무덤 속에 묻히는 것은 아닐까 그러기에 이 만남 속에는 인생의 모든 고락이 함께 있게 마련인 것이다.

동양의 현인으로 알려진 맹자의 명언 한 마디를 상기해 보자.

"재앙이나 행복이나 간에 어느 것 하나 나 하기에 마련이 아닐 수 없다."

우리들은 이 세상에 비록 알몸으로 태어났다 하더라도 울안에서는 부모 형제뿐만이 아니라 처자들과 더불어 조석으로 만나 오손도손 정을 나누어야 하고 울 밖으로 나서는 순간부터 저잣거리를 거닐면서도 벗을 만나면 정담을 나누는 것은 물론 학교에서는 스승을 만나 예를 드려야 할 뿐만이 아니라 직장의 동료나 상사와 더불어서는 깍듯이 일과를 끝마쳐야 하게 마련이다.

이처럼 사람과 사람이 서로 더불어 만난다는 사실은 그 자체가 인간의 삶이요 인생 바로 그것인 것이다. 인생이란 이처럼 만남 그 자체가 아닐 수 없다. 그러한 의미에서 인생이란 천상천하 그 어떤 산꼭대기나 망망대해의 외딴 섬에 자리 잡은 이상향이 아니라 날마다 잠에서 깨어난 새벽 잠자리에서부터 시작되는 모든 사람들과의 만남에서 비롯하는 것이다. 그러기에 만남이란 바로 우리의 삶의 전부가 아닐 수 없다. 바로 우리 삶의 모든 것인 만남에 있어서의 행복과 불행은 결코 남이 가져다주는 것이 아니라 모두가 다 나 하기 마련인 것이다.

뉘라서 이 세상을 고해라 이르는고. 나의 만남은 언제나 마냥 즐겁기만 한 것을⋯⋯(월간 사람사는 이야기 1992.2월호).

안빈낙도(安貧樂道)

　안빈낙도(安貧樂道)란 유가(儒家)에서 즐겨 쓰는 사람 사는 도리를 가리킨 자로서 가난(貧)이란 사람마다 싫어하는 인생(人生)의 불행(不幸)임에도 불구하고 거기에 최대의 가치를 부여한 것이 다름 아닌 안빈낙도인 것이다. 유가(儒家)뿐만 아니라 불가(佛家)에서도 중(僧) 일러 빈도(貧道)라 일컫는 것을 보면 그의 깊은 뜻은 역시 빈천(貧賤)을 극복하면서 극락정토(極樂淨土)를 추구한다는 점에서 일맥 상통한다 이르지 않을 수 없다

　그러나 우리는 여기서 공자의 말을 통하여 이 말의 깊은 뜻을 한 번 되새겨 볼 필요가 있을 것 같다. 왜냐하면 생각건대 '가난' 그 자체가 값진 것이 아니라 실은 '가난'을 어떻게 극복하느냐에 따라서 이를 극복하고자 하는 그 '사람'의 '사람값'이 달라지기 때문이다. 공자는 그의 애제자(愛弟子)인 안연(顔淵)의 사람됨을 칭찬하여 말하기를

공자께서 말씀하셨다. "어질구나, 안회여! 한 그릇의 밥과 한 표주박의 음료로 누추한 시골에 있으면 다른 사람들은 그 근심을 참지 못하는데, 그 즐거움을 고치지 않으니, 어질다, 안회여!"[1]

'한 그릇의 밥과 한 표주박의 음료로 누추한 시골에 있다는 것'은 가난의 지극한 모습이지만 안회(顔回)는 '그 즐거움을 고치지 않는다'고 하였으니 이 어찌 안빈낙도의 지극한 모습이라 이르지 않을 수 있겠는가. 어찌 안회(顔回)뿐이랴! 공자 자신도

공자께서 말씀하셨다. "거친 밥을 먹고 물을 마시며 팔 베고 자더라도 즐거움은 또한 그 속에 있다. 의롭지 못하면서 부귀한 것은 나에게 뜬구름과 같다."[2]

'거친 밥을 먹고 물을 마시며 팔 베고 자는 것'과 같은 가난 속에서도 '즐거움 또한 그 속에 있다'고 했을 뿐 아니라 불의(不義)의 부귀(不貴)는 뜬구름과 같다 이르고 있다.

여기서 우리는 공자의 안빈낙도는 불의(不義)의 부귀(不貴)를 배격하는 반대급부적 안빈낙도임을 알 수가 있다. 다시 말하면 '가난' 그 자체가 좋아서가 아니라 의(義) 아닌 부귀(不貴)를 받아들이고 있는 것이다. 그러므로 공자는 결코 부귀(富貴) 그 자체를 미워하며 배격하는 것이 아니라 의(義) 아닌 부귀(富貴)만을 배격한다는 의미에서 조건부의 안빈낙도라 일러야 할른지 모른다. 그러므로 공자는 다음과 같이 말한 적이 있다.

---

1) 『論語』, 「雍也」, "子曰 賢哉 回也 一簞食 一瓢飮 在陋巷 人不堪其憂 回也 不改其樂 賢哉 回也."
2) 같은 책, 「述而」, "子曰 飯疏食飮水 曲肱而枕之 樂亦在其中矣 不義而富且貴 於我如浮雲."

공자께서 말씀하셨다, "부귀는 사람들이 바라는 것인데 도로써 얻지 않으면 처하지 않는다. 빈천함은 사람들이 싫어하는 것인데 도로써 얻지 않으면 떠나지 않는다."3)

라 하여 옳은 도(道)로써 얻어진 부귀가 아니라면 이를 거부하고 옳은 도로써 얻어진 빈천(貧賤)이라도 빈천(貧賤)은 그대로 받아들임으로써 안빈낙도하라 이르기도 하였다. 그러나 공자는 부귀라고 해서 이를 그대로 거부만은 하지 않았던 사실은 다음에서 이를 짐작할 수가 있다.

자공이 말하였다. "가난하지만 아첨하지 않고 부유하지만 교만하지 않으면 어떠합니까?" 공자께서 말씀하셨다. "옳다. 가난하지만 즐거워하고 부유하지만 예를 좋아함만 못하다."4)

라 하여 '가난해도 즐거운 것'과 동시에 부자는 "'부유하지만 예를 좋아하는 것'"이라 이르고 있음을 볼 수가 있다. 이로써 공자는 가난하지만 즐거워하면서도 부(富) 자체를 미워하지 않고 있음을 알 수가 있다. 그런 중에서도 공자가 특히 부(富)보다도 안빈(安貧)에 더욱 치중하고 있는 것은 그가 사리(奢利)보다도 검약(儉約)의 미덕(美德)을 더욱 존중했기 때문인 것으로 풀이가 된다.

임방이 예의 근본을 물었다. 공자께서 말씀하셨다. "훌륭하구나 질문이여!, 예는 사치스럽기보다는 검소한 것이 낫고, 초상은 간이한 것보다 슬픈 것이 낫다."5)

---

3) 같은 책, 「里仁」, "子曰 富與貴 是人之所欲也 不以其道得之 不處也 貧與賤 是人之所惡也 不以其道得之 不去也."

4) 같은 책, 「學而」, "子貢曰 貧而無諂 富而無驕 何如 子曰 可也 未若貧而樂 富而好禮者也."

라 하여 예(禮)는 사치(奢侈)스러운 것보다는 차라리 검소(儉素)해야 한다 하였고

　　공자께서 말씀하셨다. "사치하면 불손해지고, 검약하면 고루해
　　진다. 불손하기보다는 고루한 것이 낫다."[6]

라 하여 사치(奢侈)스런 불손(不孫)보다는 차라리 검박(儉朴)한 완고 (頑固)가 오히려 낫다 하였고

　　공자께서 말씀하셨다. "삼베로 만든 면관이 예이다. 지금은 명
　　주로 만드는 것이 검약하니 나는 대중을 따르겠다."[7]

라 하여 전통적인 예(禮)보다는 대중의 검소한 예법에 따르는 공자의 개혁정신을 또한 여기서 읽을 수가 있다. 그러므로 공자의 안빈낙도는 빈천을 찬양하는 태도가 아니라 빈천을 어떻게 받아들여야 하느냐의 문제인 것이야.

　　공자께서 말씀하셨다. "먹음에 배부름을 구하지 말고 거처함에
　　편안함을 구하지 않는다……."[8]
　　공자께서 말씀하셨다. "도에 뜻을 두고서 궂은 옷 궂은 밥을 부
　　끄러워하는 자는 더불어 의논할 수 없다."[9]
　　공자께서 말씀하셨다. "떨어진 도포를 입고서 여우가죽과 담비
　　가죽으로 만든 옷을 입은 자와 함께 서있으면서 부끄러워하지

5) 같은 책, 「八佾」, "林放問 禮之本 子曰 大哉 問 禮與其奢也 寧儉 喪與其易也 寧戚"
6) 같은 책, 「述而」, "子曰 奢則不孫 儉則固 與其不孫也 寧固."
7) 같은 책, 「子罕」, "子曰 麻冕禮也 今也純儉 吾從衆."
8) 같은 책, 「學而」, "子曰 君子 食無求飽 居無求安."
9) 같은 책, 「里仁」, "子曰 志於道 而恥惡衣惡食者 未足與議也."

않는 자는 자로일 뿐인저!"10)

라 한 것을 보더라도 군자는 항상 검소한 것을 미덕으로 삼아야만 불의(不意)에 닥친 빈천(貧賤)도 안빈낙도로 극복할 수 있다는 것을 알 수가 있다. 그러므로 『중용(中庸)』에서는 "본디 빈천하면 빈천하게 행동하고, 본디 부귀하면 부귀하게 행동하라"라 하여 빈천(貧賤)이나 부귀(富貴)나 간에 중용지도(中庸之道)로써 이를 받아들여야 함을 가르쳐 줌으로써 또한 안빈낙도만이 유가(儒家)의 절대적 교리(敎理)가 아님을 또한 우리들에게 일깨워 주고 있는 것이다.

---

10) 같은 책, 「子罕」, "子曰 衣敝縕袍 與衣狐貉者 立而不恥者 其由也與."

도서관(圖書館)

　여기는 중앙도서관 대학본부 이층 남쪽 귀에 뺨남직한 방 두 개로
서 아담스런 서재(書齋).

　아직 갓난애 같아서 거저 귀엽기만 한 존재다. 불면 꺼질까 쥐면
깨어질까 뽀욕뽀욕 자라는 것이 고맙다.

　방이 둘인데 한 방에는 양서(洋書)가 으리으리하고 한 방에는 한
적(漢籍)이 차곡차곡 쌓여 있다. 여기가 바로 대학의 두뇌(頭腦)요 온
지식의 원천지(源泉地)다.

　양서와 한적 좋은 대조다. 양서는 나날이 새로운 지식을 우리 앞
에 자랑하는 듯 몸치장도 단정하고 한적은 옛 모습 그대로 피로의
빛이 그득한 채 새로운 주인을 기다리고 있는 양하다.

　이런 책들이 이렇게 모여지나! 양서는 날아들고 한적은 긁어 담는
가. 산길 천 리 물길 만 리 저 머나먼 미국에서도 양서는 보내주는
친구들 많지만 한문책들은 그렇잖아서 내 것이었지만 내 보배인 줄
도 모르는 어른들의 벽장 속에서 진땀을 흘려가며 주워 모아야 하는

것이다. 그러나 요즈음 곽외(郭隗) 천리마(千里馬)처럼 옛날 고서들이 새로운 햇볕을 받아 슬금슬금 기어드는 모습은 아무래도 천하의 장관(壯觀)이 아닐 수 없다.

새 책을 읽으라. 그러나 옛글은 더욱 버릴 수 없느니라. 이는 어느 때나 어느 곳에서나 할 수 있는 이야기이리라.

글을 사랑하는 마음. 책을 아끼는 솜씨. 여기서 대학은 부풀어 오르고 학생들은 탐뤄어진다. 새 책과 옛 글 이 모두가 우리의 양식이요, 진리 탐구의 터전이 아니냐?

옥을 캘 양이면 곤륜산(崑崙山)에 올라야 하듯 금언(金言)을 얻을 양이면 한문(漢文)의 가시밭 속에도 들어가 보아야 하리라. 이에 한 두 알 주어 모아 하나의 금관(金冠)을 이룩하는 날까지……

그래서 이 금관은 또 새로운 책들의 머리 위에 씌워지게 될 것이 아니냐!(전남대학보 1954.9.15)

고서(古書)

   소학생들은 만화책을 찾는다. 중·고등학생들은 입학고시(入學考試) 책만을 읽는다. 대학생들은 노트만을 끼고 다닌다. 가다가 양서(洋書)를 뒤적이기도 하고······.

   그러나 고서(古書)는 누가 찾느냐······ 고서란 한문책 말이다.

   한문책이라면 이맛살을 찌푸린다. 왜 그럴까! 'A······'만을 배우고 '천(天)······'은 못 배웠으니 그럴 수밖에······ 허기야 이 글에 지치기도 했지만 한문을 싫어하는 까닭을 따지고 보면 못 배운 탓이다. 아니 안 배운 탓이리라. 아니 가르치지 않는 탓도 있다. 가르치지 않으니 알 길이 없고 알지 못하기에 맛을 모르고 맛을 모르니 버릴 수밖에 없어 철없는 자손들은 뜯어서 벽도 바르고 문도 바르고······ 그러나 고서(古書)란 한 뭉치의 휴지가 아닐 바엔 어찌 찾는 이가 없으랴. 천리마(千里馬)는 백락(伯樂)을 만나야 알아준다지만 요즈음이라고 해서 어찌 고서(古書)를 찾는 호고(好古)의 선비가 없으랴!

   고서(古書)라고 하면 왜놈들도 끔찍이 아끼었고 제 고장 문화라면 알뜰히 사랑할 줄 아는 무리들이 미국사람들인 것도 알아야 하리라. 5000년 문화를 자랑하는 우리들이 한문으로 쓰인 글이라고 해서 이를 버려야 할 이유는 없을 것이다. 박연암(朴燕岩)의 글을 보라. 한문이 아니라 우리의 문학이요. 퇴계(退溪)·율곡(栗谷)은 한학 샌님이 아니라 우리나라 성리학(性理學)의 길을 열어준 철학도들이 아니냐.

외국어와 영어, 외국어와 한문, 영어와 한문은 다 같은 하나의 외국어로서 착실히 배우게 하고 착실히 가르치고 착실히 그 맛을 알게 하여 옛사람들이 남겨놓은 많은 문화재 속에서 남의 것에 지지 않으리만큼 새로운 것을 찾아내야 하지 않겠느냐.

천리마(千里馬)를 구하자면 사마골(死馬骨)을 오백금(五百金)으로 사야 한다. 고서를 모으라. 죽은 말뼈도 오백 냥인데 하물며 우리의 생생한 문화재이랴. 고서(古書)를 뒤적이는 샌님의 모습이 그리워진다. 백락은 쫓아와 천리준마를 달려주리라. 고서(古書)를 읽어줄 자는 과연 누구일꼬! 기다리는 마음은 고달프고 또한 바쁘다(전남대학보 1954.10.1).

맹자(孟子)와 플라톤

풍우란(馮友蘭, 1890~)(전 북경청화대학원 문학원장겸 철학계주임 교수)의 『중국철학사(中國哲學史)』 상권(上券) 제6장에 다음과 같은 구절이 있다.

공자의 중국역사에 있어서의 지위는 소크라테스의 서양역사에 있어서와 같고 맹자의 그것은 플라톤과 같고 그들의 성격이 또한 맑고 활달한 점이 비슷하다. 또 순자(荀子)의 그것은 아리스토텔레스와 같고 그들의 성격이 또한 박학독실한 점에 있어서 비슷하다.

흔히 또 주자(朱子)를 동양의 칸트라 이르거니와 비슷한 시대에 비슷한 인물이 곳의 동서에서 난다는 것은 하나의 우연일까!

요즈음 민주사상(民主思想)이 물결치는 시대에 플라톤의 철인정치(哲人政治)를 말하는 학도들이 없지 않다. 맹자의 현인정치(賢人政治)는 플라톤의 3계급에 있어서 그의 통치자[統治者, 主權敎化]는 맹자의 왕자(王者)요 그의 관리[官吏, 經營防禦]는 맹자의 사인(士人)이요. 그의 서민[庶民, 生産]은 맹자의 야인(野人)이 아닌가. 더욱이 그들은 그

시대의 정치를 바로 세우기 위해서 민본철인정치(民本哲人政治)를 주장하면서 동분서주한 점이 같고 모두가 실패로 돌아가자 말년에 와서 플라톤은 학문에 정진하여 많은 저술을 남기고 맹자는 만장(萬章)의 도제들과 더불어 공자를 사숙하면서 『맹자』 7편을 남긴 것이 또한 비슷하다.

플라톤의 이데아는 맹자의 인의(仁義)요 그의 로고스는 맹자의 성(性)인지 아닌지 거기까지 밝히지 못함을 한(恨)하거니와 플라톤의 35부 『대화편(對話篇)』과 아울러 『맹자』 7편이 또한 학도들의 품에서 버릴 수 없는 고전(古典)의 하나가 아닌가 싶다(전남대학보 1954.10.15).

호독서(好讀書)

　인생살이 오복(五福)에 호독서(好讀書)를 넣기는 동무(東武) 이제마 (李濟馬, 1836~1900)다. 오복설(五福說)은 『서전(書傳)』「홍범(洪範)」 장에서 유래하였는데 이르되 "오복(五福)은 첫째 수(壽)요, 둘째 부 (富)요 셋째 강녕(康寧)이요, 넷째 호덕(好德)이요, 다섯째 고종명(考終命)이니라"라 하였고 흔히 우리들의 입에서 오르내리는 오복(五福) 은 '수(壽)·부(富)·귀(貴)·강녕(康寧)·다남자(多男子)'다. 거저 돈 많고 권세 좋고 아들딸 많이 두어 나만 잘 살면 그만이란 풍조를 결 과짓고만 셈이다.

　그런데 이씨(李氏)는 "인생지락(人生至樂)에 다섯이 있다 하니 첫 째 수(壽), 둘째 의심술(義心術), 셋째 호독서(好讀書), 넷째 가정(家 産), 다섯째 행세(行世)"라 하였으니 여기에서 우리의 눈에 얼른 띄 는 것이 '셋째 호독서(好讀書)'다. 글읽기를 좋아함이 복이냐 아니냐. 글을 읽고 배울 수 있는 환경에 처한 사람이 복인이냐 아니냐. 글을 읽을 수 있는 처지에 있는 사람은 누구냐. 그야 학생들이요 선생들이건만 그들이 만일 글읽기를 싫어하고 딴전을 본다면 이는 제 복을 제 자신이 버리는 것이니 누구를 나무랄 수도 없는 일이다. 옛 시에 "길이 천명에 짝함에 스스로 많은 복을 구함이라" 하였거니와 제 복은 제가 마련하는 것이지 남이 가져다주는 것이 아니란 뜻이다.

글을 읽되 그 안에서 인생의 지극한 즐거움과 기쁨을 발견한 그 사람이야말로 아방궁(阿房宮)을 지어 천하의 복을 독차지하던 진시황의 영화를 부러워할 까닭이 없다. 공자 평생을 배우기를 싫어 않고 가르치기를 게을리 않는 경지에서 놀았거니와 독서가의 지락(至樂)이 또한 이에 이르면 남들이 그를 가리켜 성(聖)이라 또는 현(賢)이라 부름 직하지 않느냐(전남대학보 1954.11.15).

인문과학도 K군에게

K군!

　내가 오늘 군에게 하고 싶은 이야기는 스승의 입장에서가 아니라 나도 군과 같은 인문학도의 한 사람으로서다. 군이 대학에 들어올 때 왜 자연과학도로서의 길을 택하지 않고 하필이면 인문과학도가 되기를 원했던가! 그것은 자의에 의한 자기선택이었던가! 불연(不然)이면 부형이나 우인(友人)들의 권고나 희망에 의해서였던가! 어쨌든 일단 대학에 들어온 후로는 군의 길은 이미 결정이 되었으니만큼 오늘의 이 시점에서는 바야흐로 사회에의 진출만이 엄연한 사실로 군의 앞에 가로놓여 있는 것이다.

　새삼스런 이야기 같으나 과학을 인문과학과 자연과학의 두 갈래로 크게 분류할진대 자연과학은 물질적인 생활을 문제 삼고 인문과학은 정신적인 문화를 문제 삼는다고 볼 수도 있다. 생활과 문화! 인간사회의 이대과제인 것이다. 어느 하나도 조홀(粗忽)히 할 수 없는 문제에 속한다. 그런데 군은 왜 인간생활의 면보다도 인류문화의 문제에 보다 더 깊은 관심을 갖게 되고 또 그 길을 택하게 되었던가! 군은 자문자답(自問自答)해본 일이 있는가!

모든 생(生)을 영위하는 자에 있어서는 한시인들 생활이 없을 수 없음은 뻔한 이야기다. 의식주의 물질적 빈곤은 생활 자체를 위축시키고 퇴화시키지 않는가! 위축된 현실 속에서는 문화란 하나의 사치인지도 모른다. 의식이 넉넉한 후라야 예절을 안다는 옛말과 같이 조석난계(朝夕難繼)의 가난 속에서 어찌 고유문화니 예절이니 생각할 수 있겠는가!

군도 잘 알다시피 우리의 현실은 너무도 각박한 것이다. 국민의 평균연간소득이 얼마인지 군은 아는가! 우리의 이웃이 800~900＄를 헤아릴 제 우리의 생활은 겨우 100＄ 내외에서 영위되고 있으니 문화적 소비는 하나의 사치인지 모른다는 것이다.

그러므로 바야흐로 온 국력을 기울여서 첫째도 경제성장을, 둘째도 생산증강, 셋째도 수출진흥, 넷째도 산업개발이니 이는 가난한 백성들의 절실한 요구가 아닐 수 없기 때문이다. 실로 이점에 있어서는 자연과학도들의 책무야말로 중차대하다고 하지 않을 수 없다. 뿐만 아니라 온 겨레가 또한 그들에게 기대를 걸지 않을 수 없는 것이다. 그러면 인문과학도의 갈 곳은 과연 어딜까!

K군!

그러나 의식주의 물질적 생활문제는 인간의 차원 높은 생활을 위한 수단이지 목적이 아니라는 것쯤은 알고 있겠지! 인간은 동물처럼 먹고만 사는 생물이 아니라 생각할 줄 아는 동물이요 느끼는 '사람'인 것이다. 그러므로 우리에게는 사상과 문학과 법제와 도덕과 언어와 교육과 노래와 춤도 있다. 이는 인간 특유의 특권이요 생활 위에 전개된 문화의 꽃이 아닐 수 없는 것이다. 문화를 갖지 못한 인류사회는 마치 만이(蠻夷)만이 덥석대는 사막처럼 거칠고 답답할 것이다. 그러므로 우리의 현실이 제아무리 가난하다손 치더라고 결코 자연과학도들에게만 맡기지 못할 일면이 있다. 이 분야에 있어서는 우리는 긍지를 갖고 자신 있게 우리의 사명이 무엇인가를 생각해 보아야 할 것이다.

K군!

우리의 사명은 실로 역사적인 것이기 때문에 때로는 고난과 몰이해 속에서 안타깝게 살아야 할는지도 몰라. 그것이 현실적인 욕구충족이 불가능할 때는 미래를 위한 선구자일 수밖에 없을 때도 있을 거야! 속된 표현을 빌리자면 당장에는 '쓸모없는 문화인'으로서 혹은 배고플 때가 더 많을는지 모른다는 것이다.

그 이유는 단순하다. 우리는 너무도 가난한 탓이야!

설령 굶주리는 무리들이라 해도 우리들은 절실히 필요한 존재인 거야! 국가는 멸망해도 문화민족은 영원히 사는 거야!

우리의 현실은 가난의 극복을 제일의적(第一義的)인 것으로 내세우고 있지만 그것만으로 그치는 것이 아니다. 우리들은 그 뒷일을 맡아야 한다. 물질적 토양 위에 정신적 화초가 심어져야 한다면 우리들의 임무는 그러한 화초를 어떻게 가꾸느냐에 있는 것이다.

K군!

때로는 불우(不遇)하더라도 문화를 창조하는 역군으로서의 기쁨을 길이 간직하도록 당부하는 거야!(전남대학보 1966.2.26)

배움의 길

    사람이 세상에 나서 배우지 않으면 짐승이나 다름이 없다는 옛말이 있거니와 이를 짐승에다 비유하는 것은 너무 지나쳤을는지 모르지만 그가 어리석고 미욱한 채 남에게 뒤떨어진다는 것은 숨길 수 없는 사실일 것이다. 그러나 우리는 여기서 배운다는 사실을 놓고 생각해 볼 때 두 가지의 길이 있는 것을 발견하게 된다. 그중 하나는 사람으로서의 길을 배우는 것이요, 또 다른 하나는 세상만사에 관한 지식을 배우는 길인 것이다. 배움의 길의 어느 하나도 사람으로서는 버릴 수 없는 것인 것이다.

    사람으로서의 길이란 부모를 공경하고 형제끼리 우애하고 나라에 충성하고 사회에 봉사하고 서로 서로 협조하고 믿음직스러운 사람이 될 뿐만이 아니라 학생으로서는 자기가 해야 할 공부를 철저히 함으로써 또한 사람으로서의 할 일을 다함에 있는 것이다. 이러한 것들은 결코 책 속에 들어 있는 것이 아니라 자기의 마음속에서 우러나야 하는 것이기 때문에 어느 누구의 가르침에 의해서 되는 것이 아니라, 설령 가르침에 의한다고 하더라도 궁극에 가서는 스스로 깨달아야 하는 것이다.

공자나 석가나 예수 같은 어른들은 사람의 도리를 남의 가르침 없이 깨달은 분들이지만 우리들과 같은 사람들은 성현(聖賢)들의 가르침에 의하거나 성현들의 가르침을 우리들에게 전해 주는 선생님들에 의하여 배우게 되는 것이다. 그러므로 집안에서는 부모님들의 가르침을 귀담아 듣고 학교에 나오면 선생님들의 지시를 따라야 하는 것이 바로 학생들의 첫째 번 배움의 길이라 할 것이다.

다음으로 배워야 하는 것이 곧 세상만사에 대한 지식인 것이다. 글과 말은 다시 말할 것이 없거니와 역사·지리·수학·물리·화학에 관한 지식은 물론 음악·미술·체육에 이르기까지 우리 생활을 개선하고 국가의 부강을 위하고 세계 인류의 복지를 위해서 우리는 많은 지식을 배워야 하는 것이다. 이러한 것들은 흔히 과학적 지식이라고 하거니와 거기에는 인문과학이나 자연과학이 있음은 다시 말할 나위도 없다.

그러므로 앞서 말한 것은 인간으로서의 주관적 지혜를 말하는 것이 되고 뒤에 말한 것은 우리들의 객관적 지식을 말한다는 것을 얼른 알 수 있을 것이다. 우리는 이 두 부문의 어느 하나도 소홀히 할 수 없기 때문에 배우고 가르치되 어느 한쪽만에 치우치지 않도록 해야 할 것이다.

배움의 길이란 멀고도 아득한 것이다. "다 배우고 죽은 무덤은 없다"는 속담도 있거니와 우리는 숨질 때까지 한시도 이 '배움의 길'에서 벗어날 수 없는 것이 바로 우리의 생활이요 곧 인생 바로 그것인 것이다(옥당 창간호 1968.1.20).

삶의 지혜

청춘찬가

잠만 깨면 올림픽 금메달이야기로 우리들은 한동안 식상(食傷)이
날 지경이었지만 이제는 그것도 잠잠해진 것 같다. 내게 있어서는
아직도 그 당시에 얻었던 '기발한 금메달의 영감'이 좀처럼 가시지
를 않는다.

나이란 별로 자랑할 것이 못 될 뿐 아니라 스스로 의식하는 것도
별반 이로울 것이 못 된다고는 하지만 이제 나는 70이라는 숫자와
더불어 나도 모르는 사이에 매혹적인 금메달의 희망에 젖어 있다.

인생 70이란 하나의 고비가 되는 것인지 공자도 70이 되자 감개
무량한 듯 일생을 정리한 자서전을 써놓은 일이 있다. 나는 오랫동
안 대학에서 공자의 『논어』를 강의했고, 『한글 논어』라는 책을 출판
할 정도로 공자를 좋아하는 축에 들면서도 오늘따라 공자의 자서전
이 새삼스럽게 가슴에 와 닿는 일은 일찍이 없었던 것 같다.

말하자면 그 자서전이 나의 70의 영감과 만나 새로운 뜻으로 읽
혀지기 때문인지도 모른다. 그의 자서전은 동서고금을 막론하고 아

마도 이 세상에서 가장 짧은 글로 쓰여 있고 그것마저도 나이로 토막을 내서 써놓은 글이다.

> 나는 15세에 학문에 뜻을 두었고 30에 목표를 세웠고 40에는 유혹에 빠지지 않았으며 50에야 하늘의 뜻을 알 수 있었고 60에는 듣는 대로 깨달았으며 70이 되자 하고픈 대로 해도 엇나가는 일이 없었다.[1]

내가 공자를 좋아하게 된 것은 그가 지닌 높은 학식 때문도 아니요 효제충신(孝弟忠信)을 외치는 도덕군자이기 때문도 아니다. 차라리 나는 그의 사람됨에 매료되었다고나 할까.

이 글은 역시 그가 그의 학식을 자랑하는 글도 아니요 우리들에게 윤리 도덕을 가르치는 글도 아니다. 그저 그도 우리처럼 70의 고개에 오르자 스스로의 일생을 돌아다보면서 간략하게 어쩌면 꾸밈새 없이 자신의 자화상을 그려본 것이라 해야 할는지 모른다.

누구나 이 글을 읽을 적에는 스스로 제 나이와 견주어보기가 일쑤다. 나도 그러한 옛날이 없지 않았지만 이제는 나도 공자와 더불어 70고개에 올라서 있다.

그는 15에서 출발하여 30, 40, 50, 60을 지나 70세에 이르기까지 한번도 휴식하거나 좌초하는 일이 없이 마치 산정에 오르는 등산가처럼 인생을 살아왔고, 그의 발자취가 바로 여기에 그려져 있다. 그에게는 세속을 떠난 은둔이란 생각할 겨를조차 없었고 인위적인 정년이란 어휘도 그에게서는 아무런 의미도 찾아볼 수가 없다. 오직

---

[1] 『論語』, 「爲政」, "吾十有五而志于學, 三十而立, 四十而不惑, 五十而知天命, 六十而耳順, 七十而從心所欲 不踰矩."

꾸준히 쉬지 않고 한 발자국 한 발자국 살아가는 인생을 우리는 여기서 읽을 수가 있다.

어쩌면 공자의 인생은 사다리꼴 인생이라 해야 할는지 모른다. 두 말할 것도 없이 15에서 70까지 한 칸 두 칸 차곡차곡 올라선 인생이기 때문이다. 그러나 흥미로운 사실의 하나는 그의 인생과정의 기록에서는 노소(老少)의 개념이 끼어들 틈이 없다는 사실이다.

우리들의 주변에서는 흔히 나이로 따져서 노소를 가르려는 버릇이 있다. 아주 옛날에는 '40에 일로(一老)'라 하여 40이 되면 벌써 노인 행세를 하였고, 이에 반발하여 한 때 '인생은 40부터'라는 책이 나와 장안을 떠들썩하게 한 일도 기억에 새롭다. 요즈음에는 60 회갑을 맞아 인생은 60부터라고 외치는 초로의 사람들이 많다.

그러나 놀라운 사실의 하나는 2000여 년 전 공자의 인생론에서는 '늙음'의 흔적은 눈을 씻고 보아도 찾을 길이 없다는 것이다. 그는 70이 되어도 심지소욕(心之所欲)을 억누르지 않고 의욕적인 인생을 살아온 사람이었던 것이다.

늙음에 대한 공자의 거부 반응은 실로 칼날처럼 날카로웠다. 그것은 다음과 같은 기록에서 재확인하게 된다.

> 섭공(葉公)이 자로(子路)더러 공자는 어떤 위인인가를 물은즉 자로는 아무 대꾸도 하지 않았다. 이 사실을 전해들은 공자는 자로더러 '너는 왜 그 사람된 품이 한번 의욕이 발동하면 끼니도 잊고 즐거움에 취하여 걱정도 잊어가면서 늙는 줄도 모르는 위인이라고 그렇게 말하지 않았더냐.'[2]

---

2) 『論語』, 「述而」, "葉公問孔子於子路 子路不對 子曰 女奚不曰 其爲人也發憤忘食 樂以忘憂 不知老之將至云爾."

이 글은 분명히 공자 스스로 한 자 한 구에 또박또박 자기를 그린 보다 더 구체적인 자화상이다. 우리는 의욕에 찬 인생살이의 즐거움에 취하여 60, 70나이를 바라보면서도 늙는 줄도 모르는 공자의 젊음을 여기서 읽는다. 뉘라서 이러한 공자더러 늙은이라 이를 수 있을 것인가.

만년 청춘을 추구하는 공자의 참모습이 여기에 있으니 이렇듯 "늙는 줄도 모르는 지경에 이른다"고 하는 청년 공자를 내 어찌 좋아하지 않을 수 있겠는가.

인생에서 다가오는 생의 마지막은 누구라도 어찌할 길이 없겠지만 반드시 한 줄기 삶의 의욕을 안고 살아가야 하는 것이 아닐까. 공자는 그에게도 늙음이 다가오고 있음을 모르는 바 아니지만 "발동하면 끼니도 잊고 즐거움에 취하여 걱정도 잊는다"로 일관한 삶의 의욕을 안고 살았던 위인으로 자처하지 않았던가. 실로 여기서 나는 그도 또한 우리와 똑같은 '사람'이었다는 친근감에 젖는다.

이제 영감의 금메달론을 피력해야 할 차례가 된 것 같다.

때마침 LA올림픽이 바야흐로 무르익으려고 할 무렵 무명의 레슬러가 금메달을 따내더니 뜻하지 않았던 금 은 동이 마구 쏟아져 나오자 남녀노소 할 것 없이 온 강산은 흥분의 도가니 속으로 빠져들고 말았다.

그러나 이른바 '하면 된다'는 이 금메달이 어찌 레슬러나 복서들에게만 주어질 것인가. 인생의 금메달은 없는 것일까.

이러한 질문에 대한 해답이 바로 번개처럼 번뜩인 나의 영감의 메달론이다.

지나간 인생은 만년도 허무한 것이지만 다가오는 인생은 일년도 천금의 값을 지니고 있다. 흔히 70을 고희(古稀)라 이르고 88세를 미수(米壽)라 이르지만 오늘부터 나는 80을 동메달, 90을 은메달, 1백세 상수(上壽)를 금메달이라 부르기를 제언한다.

내게 만일 이 금메달을 향수할 수 있는 하늘의 은혜가 내려진다면 그 때 가서 비로소 나는 청춘찬가를 작사작곡하여 부르고 싶을 따름이다(신동아 1984.12).

현실과 이상의 상거(相距)에서 고뇌하는 지성

　모든 분야에 걸쳐서 '한국적(韓國的)'이라는 것이 문제 삼아지지만 특히 문화분야에 있어서는 어떠한가! 한국적 문화(文化)가 존재한다고 한다면 그의 성격을 어떻게 특징지워야 할 것인가! 아닌 게 아니라 우리는 5000년 문화민족이라는 말을 입버릇처럼 사용하여 왔고 또 사용하고 있는 것이다. 문화민족이란 무엇인가! 흔히 배달민족(倍達民族) 또는 백의민족(白衣民族)이라고도 하거니와 그의 배달(倍達)과 백의(白衣)에서 오는 '밝음'이 우리 민족의 문화적 바탕이란 뜻일까! 우리에게 우리말이 있고 글이 있다. 고유의 말과 글이 그대로 한 민족의 문화적 요소가 되지 않음이 아니지만 그것만으로써 문화민족이라 고성대호(高聲大呼)할 수 있는 것일까. 그야 우리 '한글'은 천하제일의 문화유산이기는 하지만……．

　그렇다면 동방예의지국(東方禮義之國)으로서의 긍지가 바로 문화민족으로서의 다시없는 자랑이란 말인가! 실로 문화란 야만 아닌 것을 의미할진대 우리 민족은 동이(東夷)라 하더라도 순제(舜帝)도 동이지인(東夷之人)이었음에 비추어 남만북적(南蠻北狄)과는 다른 문화민족이었음은 의심할 나위가 없을 것이다.

이처럼 우리는 아득한 상고시대로부터 이미 고유문화의 유산을 전승받아오면서 오늘에 이르는 사이에서 신라백제(新羅百濟) 등의 특색 있는 문화를 창조했음은 새삼스러울 것이 없다.

신라문화의 귀족적 아취(雅趣)에 비하여 백제문화의 뒤를 이어받은 고려자기(高麗磁器)나 가창문화(歌唱文化)에서는 어딘가 서민적 서정이 넘치고 있는 것이다. 그러한 문화재류는 유형이건 무형이건 간에 '우리의 것'이라는 바탕 위에서 이루어진 민족예술의 극치라 하지 않을 수 없을 것이다.

어쨌든 우리에게는 우리 '고유의 것'이 있는 것이다. 말과 글과 노래와 춤이 있고 한 마디로 말해서 오랜 전통에 젖은 '우리의 생활'이 있는 것이다. 비록 가난한 움막 속에서일 망정 정월이면 세배드리고 8월이면 성묘드리는 예절이 있다. 생활의 이야기에 한 마디 곁들이자면 '김치'와 '신선로(神仙爐)'는 우리 생활에 있어서의 예술작품이 아닌가! 김치는 생식물(生食物)의 대표작이요, 신선로는 숙식품(熟食品)의 대표작이기 때문이다. 음식수요에서 한 나라 문화생활의 미각을 촌탁(忖度)한다는 사실은 흔히 간과하기 쉽다. 양식(洋食)·왜식(倭食)·중국식(中國食)·한식(韓食) 등의 간판이 즐비한 속에서 우리는 한 나라를 맛보며 냄새 맡는 것이다. 실로 문화란 형이상적(形而上的)인 것에만 있는 것이 아니라 형이하적(形而下的)인 요소도 뺄 수 없는 것이다. 문화관(文化館)이란 집에서 술과 춤만을 파는 것은 좀 지나친 표현이기는 하지만······.

그런데 우리 주변에서는 문화민족이라는 말과는 달리 문화인 혹은 문화생활이란 말이 많이 쓰이고 있다. 여기에서 다분히 전통 문화 아닌 현대적 서구문화를 의미하고 구문화의 전승보다도 신문화의 도입에 보다 더 강한 의의를 부여한 덕으로 보아야 할 것이다. 이조 말기에 소위 신예들 사이에서 쓰이던 개화라는 개념은 그것이 바로 수구파에 대립된 것이었던 것처럼 요즈음의 문화생활이란 자칫하면 미개에서 개화에로 가는 생활로 풀이되기도 하는 것이다. 이에 문화인이란 개화인(開化人)인 것처럼 됨으로써 자칫하면 전통적인 것들을 마치 미개시대의 잔유물인 양 이들을 무시하거나 멸시하거나 부정하려는 그릇된 태도를 취하기도 하는 것이다.

사실상 일국의 문화는 전래적(傳來的)인 고유문화와 외래적(外來的)인 전입문화(轉入文化)의 두 요소에 의하여 비롯되는 것인지도 모른다. 그러므로 고유문화만을 고수하게 되면 이는 마치 일국의 고유문화나 또는 아직도 외계와의 문호가 개방되지 않은 미개만족(未開蠻族)들 사이에서 흔히 볼 수 있듯이 특이하기는 하지만 폐쇄적인 것이 되기 쉽다. 그러나 오랜 정치적 압제 하에서 자기 것을 상실하고 외래의 문화만에 접한 지성의 문화는 지나친 모방에서 오는 말하자면 허탈(虛脫)된 문화가 아닐 수 없다. 필리핀인(比律賓人)들은 수백 년의 외세 하에서 살았던 관계로 오히려 외래의 은혈(混血)을 자랑하고 외국문화를 보다 더 숭상하는 풍이 있으니 일제(日帝) 압정(壓政) 하에서 일어의 능변(能辯)을 자랑하고 왜국 풍습에 침윤(浸潤)된 사실을 상기하면 저간의 소식은 짐작할 수 있을 것이다.

이렇듯 한 문화형태가 지나치게 자기 것만을 고수하거나 그와는 반대로 지나치게 남의 것에만 의존하거나 한다면 이는 모두 다 원숙한 문화라 할 수 없음은 너무나 자명한 일이다.

이제 우리는 일정(日政) 하에서 타의에 의하여 우리의 고유문화가 말살위기를 겪었지만 현재에 있어서는 문화니 혹은 문화생활의 미명 하에 모든 우리 고유의 것들이 스스로 우리들의 자의에 의해서라는 착각과 함께 점점 퇴색되어 가고 있는 것은 아닐까? 다시 말하면 전자는 일문화(日文化)에 의하여, 후자는 서구문화에 의하여 우리의 전통문화는 질식될 기로에 처해 있는 것은 아닐까!

여기에 신구의 갈등이 있고 신문화를 추구하는 현실과 구문화를 고수하려는 이상이 있는 것이다. 이 양자의 괴리는 바로 지성의 고뇌가 아닐 수 없으며 이것이 바로 현대문화의 현실적 양면상인 것이다. 이 시점에서 우리는 과연 무엇을 어떻게 해야 할 것인가!

문화의 말살은 곧 그 민족의 사멸을 의미한다는 것은 역사가 이미 이를 증명하고 있지 않은가! 말과 글과 심지어는 성씨까지 뺏으려 한 일인의 소위는 그것이 바로 우리 민족 박멸로 통하는 행위였던 것이다. 한민족(漢民族)은 때에 따라 몽고족에게 혹은 만주족에게 중원을 빼앗겼지만 그들의 문화는 빼앗기지 않았고 장정권(蔣政權)은 본토를 빼앗기고도 문화재만은 온통 대만으로 싣고 온 사실을 볼 때 그들의 문화애중(文化愛重)의 정신(精神)에 경복(驚服)하지 않을 수 없다. 뿐만 아니라 이를 보존하기 위한 중산전물관(中山傳物館)의 건물을 짓되 승강기만이 외제라는 사실은 우리에게 무엇을 시사하는 것일까. 그들이 세불리(勢不利)하여 설령 외화는 수억을 쓰고 있으나 그들에게서는 촌각인들 주체의 상실을 허(許)하지 않은 줄기찬 전통을 볼 수 있는 것이다. 이는 일인(日人)과는 좋은 대조를 이루고 있다는 이야기다. 동경의 건설이 미주의 뉴욕을 방불하게 하고 있으며 또한 그의 눈부신 발전이 이에 육박하고 있음이 사실이라 치더라도 이는 결코 언제나 미주의 뉴욕이 될 수는 없는 것이다. 결국 일인의 동경일진대 동경의 뉴욕화는 일인의 자기상실의 양상에 지나지 않고 필리핀인(比律賓人)이 외풍을 자랑하는 류(類)와 무엇이 다를 것이 있겠는가—이러한 점에 있어서는 우리들에게도 남의 일 같지 않게 생각나는 일이 있다. 우리의 서울이 날로 현대화하고 고층화하고 서구화해가고 있으며 농촌은 도시화해가고 생활은 간편화되어 가고 있는 것이다. 이러한 현상은 폐쇄된 전근대적 생활권에서 탈피하여 그야말로 문화생활에로의 전진이란 점에서 실로 경하해야 할는지 모른다. 또한 이러한 개화된 생활을 질시하거나 경원할 하등의 이유도 없는 것이다. 자못 이러한 문화생활은 모름지기 국민의 부강이 이에 정비례해야 되는 것이기 때문에 국민소득의 증강만이 안타깝게도 기다려질 따름인 것이다.

그러나 우리는 여기서 또한 전통문화의 보존이라는 대명제를 다시금 회상하지 않을 수 없다. 이는 결코 고유문화에 대한 일종의 향수인 것처럼 가볍게 처리될 성질의 것이 아니다. 외인들에게 고궁을 안내하고 국악을 해외로 파견하는 따위의 소승적 문화보존책으로서 과연 우리의 주체문화(主體文化)가 본연의 모습을 가눌 수 있다고 생각하는 것은 너무도 안이한 생각이 아닐 수 없다. 이러한 것들은 일제말기에 있어서 이루어진 나운규(羅雲奎)의 아리랑 향수라고나 할까! 한 민족의 줄기찬 전통문화는 그러한 소승적 미봉책으로서 계승될 수 없는 것이다.

실로 '전통문화의 현대적 윤색'이라는 과제가 성립될 수 있다고 한다면 도도하게 들어오고 있는 외국문화라 하더라도 그것은 모두가 우리의 생활을 풍부하게 마련해주는 재료는 될지언정 우리의 생활을 근거로부터 빼앗아 가는 것이 되어서는 안 될 것이다. 냉장고가 현대인의 생활을 보다 더 윤기 있게 해주는 기물이기는 하지만 거기에는 결코 버터나 계란만을 넣어 두는 곳이 아니라 때로는 김치, 깍두기도 넣어 두어야 할 줄 아는 생활이어야 할 것이 아닐까! 이러한 일은 우리 생활에 있어서의 아주 비근한 예에 지나지 않거니와 우리는 소위 문화생활을 성급하게 추구하는 나머지 자기상실의 위험에 빠져서는 안 된다는 사실을 명심해야 할 것이다. 이는 개인이나 국정의 당무자나 일시도 잊어서는 안 될 우리의 과제가 아닐 수 없다. 그러기에 남대문 앞에 수문장을 세우고 고전의 국역을 서두르고 전물관을 세워 문화재를 전시 보존하고 있는 것으로 알고 있으나 보다 더 중요한 것은 국민 전체가 밝은 우리의 앞날을 위하여 전통문화의 터전 위에서 외래문화를 수용하도록 의연한 자세를 가져야 한다는 것을 강조하고 싶은 것이다.

지구의 운명 '나'에게 달렸다

동양사상의 터줏대감

겨우 슬기가 트일까 말까 하는 나이였으니까 5, 6세 때로나 셈해
두기로 하자.

그러고 보면 지금으로부터 80여 년 전의 일이다. 그러나 아직도
내 귀에 생생하게 들려오는 할머니의 이야기가 있다.

한여름 밤 할머니의 이야기

한여름 밤이 되면 시골집 넓은 뜨락 한 모퉁이에 모기를 쫓는 모
닥불을 피워 놓고 그 옆에 내다 놓은 평상 위에다는 귀여운 손자(당
시 필자)를 무릎 위에 뉜 채 밤하늘을 수놓은 별 하나 별 둘을 세면
서 들려주시던 할머니의 옛이야기는 끝도 한도 없었다. 그중에서도
무시무시했던 동학꾼의 난리는 지금도 목 잘린 귀신이 돼 좀처럼 잊

히지 않는다.

그러나 그 후 이 땅의 역사는 일제 36년간의 침탈이라는 시련을 거치게 됐고 곧이어 6·25사변이라는 동족상잔의 참화를 빚은 것은 새삼스러울 것조차 없다. 지금에 와서는 내 아들이나 손자들에게나 들려 줘야 할 옛이야기거리가 돼 버렸지만 시골 할머니는 이미 그 옛날 세상을 뜨신 후 다시 돌아올 기약도 없으니 뉘라서 이런저런 이야기들을 들려줄 수 있을지 까마득하기만 하다.

우리 손녀·손자에게 들려줄 거리는?

금년 들어 3·1절 문화행사는 신문방송을 온통 떠들썩하게 했다. 그럴 만도 한 것은 8·15해방 50주년을 맞는 전주곡인 데다 구총독부 청사 철거를 알리는 고유제까지 곁들게 되었으니 이 어찌 조용히 지나칠 수 있겠는가. 대통령만 뺀 3부 요인이 장사진을 치고 따라붙는 시민의 선두를 이끌고 광화문을 뚫고 들어설 때 진정 한 시절이 바뀜을 통감했다. 이제 드디어 저 육중한 침략의 상흔도 하염없이 헐리는구나 하는 서글픈 감회에 젖지 않을 수 없었다.

뒤돌아보자니 꿈결같은 해방의 함성도 50년의 세월과 더불어 물 흐르듯 흘러 버렸고 세상은 바뀌어 세계화의 물결을 타고 21세기의 문턱을 넘어서야 한다니 도대체 지금까지 살아온 것만 해도 한 짐이 되는데 또다시 어떻게 살란 말인가.

21세기는 우리들에게 목 잘린 동학군의 이야기를 들려줄 것인가 아니면 경복궁의 복원을 알리는 지상의 천국이 될 것인가, 우리 할머니는 우리들의 아들딸 그리고 먼 훗날의 손자들에게 어떤 이야기를 들려줄 수 있을 것인가, 궁금하지 않을 수 없다.

내가 이 글을 쓰기로 작정하고 여느 때 버릇처럼 머리 속에서 이리저리 궁리할 제 문득 할머니의 동학꾼 이야기가 새삼스럽게 머릿속에 떠올라 이를 끄나풀로 이야기 실마리를 풀기로 한 데에는 그럴 만한 이유가 없지 않다. 그게 무어냐구요? 듣고 보면 싱거운 이야기가 될는지 모르지만 이를 실토하자면 금년이 막 동학혁명(1894) 발발 1세기하고도 1년을 더한 해이기 때문이다. 그게 무어가 그리 대단하냐구요? 동학이 그 당시 20세기를 여는 전야라 한다면 우리 대통령도 세계화를 부르짖으면서 청와대 앉은 자리가 따뜻해질 겨를도 없이 동서남북 지구촌 구석구석을 훑듯 쫓아다니는 오늘이야말로 21세기의 전야라 함 직하지 않겠는가. 그렇다면 그간의 백 년은 우리들에게 무엇을 가져다주었으며 어떤 변화를 안겨주었을까. 그리고 앞으로의 백 년은 우리들을 어디로 끌고 갈 것인가 궁금해진다.

20세기 전야와 21세기 전야

지난 백 년을 엮어낸 20세기는 할머니의 이야기처럼 동학꾼의 목만이 잘린 시절에 그친 것이 아니라 하나뿐인 민족(丹齊의 말)의 목을 조여맨 한 세기였지 않나 싶다. 역사의 신은 결코 우리 편은 아니었지만 민족의 생명은 활화산되어 폭발함으로써 3·1정신으로 꽃피웠다. 75년 만의 3·1절 문화행사여, 늦은지고! 50년 만의 철거여, 역사의 모욕을 씻기란 이처럼 어려운 것일까.

이것저것 말끔히 씻어내리지 않고서야 어찌 21세기의 새날을 맞이할 수 있겠느냐는 것이 오늘을 사는 우리의 마음이다.

다시 한번 돌이켜 보건대 20세기는 돌무덤 같은 청사라도 폭파하지 않고서는 맺힌 한이 풀리지 않는 어쩌면 지긋지긋한 시절이었다. 그렇다고 우리의 한이 다 풀리리라고 믿는 사람도 없으리라 여겨지지만 이제 우리들에게 한 가닥 희망이 있다면 21세기 바로 그것이 지금 우리 앞에 다가오고 있다는 것이다.

그렇다고 해서 그것이 꼭 우리 모두의 소망을 한 아름 안겨다줄 황금마차라는 보장은 아직 없다. 또 다른 동학꾼의 악령이 20세기 말 오늘의 전야제를 지켜보면서 우리의 소망을 앗아가기 위해 노리고 있는지 불안이 가시지 않기 때문이다. 왜냐구요? 이제 비록 희망에 부풀은 앞날을 내다보면서 앞으로 앞으로 달려가야 하겠지만 그러면 그럴수록 옷깃을 가다듬고 우리 뒤를 쫓고 있는 악령은 없나 지켜보아야 한다. 흔히들 새 시대를 노리는 악령의 이름은 너무도 잘 알려진 그대로 '물질적 풍요 뒤에 숨은 도덕성의 상실'이라는 긴 이름을 가진 연옥의 주인공이 아닐 수 없다. 이 악령을 낚아다가 족쇄를 채워 날뛰지 못하도록 하지 않고서는 21세기의 풍요도 한낱 물거품에 지나지 않을 것만 같다.

바꾸어 말하자면 어쨌든 세상은 눈부시게 바뀌어 물질문명으로 표현되는 물질적 풍요와 생활의 안일은 모든 인간의 심성을 오만과 탐욕으로 채워놓고 말았다. 다시 말하면 인간성의 가장 귀중한 전제조건의 하나인 도덕성은 급기야 끼어들 자리를 잃고 만 것이다. 그리하여 도덕성의 상실이라는 불명예를 짊어지고 어디론가 사라져버린 것이다. 진정 어디로 갔을까. 어디에 숨어 있는 것일까.

물질풍요에 어두워진 눈

도덕성이란 물질적 풍요에 눈이 먼 인간에게는 보이지 않는다. 잡히지도 않는다. 현대인의 탐욕은 하나밖에 없는 낙타의 바늘구멍마저도 막아 버리고 말았다. 애비를 죽이는 아들이 없나, 남의 생명은 고사하고라도 제 목숨마저 헌신짝처럼 버리고서 뉘우칠 줄 모르는 인간을 데리고 가야 할 판이라면 차라리 21세기는 포기한 만 못하다는 생각도 해본다.

그러나 우리들 마음속에 깊이 가두어야 할 도덕성(공동선)은 아무에게나 잡히지 않는다. 그것은 단 하나 그걸 잡는 방법을 모르기 때문이다. 그것이 뭐냐구요?

이웃을 사랑하되 자신과 같이할 줄 아는 사람에게는 문을 닫아 두어도 담 넘어서라도 찾아들어 온다. 나 하기 싫은 일은 남에게 전가하지 않는 위인의 마음속에는 언제나 도덕성이 깃들어 있게 마련이다. 항상 마음을 비우고 생로병사의 고통을 씻어주는 사람에게는 자비의 탈을 쓴 도덕심이 항상 자리를 같이한다. 자연의 섭리를 배반하지 않아야만 인간의 도덕성은 생기를 되찾게 마련인 것이다.

그렇다. 도덕성은 우리들 생명의 원천이다. 그러므로 인간에게서 단 하나뿐인 도덕심을 빼버린다면 그것은 단 하나뿐인 내 생명을 앗아간 것이나 진배없다. 그러므로 하나뿐인 내 생명의 원천인 공동선을 가꾸자는 까닭이 여기에 있다.

무릉도원이냐, 불바다냐

끝으로 해마다 더 곁들이고 싶은 이야기가 있다. 올해 유엔(UN)에서 내건 환경표어가 무엇인지 아시나요? '단 하나뿐인 지구(Only One Earth)'라 이르고 있습니다. 누가 하나인 줄 모르나요, 뻔히 다 알고 있는 사실을 가지고 새삼 확인하려는 '단 하나뿐인 지구'가 어떻다는 것인가요?

이제 인간의 탐욕은 우리들 모두의 생명, 도덕성의 보금자리를 앗아갈 뿐 아니라 단 '하나'뿐인 우리들 생명의 모태인 지구의 숨통마저 조이고 있기 때문임은 다시 말할 나위도 없다.

제아무리 큰소리쳐도, 제아무리 이 땅 위의 인구가 50억이 넘고 100억이 된다 해도 나는 이 지구(천하)의 운명을 같이할 '나'이다.

그러므로 하나뿐인 이 지구를 살리자는 이야기도 따지고 보면 하나뿐인 내가 사는 길이 아닐 수 없다. 결국 다가오는 21세기를 무릉도원의 선경세계로 만드느냐, 신의 심판을 받아야 할 불바다 같은 연옥이 되게 하느냐는 오직 하나뿐인 나 하기에 달렸다는 까닭이 여기에 있다(시민신문 1995.3.25).

본 대로 느낀 대로

―조화만정(造花滿庭)

한 덥석부리 친구의 말이 "학자란 은행원이 아니고 외무 사원이 아닌 바에야 매일처럼 면도할 필요도 없고 그럴 겨를도 없지. 지난 여름에 산사에 들려서 며칠 안 깎다 보니 이렇게 수염이 길었고 기르고 보니 깎기가 아까워서 덥석부리가 된 거야!" 그리고 또 말을 잇되 "외국학자의 반 이상은 덥석부리거든. 그래야만 학자적 위풍이 선단 말이야!" 마지막으로 "여성들에게도 매력이 있지!"란 말을 빼놓지 않았다.

이 친구의 말을 듣는 그대로 받아들인다면 학자란 외식(外飾)이 필요없다는 말이 되는 것이요 외식(外飾)이 필요없다는 말은 곧 학자적 바탕이 바로 서야 한다는 의미가 된다. 학자적 바탕이란 곧 학문의 업적이 아닐 수 없다.

언젠가 어느 누구에게서 들은 이야기에도 "학자는 이름 삼자(三字)면 되는 것이지 얼굴의 미추(美醜)나 체구의 장단(長短)은 아랑곳이 없느니라" 하였는데 이는 바로 이 덥석부리의 말과도 일맥상통하는 이야기다. 그런데 졸업이란 무엇이관데 초·중·고로부터 대학에 이르기까지 조화만정(造花滿庭)의 새로운 풍조가 해를 거듭할수록 날로 성시(盛市)를 이루고 있으니 이러한 현상을 보고 그대는 무엇을 느끼는가? 대학에 있어서의 졸업이란 학사·석사·박사를 막론하고 학위기(學位記)의 수여식에 지나지 않고 학위기란 곧 학문하는 위치를 가리키는 자요 최고의 위치인 박사의 학위도 실상은 "혼자서 공부할 수 있음을 증명한 학적 위치"를 가리킨 것에 지나지 않는 이상 꽃(生花) 속이 아니면 조화(造花) 속에 묻혀야 할 아무런 이유도 없는 것인지도 모른다.

도대체 꽃으로만 축하해 주다가 보면 마음으로 축복해줄 길을 잊어버리고 말기가 일수다. 인제 어쩌다가 우리는 진짜 아닌 가짜를 그렇게도 좋아하게 되었는지 모르겠다. 진짜가 아니면 가짜는 아예 거들떠보지도 말아야 할는지 모른다. 진실한 한 송이 아담한 꽃송이가 도리어 조화의 화환보다도 더욱 정성됨을 알아야 한다.

내실이 없는 외화는 물거품과 같은 것이다. 양고심장(良賈深藏)이란 말도 있거니와 내적 충실에 몰두하다가 보면 외화 따위는 도리어 거추장스런 것이 되고 말 것이다. 그러므로 여기서 나의 솔직한 느낌을 그대로 쓰라고 한다면 이제부터 나는 대학에 있어서 '조화축출운동(造花逐出運動)'을 일으킬 것을 제창하고 싶다. 악화가 양화를 몰아낸다는 경제학의 상식이 졸업식장에 있어서는 가화(假花)가 진화(眞花)를 무색하게 하고 있음을 우리는 보아왔다. 적어도 진리를 사랑하고 진실을 바탕으로 삼는 학문의 전당인 대학사회에 있어서 어찌 조화만정(造花滿庭)의 허식(虛飾)이 허용되어서야 되겠는가!

이제 옛 글 한 토막이 머리에 떠오른다. "바탕이 맵시보다 나으면

촌뜨기, 맵시가 바탕보다 나으면 글친구, 바탕이나 맵시가 한데 어울려야 훌륭한 인물일 거야."[1)]

모름지기 우리는 꽃보다도 뿌리를 가꾸는 노력에 정진해야 하지 않을까! 덥석부리의 말과 조화만정(造花滿庭)의 풍조와는 너무나도 대조적이다. 그러므로 나는 차라리 덥석부리의 편이 되고 싶은 심정인 것이다(전남대학보 1967.3.8).

---

1) 『論語』「雍也」, "質勝文則野, 文勝質則史, 文質彬彬然後君子."

한국풍류의 멋

　우리들은 흔히 가깝고도 손쉬운 것에만 집착하다보면 멀거나 까다로운 일들은 까맣게 잊어버리거나, 아니면 거들떠보려고도 하지 않는다. 우리들은 지금 밤마다 황금시간에 기성(奇聲)을 뽑아대며 전신을 뒤흔드는 광란의 늪 속에 빠져들고 있으면서도 그것이야말로 가장 가깝고도 손쉬운 현실로 받아들인다. 반면에 먼 옛날 우리 조상들이 가졌던 풍류의 멋이 무엇이었던가는 챙기려 하지 않는다.

　풍류란 삼현육각(三絃六角)과 같은 관현악으로서 옛날 소문난 잔치 때면 으레 빼놓지 않던 고전악(古典樂)이지만 풍류객이라 하면 노래도 좋아하고 춤도 잘 추며 마냥 세상을 즐겁게 살던 멋쟁이를 가리킨 말이 아니었던가 싶다.

　그러나 요즈음 세태 속에서 진정한 한국 풍류의 멋을 이해시키기란 결코 손쉬운 일이 아님을 우리는 잘 알고 있다. 하지만 그것이 비록 멀고도 까다로운 일이 된다 하더라도, 우리는 지금이라도 늦지 않았으니 풍류의 멋이란 과연 무엇인가를 한 번쯤 생각해 보아야 하지 않을까 싶다.

한국의 어느 석학은 멋이란 맛에서 유래하였다고 주장한 글이 있다. 간이 맞아떨어진 그 감칠맛이 바로 멋이 맞아떨어지는 그 멋들어진 것과 같기 때문이라는 것이다. 다시 말하면 조화의 극치인 것이다. 이 주장도 설득력이 없는 것은 아니지만 육감적인 풀이라는 점에서 형이하학적(形而下學的)이다. 한국의 멋은 적어도 도(道)로서 형이상적(形而上的)인 그 무엇, 곧 최치원이 이른바 현묘지도(玄妙之道)로서의 풍류도라는 사실을 여기서 다시 한번 되새겨보고 싶은 것이다.

바람[風]은 동서남북 상하좌우 광대무변한 공간을 차지하고 있으면서 때로는 광풍노도(狂風怒濤)를 몰아치다가도 때로는 추풍낙엽(秋風落葉)으로 변신한다. 흐름[流]이란 유수(流水) 같은 세월이니 영원무궁한 역사의 유전인 것이다. 현묘한지고, 풍류도(風流道)의 무한하고도[風] 영원함이여[流].

멋이란 무한한 공간 속의 부피 없는 한 점이요, 무궁한 시간 속에 정지된 한순간인 것이다. 다시 말하면 풍류의 멋이란 '무한한 점'이요, 동시에 '영원한 순간'으로서 절묘한 감흥을 우리들에게 불러일으켜 주는 도(道)라 이르지 않을 수 없다(조선일보 1986.2.5).

자연의 섭리에 순응하는 생존법칙

1

지난 연말연시에 서울 서대문 네거리를 지나던 시민들은 농협중앙회(농협회관)건물에 높이 걸려 있는 거대한 현수막을 보았을 것이다. 그것은 바로 한국농협중앙회가 농민들의 복(福)뿐만 아니라 서울 시민들, 아니 대한민국 국민 모두를 위해 복을 비는 현수막이었으니 거기에 이르되 이렇게 쓰여 있었다.

신토불이(身土不二) 복 많이 받으세요!

한자로 쓰인 신토불이(身土不二)는 유난히도 인상적이었다.

이 글을 본 사람들은 복을 빌어준 '신토불이'에 대해 각자 나름대로 고마운 정을 간직하였으리라 짐작은 가지만 또 한편으로는 도대체 신토불이가 무엇이기에 우리들의 복을 빌어줄 수 있을까 하고 고개를 갸우뚱하지 않았으리라는 보장도 없다.

한자를 모르는 젊은 세대들은 아예 그 뜻을 알려고도 하지 않겠지만 어렸을 때 천자문을 읽었거나 아니면 학교에 다닐 때 한자를 배운 중년 이상의 연령층은 "몸과 흙은 둘이 아니다"라고 이해할 것이다. 본문을 직역한 것이니 결코 틀린 말은 아니라 하더라도 진정 신토불이의 뜻이 여기에 머문다면 복을 빌어주는 신토불이는 어디서 찾아야 할 것인가.

여기서 우리들의 생각은 한 계단 올라서야 한다.

몸과 흙이 둘이 아니라 하나라면 문제는 이 둘이 어떻게 하나가 되었으며 어떠한 모습으로 우리들 앞에 나타나느냐에 있는 것이다. 뿐만 아니라 '신(身)'으로 표현되는 신체는 과연 형체만을 갖춘 썩어 없어지는 몸뚱아리만을 가리킨 것일까, 아니면 마음을 간직하고 생명이 약동하는 살아 있는 육체일까.

'토(土)'로 표현되는 토지는 과연 우리가 딛고 다니는 흙만을 가리킨 것일까, 곡식을 심는 논밭이거나 만물이 자라는 산하대지를 온통 가리킨 것은 아닐까.

'불이(不二)'도 따지고 보면 둘이 아닌 하나를 가리킨 것이기는 하지만 불이란 결코 그냥 이루어진 하나가 아니라 '둘에 의하여 하나가 된 하나'이기에 거저 된 하나와는 다른 하나가 아닐까.

이처럼 꽤나 까다로운 질문에 대답하기에 앞서 신토불이의 원전(原典)이라고 할수 있는 『법화현의(法華玄義)』 속으로 곧장 들어가 보자.

2

『법화현의』란 대승불교 경전의 하나인 『법화경(法華經)』의 오묘한

이치를 밝힌 글로서 거기에는 십종(十種)의 불이문(不二門)이 있으나 여기서는 의정불이문(依正不二門)에 관해서만 그 뜻을 살펴보기로 한다.

> 의정(依正), 이는 의(依)와 정(正)의 이보(二報)가 되며 중생이 의
> 지하는 국토(國土)와 자구(資具)를 의보(依報)라 하고 의지할 수
> 있는 심신(心身)을 정보(正報)라 한다.

이 글을 곰곰이 생각해보면 여기서 의보로서의 국토는 곧 토(土) 요 정보로서의 심신은 곧 신(身)이니 신토불이문(身土不二門)은 바로 의정불이문의 또 다른 명칭이라 이르지 않을 수 없다.

이렇듯 신토불이의 원전이 밝혀졌다고 해서 신토불이에 얽힌 과제들이 속속들이 풀린 것은 물론 아니다. 어쩌면 문제는 지금부터라고 해야 할는지 모른다.

아니나 다를까! 『법화현의』의 해석 이후 천 년 세월이 흐르는 동안 때로는 '신토불이'라 하기도 하면서 우리들의 정신세계를 이끌어왔다. 그러므로 의정불이니 신토불이니 하는 단어는 그의 원전 출처를 따질 겨를도 없이 우리 생활주변의 보통명사가 되어 오늘에 이르고 있는 것이다. 이는 곧 신토불이란 언제 어디서 누가 먼저 쓰기 시작했느냐가 문제되는 것이 아니라 누가 그 정신을 올바로 이어받아 실천하고 있느냐에 있다고 하지 않을 수 없다. 그러한 의미에서 이제 의정불이에서 신토불이로 전이되는 과정에서 얻어진 새로운 신토의 개념을 정리해보자.

먼저 '신토'의 '토'는 의지하는 국토와 자구를 가리킨 것이라 하였으니 오늘에 와서 우리는 이 글을 어떻게 풀어야 할 것인가. 이러한 전제조건 없는 토에는 토지·향토·국토·대지 등의 개념이 종합

적으로 들어 있다고 해야 할지 모른다. 그럼에도 불구하고 의정불이에서는 토의 개념을 국토에 국한하였고 거기에 따로 자구의 개념을 덧붙여놓고 있다. 이는 과연 무엇을 의미하는 것일까.

글이란 뜻을 전하는 수단에 지나지 않는다. 그러므로 너무 지나치게 글자에 집착하거나 구애되어서는 안 된다. 그러므로 여기서의 국토는 유엔가입국 150여 국가를 가리킨 것이 아니라 백제국(百濟國)이라 했듯이 향토(鄕土)의 소국쯤으로 이해하는 것이 옳지 않을까한다. 여기서 필자는 현명한 독자들의 현답을 기다리기로 한다.

다음으로 자구란 무슨 뜻일까. 『주역』에서 곤덕(坤德), 곧 대지의 덕을 이르기를 "만물의 생을 돕는다[萬物資生]" 하였는데 여기서 쓰인 자구란 그와 비슷한 의미를 간직하고 있는 것으로 보면 된다. 다시 말해 대지는 만물의 생산모(生産母)로서의 덕을 갖추고 있음을 의미한다. 대충 바다 속 녹조류에서 비롯한 한 생명이 35억 년의 세월과 더불어 인간이 창조되기까지의 진화과정에 있어서 이 지구는 1,500만 종의 생물을 생산한 어머니가 되었으니 이 아니 위대한가. 그러기에 희랍신화에서도 이 지구를 한 생명체로 간주하여 그녀의 이름을 '가이아'라 불렀으니 동서고금을 통틀어 인간을 포함한 모든 생명체는 지모(地母)의 품안에 안겨 자라고 있는 셈이다.

다음으로는 심신으로 표현된 '신'에 대해 생각해 보자. 흔히 몸 신(身)자의 '신'을 생각할 때에는 호흡기능과 소화기능을 갖춘 육체로서의 '신'만을 생각하기가 쉽다. 어쩌다가 "네게도 양심이 있느냐"고 다그칠 때면 어렴풋이나마 내게도 양심이 있나 챙겨보곤 할 따름이다. 그러기에 『법화현의』에서는 신을 신체라 하지 않고 이를 심신이라 하여 마음의 존재를 강조한 것으로 이해하지 않을 수 없다.

한 생물체로서의 입장에서 인간과 동물과의 차이는 그의 기능면에서는 그리 크지가 않다. 다만 우리 인간은 동물이 가지고 있지 않은 도심(道心)으로서의 이성(理性)을 간직하고 있다는 사실을 여기서 일깨워두지 않을 수 없다.

다음으로는 불이문(不二門)의 '불이(不二)'에 대해 한 마디 덧붙여 두고자 한다. 불이라면 너무 쉬운 글자로 되어서인지 '그거야 하나라는 뜻이 아닌가' 하면서 그냥 넘어가기 쉽지만 따지고 보면 가장 알기 쉬울 것 같으면서도 깨닫기 힘든 것이 바로 '불이'의 '하나'인 것이다.

우리들은 지금까지 1+1=2라는 수리를 초등학교 때부터 배워왔지만 1+1=1이라는 수식은 배운 적이 없다. 그럼에도 불구하고 불이문은 후자의 수리에 속하고 있으니 어찌 쉽게 이해할 수 있을 것인가.

의정불이 또는 신토불이에 따르면 "국토와 심신은 따로따로 갈라진 둘이 아니라 하나도 묘합(妙合)된 존재"임을 우리들에게 일러주고 있는 것이다. 이는 공식적인 수리에 의한 이해가 아니라 직관적인 깨달음이 요청되는 소이이다. 그러므로 신토불이는 의정불이에서 파생된 우리들의 생활철학으로서 오늘에 이르고 있음을 인식해야 할 것이다.

3

서유럽에서의 산업혁명 이후 발달된 자연과학에 의하여 이 지구촌의 양상은 눈부신 변화를 가져왔다. 상전벽해(桑田碧海)의 변화도 옛이야기인 양 어쩌면 천변지이(天變地異)라고나 할 수 있는 엄청난 변동을 가져오고 있는 것이다.

이러한 변화와 더불어 신토불이 또한 어떻게 변화되어야 할 것인가. 결코 고전적 이해에만 집착되어 있을 수만을 없음은 너무나 당연하다. 그러므로 이렇듯 변화된 새 시대를 맞았다면 새 옷으로 갈아입어야 하지 않겠는가. 다시 말하면 새로운 개념으로 그가 간직하고 있는 깊은 뜻을 재정립해야 함을 뜻한다.

단도직입적으로 말한다면 신토불이의 '토'는 요새 말로는 자연환경이라 이르는 것이 가장 이해하기 쉬운 개념이 아닐까 싶다.

우리들은 지금 자연환경의 엄청난 변화 속에 살고 있다. 그렇다면 이 지구촌의 자연환경이란 어떻게 조성되고 있는 것일까. 태양계의 운행법칙에 따라 행성의 하나인 이 지구는 태양을 중심으로 공전과 자전을 하면서 사지대(四地帶)·사계절(四季節)을 형성한다. 사지대란 한(寒)·냉(冷)·온(溫)·열(熱)의 사지대요, 사계절이란 춘·하·추·동의 사계절을 의미함은 다시 말할 나위도 없다.

공중항로가 제아무리 발달되어 서울에서 아침식사를 하고 뉴욕에서 저녁식사를 들게 되는 세상이 된다 하더라도 우주법칙—자연법칙에 의해 조성된 사지대·사계절에는 추호의 변화도 가져올 수 없는 것이다.

이러한 자연법칙에 따른 환경의 조성은 이 지구상에 천태만상으로 일컬어지는 만물을 생성하였고, 그들은 또한 하나의 생물권을 형성하여 나름대로의 질서를 유지하면서 생의 즐거움을 누리고 있다는 사실도 우리는 잘 알고 있다. 인간도 그 속에 끼여서 인생의 낙을 누리고 있다는 점에서는 결코 예외일수 없음은 더 말할 필요도 없다.

다음으로 신토불이의 신의 새 옷은 어떻게 갈아입혀야 할 것인가. 원초적인 심신의 개념에서 추리한다면 신이란 무형한 마음과 유형한 육체와의 합일체임에 틀림이 없다. 그렇다면 그러한 합일체를 우리는 무엇이라 불러야 할 것인가.

여기서 우리는 비로소 생명체로서의 한 인간의 참모습을 볼 수 있는 것은 아닐까. 마음, 그것은 도심이어야 하고 달리 말하여 도덕성이라 하면 더욱 좋다.

그리하여 인간은 하나의 이성적 생명체로서 자연법칙에 순응하면서 오늘에 살고 있는 것이다. 인간이야말로 신토불이라는 자연의 섭리에 순응하며 살아온 최후의 승자인 소이가 여기에 있다. 그러므로 신토불이란 결국 인간이 생태계의 최후승자로서 자연환경에 순응하며 오늘에 살아남게 한 생존법칙이 아닐 수 없다.

그럼에도 불구하고 인간은 왜 신토불이의 최후승자답지 않게 자연환경을 스스로 파괴하고 공해라는 악마의 내습을 받아 곤경을 치르게 되었단 말인가. 그리하여 지금 지모신으로서의 가이아는 자모(慈母)로서의 탈을 벗어버리고 인간들의 환경파괴에 대한 복수를 서두르고 있는 것이다. 그것은 천재(天災)아닌 인재(人災)가 되어 지구촌 도처에서 나타나고 있으며 때아닌 현대병의 형태로 우리 인류를 괴롭히고 있다.

자고로 순천자(順天者)는 흥하고 역천자(逆天者)는 망한다고 이르고 있다. 이제 자연의 섭리에 순응하는 신토불이의 신봉자는 살아남을 것이지만 자연의 섭리에 역행하는 신토불이의 반역자는 살아남지 못할 것이다. 어찌해야 할 것인가.

4

이제 이 글을 쓰기 시작한 원점으로 다시 돌아가 우리의 복을 빌어주던 신토불이의 소리에 귀를 기울여 보자.

진리란 결코 어려운 말속에 들어 있는 것이 아니라, 쉽고도 쉬운 말이지만 그것을 실천하지 않는다는 데 문제가 있는 것이다. 그러한 의미에서라면 신토불이의 섭리도 그것의 존재를 이해하기 어려운 데 있는 것이 아니라 그것을 어떻게 실천해야 하는지를 모르고 있다는 데에 문제가 있을 것이다.

신토불이의 실천을 위해서는 적어도 두 가지의 큰 기둥에 의해 버티어져야 할 것이다.

첫째는 바로 생명운동의 차원이어야 한다.

신토불이가 바로 생명의 자연환경에의 적응을 의미한다면 생명을 파괴하는 모든 공해로부터의 구원을 첫째로 손꼽지 않을 수 없다. 이를 크게 세 가지로 나누어본다.

① 식품공해로부터 생명을 보호해야 한다. 이는 무공해농산물 생산과 아울러 유공해 수입농산물의 배제를 의미한다.

② 대기오염과 수질오염으로터 생명을 보호해야 한다.

③ 아파트와 같은 인위적 주거환경으로부터 일조권(日照權)을 돌려받도록 해야 한다.

둘째는 환경보전 차원에서 전개되어야 한다.

무엇보다도 먼저 우리들은 죽어가는 땅을 되살리는 데 전력을 기울여야 한다. 여기서 우리는 자연환경으로서의 신토불이의 토는 사지대·사계절이라는 자연현상뿐만 아니라 지수화풍(地水火風) 또는 천지수화(天地水火)라는 우주론적 철학의 도움을 받아야 할 것이다.

이 지구상의 생태계는 이미 그들의 질서에 변조를 가져오고 있을 뿐 아니라 생물권자체의 파괴현상으로 나타나고 있다. 한 걸음 더 나아가 우주론적 환경의 지주가 되어 있는 지수화풍이 파괴되어 온통 위기상황으로 치닫고 있다는 것이다.

인류문화의 역사적 과정을 눈여겨보면 위기 상황으로 처할수록 선지자나 선각자의 도래를 기다리게 마련이라는 것을 알 수 있다. 기독교에서는 이를 메시아라 하고 불교에서는 이를 미륵불이라 이르고 있으며 유교에서는 이를 선각자라 이르고 있다.

생명환경의 위기상황을 구원해줄 선각자는 지금쯤 어디서 무엇을 하고 있는 것일까.

우리 농수축산물이 온 국민의 피가 되고 살이 되게 하자면 온 국민이 신토불이를 생활신조로 삼아야 하고 그렇게 되는 날 비로소 신토불이가 주는 복이 이 강산 이 강토에 넘쳐흐를 것이다(농민신문 1993.7.2).

젊은이여 인생을 이야기하자

—전신을 던지는 실천적 태도로

'신앙'이란 본시 '종교적' 입장에서 쓰인 술어이기 때문에 그저 유교를 한낱 윤리적 교리의 학에 지나지 않는다고 보는 입장에서는 아예 처음부터 문제가 되지 않을는지 모른다. 윤리적 교리란 도덕적 행동규범을 이론화한 것으로서 거기에는 창조적 절대자로서의 천신에 대한 신앙 같은 것이 끼어들 틈이라곤 없다고 보는 것이 옳을 것이다. 그러나 윤리적 성격이 짙은 유교라 하지만 그처럼 단순히 비종교적 윤리규범에 지나지 않는다고 간단히 치지도외(置之度外)해 버릴 수 있을 것인가. 이는 곧 여기서 우리들이 풀어야 할 한 과제가 아닐 수 없다. 그러므로 유교에 있어서의 신앙의 문제를 이해하자면 무엇보다도 먼저 유교란 과연 현대적 통념에 의한 서구적 종교관념으로 따져볼 때 그것이 종교라 해야 할 것인가 아닌가 하는 문제에 대한 대답부터 얻지 않으면 안 될 것이다. 그렇다면 그것은 유교 안의 서구적 통념에 의한 종교적 요소의 유무에 달렸다고 해야 할는지 모른다. 신앙이란 그 요소 중의 하나임은 물론이다.

흔히 신앙을 우리말로는 '믿음'이라 이른다. 적어도 이 '믿음'은 기독교에 관한 한 하나님에의 믿음이다. 이는 곧 서구적 통념에 의한 신앙의 양상이다. 그러므로 그들의 신앙은 단적으로 말해서 하나님을 신앙하는 것이다. 신앙의 대상이 되는 하나님은 그들에게 있어서는 초자연적인 창조신으로서의 절대자요 주재자인 것이다. 그리하여 인간은 오직 그의 앞에 죄인으로서 습복할 따름이요 오직 그를 위하여 존재하며 신앙의 길에서 구원을 얻고자 하는 것이다.

그렇다면 유교 안에서도 이러한 신앙의 양상을 찾아볼 수 있을 것인가. 다시 말하면 믿음의 대상이 되는 하나님이 유교 안에도 존재할 수 있을 것인가. 아니면 존재한 일이 있었던가. 있었다면 어떠한 형태로 존재했었을까. 이 글의 긴 여정은 이에 대한 추적이 아닐 수 없다.

애초에 유교는 공자에 의하여 그의 근원이 다져졌음은 다시 말할 나위도 없다. 공자학은 단적으로 말해서 군자학이라 이르는 인간학이다. 그 인간학은 인(仁)에 의하여 윤리적 인간학으로 특징지워지고 있다. 유교를 오로지 윤리적 교리의 학이라 이르는 소이는 바로 여기에 있는 것이다. 그렇다면 공자학은 오직 여기에 머물러 있을 따름인가. 그에게는 신앙의 대상으로서의 절대자란 없었을까. 그의 언행록 『논어』를 통하여 잠시 이를 살펴보기로 한다.

공자는 평소에 명(命)이니 인(仁)이니 도(道)니 하는 철학적 또는 윤리적 용어를 쓰기를 좋아하지 않았고 현실적 문제들을 그때그때 처리하는 태도를 취하였기 때문에 『논어』에 인(仁)자가 108번이나 나오지만 그것은 인의 논리적 설명이 아니라 인에 관한 현실적 문제의 풀이로서 다 각기 다른 내용을 갖는 것은 그 까닭인 것이다. 그러므로 공자는 천에 관해서도 거기에 어떠한 철학적 혹은 종교적 정의를 내리는 것이 아니라 때에 따라 여러 가지 의미로 이야기하였기 때문에 그가 말한 몇 가지 단구들을 통하여 이를 재음미해 볼 수밖에 없다.

천이란 본시 형태의 면에서는 자연을 의미하며 철학적 측면에서는 도—천도—를 의미하지만 종교적 입장에서는 상제(上帝)를 의미한다. 우리는 이를 상제천(上帝天)이라 이르거니와 공자는 진실로 이 상제천에 대하여 어떠한 태도를 취했는가 우리의 관심은 여기에 있는 것이다.

노 정공 15년에 송 사마—군사관—환퇴가 공자를 죽이려고 한 일이 있다. 이때에 제자들은 그 자리를 피하도록 선생님께 권했으나 공자는 의연히 말하기를 "하늘이 내게 덕을 마련해 주셨거늘 환퇴 제가 나를 어떻게 할 것인가"(『논어』, 「술이(述而)」)라 하여, 조금도 동요하는 빛을 보이지 않았다. 천이 그에게 덕을 마련해 주었음을 굳게 믿고 있는 태도다. 천은 인간의 형상을 낳게 했다느니 보다는 천은 인간 형상 속에 덕을 갖도록 해주었음을 의미한다. 그러한 덕성은 하늘이 공자에게만 부여해 준 것이 아니라 만민에게 다 같이 부여해 주었다고 공자는 믿었다. 맹자의 다음 구절은 그런 의미에서 음미함 직하다.

> 옛 시에 '하늘이 내신 뭇 백성들. 사물이 있으면 법칙도 있지. 백성들은 변치 않는 그것을 붙잡고 그런 덕을 좋아하느니라' 하였는데, 공자는 '이 시를 지은 이는 아마도 도를 아는 이일 거야'라고 하였다(『맹자』, 「고자 상(告子 上)」).

이로 보아 천은 결코 공자에게만 덕을 마련해 준 것이 아니라 모든 인간에게 골고루 그것을 나누어주었음을 의미한다. 이는 곧 인간 덕성의 근원이 하늘에 있음을 의미하며, 거꾸로 말한다면 천은 바로 인간덕성의 창조주이기도 함을 의미하는 것이다.

이때에 공자는 천을 두 갈래로 승화시키었다. 하나는 도로서의 천이요 다른 하나는 명으로서의 천이다. "아침에 도를 깨달으면 저녁 녘에 죽어도 좋다"(『논어』, 「이인(里仁)」)고 한 도는 도리로서의 도라는 점에서 이는 철학적 진리를 의미한다. "나는 50에 천명을 알았노라"(같은 책, 「위정(爲政)」)라 한 천명은 상제천의 명령으로서의 천명이라는 점에서 종교적 명계(命戒)가 아닐 수 없다. 여기서 이미 분명해진 것은 공자가 천명을 알았다는 것은 그의 명계의 근원은 인격신으로서의 상제천이라는 사실이다. 이에 비로소 공자에게서도 천명에 의하여 종교적 세계에의 통로가 트였다고 보아야 할 것이다.

공자교에 있어서의 천명에는 두 가지의 의미를 갖는다. 하나는 정치적 천명이요 다른 하나는 윤리적 천명이다. 전자는 "주나라는 비록 오래된 나라이지만 그가 받은 하늘의 명령은 새로우니라"(『대학』) 한 그 명(命)으로서의 천명이니 이는 천자 1인이 감당해야 하는 천명인 것이다. 그러나 후자는 "천명지위성(天命之謂性)"(『중용』)이라 한 천명으로서 이는 만민의 자성(自性) 속에 깃들어 있는 천명인 것이다. 종교적 세계에로의 통로를 열어준 천명은 바로 이 후자가 아닐 수 없다.

그러므로 공자가 스스로 "오십이지천명(五十而知天命)"이라 한 그 '지천명'이란 바로 인간 자성 속에 깃들인 지상 명령으로서의 도덕률의 자각을 의미하는 것이다. 그러면 그가 깨달은 그 천명을 어떠한 태도로 대하고 있는 것일까.

"군자는 세 가지를 두려워한다. 천명을 두려워하고 대인을 두려워하고 성인의 말씀을 두려워한다"(『논어』, 「계씨(李氏)」) 하였으니, 천명이란 경외의 대상인 것이다. 여기서 우리가 주의할 것은 공자가 천명만을 경외한 것이 아니라 대인과 성인의 말씀도 아울러 똑같이 경외해야 한다고 한 사실이다. 대인이란 다산 정약용에 의하면, 위대자(位大者)·덕대자(德大者)·체대자(體大者) 그리고 엄부(嚴父)를 가리킨다(『대학공의(大學公議)』) 하였거니와 여기서 대인이라 한 것은 『역』에서 "이견대인(利見大人)"(건괘)이라 한 대인으로서 천자 제후인이 말씀과 아울러 대인을 경외한다는 것은 요약하면 인간을 경외하는 것이 된다. 공자는 하늘과 아울러 인간도 똑같이 경외한다 하였으니 이는 천인공위(天人共位)의 사상임을 짐작하게 한다. 다시 말하면 성인은 "천지와 더불어 그 덕을 합"하는 자로서 천인합덕(天人合德)의 사상이라 이를 수도 있다. 그러므로 이로써 유교는 비록 인간주의에 입각한 자라 하더라도 경천(敬天)의 뒷받침 없이는 존립할 수 없음을 알아야 할 것이다.

언젠가 공자가 병환으로 자리에 눕자 그의 제자 자로가 스승에게 기도드리기를 청하자 공자는 "그런 것이 있는가" 반문하였다. 기도드리면 병이 나을 수 있느냐는 반문이었다. 자로가 대답하기를 "있습니다. 기도에 '너를 천지신명께 비노라' 하였습니다" 하였다. 이에 공자는 말하기를 "나도 그런 기도를 드린 지는 이미 오래다"(『논어』, 「술이(述而)」) 하였으니, 여기서 분명한 것은 공자의 기도와 자로의 기도가 다르다는 점이다. 동시에 공자는 항시 기도인이었다는 사실을 발견한 것이다. 굳이 따지자면 자로의 기도는 통속적이요 무교적인 기도요 공자의 기도는 신앙적이요 종교적인 기도인 것이다.

자로와 공자는 같은 시대에 살고 있으면서도 그들의 천신에 대한 태도는 근본적으로 다르다. 이때에 공자는 자로와 같은 무속적인 신의 세계에서 종교적인 신의 세계에로 이동했음을 의미하기도 한다. 다시 말하면 흔히 말하는 신인(神人) 동거하는 무속적 세계에서 인간적 경천 세계에로의 이동을 감행한 것이다. 여기에 공자의 종교적 새로운 위치가 확고히 구축되었음을 알 수 있음과 동시에 자로는 아직도 당시에 전래하던 무교적 세계에서 일보도 벗어나 있지 않음을 보게 되는 것이다.

위나라 대부 왕손가가 공자에게 묻기를 "방구석에 모신 신주님께 아첨하느니보다는 부엌귀신에게 아첨하는 것이 낫다 하였는데 무슨 뜻입니까" 하였는데, 이는 공자가 위나라 권신인 왕손가—이해관계를 쥐고 있는 부엌귀신—가 자기를 찾지 않고 직접 위령공—신주격인 방구석 귀신—을 찾았다는 사실을 비꼬아 한 말이다. 실권을 쥔 자기에게 아첨하면 식록이 따르는 벼슬 한 자리라도 얻을 수 있을 것인데 왜 실속 없이 명분만 내세워 위령공을 찾았느냐는 것이다. 이를 몹시 못마땅하게 여긴 공자는 이 말에는 직접 대꾸하지 않고 다음 말로 그를 꾸짖었다.

"그렇지 않습니다. 하늘에 죄를 지으면 빌 곳조차 없습니다"(『논어』,「팔일(八佾)」) 하였으니, 여기서 또다시 기도인으로서의 공자의 확고한 모습을 재확인하게 된다. 공자는 인간이 죄를 범하되 두 가지 경우가 있는데, 그것은 사람에게 죄를 범하는 경우와 하늘에 죄를 범하는 경우의 두 경우인 것이다. 그중에서도 하늘에 죄를 범한다는 것은 가장 무거운 죄로서 그것은 속죄의 길조차도 없다는 것이다. 공자의 이러한 말은 마치 기독교에서 이른바 하나님 앞에 죄를 지은 인간은 영원히 죄인으로 남는다는 사상과 다르지 않음을 짐작하게 한다. 진정 직접 빌 길이 없는 준엄한 모습을 왕손가를 꾸짖는 말 속에서 역력히 엿볼 수가 있다.

여기서 우리는 공자의 기도는 심도요 묵도이었음을 알 수 있다. 뿐만 아니라 그의 기도는 무시부도(無時不禱)요 무처부도(無處不禱)이었음도 짐작하게 한다. 어느 때 어느 곳에서나 그는 경건한 기도의 자세를 잊지 않았음을 본다. 이를 일러 우리는 의천명이라 하기도 하며 이러한 경지의 자각을 그는 지천명이라 했던 것이다. 이로써 상제천 앞에 경건한 모습으로 서 있는 공자의 굳은 신념을 확인하게 된 것이다.

공자가 기도를 통하여 얻어진 경천과 의천의 사상은 세교의 사명으로까지 확충된다. 이는 논증을 초월한 공자의 굳은 신념의 소치인 것이다.

공자가 광 땅에서 환난을 당한 일이 있었다. 이때에 양호란 자가 광 땅에서 난폭한 짓을 했는데 공자의 얼굴이 양호와 비슷할 뿐 아니라 그의 제자 안각(顔刻)이 양호의 횡포에 합세한 일이 있으므로 광인들은 공자를 겹겹이 포위하여 그를 해치려 하였다. 오해이기는 하지만 위급한 상황이었다. 이때에 동행 중이던 자로가 성급한 나머지 창을 들고 나가려 하자 공자는 그를 만류하며 노래를 부르게 하고 자기도 따라 부르는 여유를 보였다. 이에 광인들도 오해를 사과하고 포위망을 풀었는데 이때 공자는 말하기를,

"문왕은 이미 돌아가셨지만 그 문화는 여기 내게 있지 않느냐. 하늘이 장차 그 문화를 없애 버리려 하셨다면 후세 사람들은 그 문화에 관여할 수 없겠지만 하늘이 이 문하를 없애려 하지 않는다면 광

인들인들 나를 어떻게 할 것인가"(『논어』, 「자한(子罕)」) 하였으니, 이는 환퇴의 난 때와 비슷하기는 하지만 여기서의 공자의 태도에는 지극한 사명감의 발로를 엿볼 수 있음이 특이하다 할 수 있다. 문왕은 공자교에 있어서 예문주의 상징적 성왕이다. 공자는 스스로 예문에 관한 한 그의 후계자로 자처하며 그것은 또한 하늘이 그에게 부여해 준 사명으로 자신한 것이다. 그의 사명은 세상을 죄악으로부터 구원하는 속죄의 사명이라기보다는 예문을 세상에 널리 폄으로써 선행의 길을 터주는 세교의 사명이라 해야 할 것이다. 그의 인문주의적 사명의식이 뚜렷함을 여기서 역력히 엿볼 수 있다. 그러므로 공자에 있어서의 천은 상제천으로서 그에게 덕을 주었고 세교의 사명까지 내려주신 천인 것이다.

언젠가 공자는 그의 제자 자공과 함께 있는 자리에서 "나를 알아주는 사람은 없나 보다" 하였다. 이는 그의 세교의 사명은 결코 안이한 길이 아니기에 왕손가 같은 위인은 그를 죽이려고까지 하지 않았는가. 실로 고독한 길인지도 모른다. 공자 같은 달인도 이러한 술회를 하기에 이르렀으니 말이다. 이때에 자공은 의의라는 듯 스승 공자에게 물었다. "왜 선생님을 몰라준다 하십니까." 이에 공자는 말하기를 "하늘을 원망하지 않고 남을 탓하지 않으며 밑에서부터 차근차근 배워서 위로 위로 올라가니 나를 아는 자는 저 하늘인가"(『논어』, 「헌문(憲問)」) 하였으니, 여기에 이르러 공자는 스스로 달천의 경지를 설파한 것이다. 이는 하늘만이 알아주는 지극한 경지인 것이다. 인간세의 고적은 하늘에 이르러 해소될 수밖에 없다. 인간세의 달관은 곧 달천에 의하여 이루어진다. 그러나 거기에 이르는 책임은 내게 있으니 어찌 원천우인(怨天尤人)일 수 있을 것인가. 하학이상달(下

學而上達)하는 것만이 달천하는 길일 따름이요 그 길만이 허락된 인간의 길인 것이다. 그러므로 상제천은 인간의 계도자인 것이다. 자기 앞에 이르도록 하는 소명자인 것이다. 그는 항시 공자의 곁을 떠난 일이 없다. 거꾸로 말하자면 공자는 한시도 상제천의 곁을 떠난 일이 없는 것이다. 상제천과 더불어 있는 것이다. 여기서 우리는 상제천의 앞에 선 인간 공자의 모습을 역력히 엿볼 수 있다.

공자는 하늘의 힘은 절대적임을 믿고 있었던 것이다. 공자는 그의 수제자요 또 후계자로 자타가 인정하던 안연이 그의 앞에서 먼저 죽자 때에 그의 나이 칠십고희(七十古稀)인지라 그의 애통은 이만저만한 것이 아니었다. 그는 비록 하학이상달(下學而上達)하여 70에 종심소욕불유구(從心所欲不踰矩)(『논어』, 「위정(爲政)」)의 경지에 이르렀음을 자술한 바 있기는 하지만 인간 공자는 이 역경에 부딪치자 통곡하기도 하였다. 그리고 그는 "하늘이 나를 버렸도다. 하늘이 나를 버렸도다" 거듭거듭 탄식하였다(『논어』, 「선진(先進)」). 죽음의 환난에 임하여서도 하늘이 준 문왕의 후계자로서의 사명감에 자신만만하던 그가 안연 한 사람을 잃고는 그처럼 애통하며 하늘이 자기를 버린 양 여긴 것은 어떤 까닭일까. 그것은 안연 한 사람의 자연인을 잃은 슬픔이 아니라 스스로의 도통이 끊어짐을 슬퍼한 것이다. 그것은 바로 자기의 죽음을 의미하기 때문이다. 그러기에 안연이 죽었건만 하늘이 안연을 버렸다 하지 않고 하늘이 나(공자)를 버렸다 울부짖은 것이다. 자기는 버리지 않으리라 믿었던 하늘이기에 그의 애통은 더욱 심각하였으리라 여겨진다.

공자가 위나라에 갔을 때의 일이다. 위령공이 죽자 그의 부인인 남자부인이 실권을 쥐고 있던 무렵이다. 그가 송조와 밀통한 음녀로 이름나 있던 시절이다. 그가 공자를 만나고자 청하였으나 처음에는 거절하다가 나중에는 만나주었다. 이 사실을 안 자로는 본시 성품이 곧은지라 스승 공자의 태도를 언짢게 여겼던 것이다. 그러므로 공자는 이에, "내가 만나지 않았다면[다산설(茶山說)에 의함] 하늘이 나를 버릴 거야. 하늘이 나를 버릴 거야"(『논어』, 「옹야(雍也)」) 하였는데, 그의 행동의 정당성마저 그의 근거를 그는 하늘에 두고 있는 것이다. 그렇다면 결국 공자의 일거일동은 오로지 하늘의 뜻에 의한 것이 아닐 수 없다. 다시 말하면 그의 도덕적 근원은 바로 상제천의 의지 속에 깃들여 있는 것이다.

이처럼 공자에 있어서의 천은 상제천으로서 공자와는 촌보도 떨어짐이 없이 밀착되어 있음을 본다. 그렇다면 어떻게 그들은 서로 교류하는 것일까.

공자는 누구보다도 제천의 예를 존중한다. 본래 예의 속성은 둘을 이어 주는 데 있다. 예는 인간과 인간을 화로써 묶을 뿐만이 아니라 천인을 또한 교제(Communication)시키는 것이다. 예의 근원이 "풍년을 신에게 고유함으로부터 비롯했다" 함은 이를 두고 이른 말이다. 제례에 의하여 상제천은 적어도 유가에 있어서는 천신 인귀로 분화되고 있다. 이를 엄밀하게 따진다면 천신은 단군이나 삼황오제처럼 종족신이 되고 인귀는 씨족신이 되어 조상으로 존재하는 것이다. 그러므로 귀신이라 이를 때 상제천의 개념 안에 종족신과 씨족신이 동위격으로 존재하고 있음을 지칭한 것이다. 그러므로 『중용』에서는 "교사지례(郊社之禮)—제천(祭天)의 예—는 상제를 섬기자는 것이오"라 하기도 하고 "귀신의 덕은 아마도 지극한가 보다"라 하여 상제를 귀신이라 별칭한 것은 이 까닭인 것이다. 그러나 이를 한 걸음 더 약하여 그저 신이라 이르기도 한다.

"제사는 계신 듯 모시고 신을 제사 모시되 신이 계신 듯 모신다"(『논어』, 「팔일(八佾)」) 하였으니, 여기서 우리는 공자 신관의 한계점을 본다. 그것은 곧 인간 인식의 한계이기도 한 것이다. 공자는 신, 곧 상제의 존재를 부인하지 않는다. 오히려 무속적인 잡신들을 거부하고 천명의 연원이 되는 상제의 존재를 확인하면서 가장 높은 천자의 예로써 그를 받든다. 계씨가 태산에서 여(旅)라는 제사를 지낸즉 공자는 이를 못마땅하게 여겼다. 왜냐하면 여제(旅祭)는 군왕만이 모실 수 있는 제사이기 때문이다(같은 책, 같은 곳). 이처럼 존엄과 권위를 갖춘 제례를 인정하면서도 신의 인식에 있어서는 '계시다'가 아니라 '계신 듯'이 여긴 데에서 그의 인간 중심의 태도를 읽을 수가 있다. 그러므로 그는 신의 입장에서 인간을 본 것이 아니라 인간의 입장에서 신을 보려고 한 것이 분명하다.

계로가 귀신 섬기는 일에 대하여 물은즉 공자는 "사람 하나도 섬길 수 없으면서 어떻게 귀신을 섬길 수 있나" 하였고, 죽음에 대하여 물은즉 "삶도 모르면서 어찌 죽음을 알 것인가"라 하였다(『논어』, 「선진(先進)」).

이로써 공자의 인본주의적 사상의 한계가 분명해지고 있음을 본다. 여기서는 귀신—상제—이나 죽음에 대한 문제를 부정한 것은 아니다. 인간이 귀신에 우선했고 삶이 죽음보다 더욱 소중함을 보여주고 있을 따름이다.

공자는 무교적 잡신의 세계에서 벗어나 상제천의 곁으로 왔건만 이제 그는 또 다시 인간세에 연연한 양 '인간의 삶'에서 모든 보람찬 가치를 추구하려 하고 있다. 이는 곧 종교적 세계에서 윤리적 세계에로의 전이를 의미한다고 해야 할는지 모른다. 이는 어쩌면 공자의 양면상이라 해야 할는지 모른다.

이러한 공자의 양면상은 후세 유가들에게도 각기 두 가지의 입장을 갖게 한 소인이 된 것은 결코 우연한 일이 아니다.

공자의 정통적 후계자로 지목되는 맹자에 이르러 공자학은 이민위천(以民爲天)의 민본주의와 윤리적 오륜과 현군정치의 왕도론과 사단의 심성론 등으로 전개됨에 따라 유교는 한낱 제왕학적 인간학이 되었다. 이미 전술한 바 있듯이 『중용』에서의 윤리적 천명도 맹자에 의하여 정치적 천명으로서 그의 혁명론의 근거가 되고 있는 것이다.

뿐만 아니라 맹자에 이르러서는 천명 그 자체도 일반론적인 풀이로 전락되었으니, 천명을 통한 상제의 모습은 찾을 길이 없다.

"하려고 하지 않아도 저절로 되는 것은 하늘이요, 이르게 하지 않아도 저절로 이르는 것은 명이다"(『맹자』, 「만장 상(萬章 上)」) 하였으니, 이는 천명을 한낱 자연의 섭리인 양 파악한 것이다. 또 그는 "명 아닌 것이 없으니 바른대로 받아들여야 한다"(같은 책, 「진심 상(盡心 上)」) 하였으니, 이는 윤리적 정명론으로서 "제 도리를 다하고 죽는 것은 정명(正命)이다"(같은 책, 「진심 상(盡心 上)」) 한 것을 뒷받침한 것이 아닐 수 없다. 이로써 공자에게서 그의 잔영을 볼 수 있었던 상제천은 맹자에 이르러 완전히 그의 자취를 감추고 만 셈이 된 것이다. 상제 없는 곳에 종교적 신앙이란 있을 수 없음은 너무도 당연한 일이 아닐 수 없다.

진한시대로 넘어오자 공맹유학은 다시 한번 윤색되었다. 동중서의 현량대책에 의하여 경학시대가 열리었고 진한시대의 천하통일에 의한 가부장제의 확립으로 인한 삼강설의 대두는 유가의 윤리사상에 일대 변혁을 가져왔던 것이다. 뿐만 아니라 한대 동씨의 오상설은 맹씨의 오륜설에 대체하여 유가 윤리설에 새로운 의미를 부여하였다. 이로써 유교 명실공히 윤리적 교리의 학으로 굳어지게 된 것이다. 그것은 선진 공자교의 일차적 변질이라 하지 않을 수 없다. 송대로 넘어와서는 소위 송학의 근간을 이룬 성리학에 의하여 새로운 유가철학의 성립을 보게 됨으로써 소위 종교적 색채는 완전히 일소되었다. 더욱이 송학은 불교적 선미를 더하게 됨으로써 하나의 심성론으로 바꾸어지게 된 것이다. 이는 공자교의 제이차적 변질이라 하지 않을 수 없다.

이로써 현대의 유교는 소위 서구적 통념에 의한 종교적 신앙의 대상이 되는 상제천이 소멸됨으로써 종교라기보다는 차라리 윤리학이요 동시에 철학이라 이를 수밖에 없다. 그러나 만일 거기서 조금이라도 종교적 신앙의 풍취를 찾아보기로 한다면 그것은 아마도 선진유(先秦儒)로서의 공자에게서 비로소 그의 편린이나마 찾아보지 않을 수 없는 것이다.

그런 의미에서 우리는 조선조 후기 개신 유학자의 한 사람인 다산 정약용의 경학론을 살펴보지 않을 수 없다. 그는 경학론의 연원을 수사학, 즉 유학에 두고 진한 이래 송명학을 오히려 공자교의 부장이라 이르고 있는 것이다. 그렇다면 다산의 경학은 본래적 유교를 어떻게 보고 있는 것일까.

공맹 이후 긴 역사의 흐름 속에서 변질을 거듭해 온 유교는 윤리적 교리로서의 본분에 지나치게 충실한 나머지 상제설적 신앙이라는 종교적 특성은 퇴락하여 그의 흔적조차도 찾을 길이 없는 상황에서 다산은 그의 육경사서의 새로운 주컷을 통하여 공자학을 오로지 수기치인의 학으로 파악하고 있다. 그는 유교의 본령은 어디까지나

윤리적 인간학—인—에 있기는 하지만 이는 수기치인의 원리 위에 존립함을 역설하고 있는 것이다.

따지고 보면 이상적 인격은 수기치인의 전인상에서 추출되는 것으로서 유가에서 이르는 군자나 성현이란 다 이러한 전인적 인격의 소산인 것이다. 다산의 목자도 그가 그의 「원목(原牧)」에서 "목자란 수기가 반이요. 그 다른 반은 치인이다"라고 이른 바와 같이 수기치인의 전인적 일자상으로 이해되는 이상적 인간상인 것이다.

이러한 입장에서 다시금 공맹학을 분석한다면 그들—공자나 맹자—이 다 같이 군자[공자]로서 또는 현인[맹자]으로서의 전인적 인격을 추구하고 있기는 하지만 공자학은 수기군자학으로서 비롯하였고 맹자학은 현자치인학으로서 매듭을 짓고 있음이 엿보인다. 그러므로 공자는 수기의 면에서 상제설을 받아들인 것이요 맹자는 치인의 면에서 위민사상에 철저하고자 한 것이다. 그러므로 공자는 종교적 입장에서 윤리에로 들어갔고 맹자는 윤리적 입장에서 정치로 빠진 것으로 풀이되는 것이다. 여기서 비로소 왜 맹자는 탈종교적이었는가를 알 수 있는 동시에 상제설적 신앙의 일면이 공자학에 잔류하고 있는가를 이해할 수 있을 것이다.

다산은 그의 『중용자잠』에서 전통적인 천리설을 부정하고 수사학적 천명설을 상제설로 대체하였다. 이는 바로 지금까지 유학을 오로지 삼강오륜의 논리나 관혼상제의 예학으로 간주하던 통념을 뒤엎고 서구적 통념에 의한 종교적 신앙의 대상이 되는 유가적 상제를 복위시킨 셈이 되는 것이다. 지금까지 유가의 상제는 천리설의 그늘 속에 묻혀 행방이 묘연하던 차 다산은 수사학적 고전의 원시림 속에서 불멸의 상제를 찾아낸 것이다. 이러한 다산의 학적 공적은 유학의 역사에 하나의 코페르니쿠스적 전기를 가져왔다고 하지 않을 수 없다.

다산은 "군자가 암실 중에 있으면서도 전전율율하며 감히 악한 짓을 하지 못하는 것은 거기에는 상제가 그의 곁에 임하고 계심을 알기 때문이다"(『중용자잠(中庸自箴)』) 하였고, 또다시,

"하늘의 영명함은 곧장 인심으로 직통하여 은하지만 살피지 못하는 것이 없고 미하지만 통촉하지 못하는 것이 없다. 이 실내를 조림 (照臨)하여 날마다 여기를 감시하시니 사람들이 진실로 이 사실을 안다면 비록 대담한 자가 있다 하더라도 조심하며 두려워하지 않을 수 없을 것이다"(같은 책) 하였으니, 이는 분명히 공자가 의천명이라 한 그 입장의 부연이 아닐 수 없다. 진실로 상제는 두려운 존재가 아닐 수 없다. 그 두려움은 곧 윤리적 두려움인 것이다. 다시 말하면 죄인에게 있어서의 두려움인 것이다. 유교적인 표현을 빌리자면 악인에게 있어서의 두려운 존재인 것이다.

그러나 상제천은 무형체 무성색한 자이다. 그러한 상제천이 어떻게 인간의 선악을 판별하여 살필 수 있을 것인가. 다산은 다음과 같이 말하고 있다.

"하늘이 사람들의 선악을 살피되 항상 인륜 관계에서 살핀다. 그러므로 사람들이 수신하며 하늘을 섬기되 또한 인륜관계에 치력해야 한다"(같은 책) 하였으니, 결국 인간의 선악이란 윤리적 실천에 의하여 결정이 되는 것이다. 다시 말하면 선악이란 객관적 심상이 아니라 실천하는 행동인 것이다. 상제천이 비록 인심에 직통하여 꿰뚫어 모르는 것이 없다 하더라도 인간의 선악에 관한 한 행동의 결과에 의거하지 않고서는 판정을 얻지 못한다는 것이다.

다산의 경학에 있어서 우리는 다음과 같은 사실을 읽을 수 있다. 그것은 다름이 아니라 다산의 상제설의 긍정은 유교로 하여금 종교적 신앙의 길을 트게 해준 것이요, 인간의 선악을 윤리적 실천에서 구하고자 한 것은 유교로 하여금 철학적 성리학의 세계에서 벗어나 실천윤리의 광장에로 나서기를 권장한 데 있다. 이는 종교적 신앙과 실천윤리와의 혼용일체를 의미한다. 그러한 의미에서 다산이 지향하는바 새로운 개신유교는 한 마디로 말한다면 윤리적 종교라 해야 마땅할는지 모른다. 이렇듯 윤리와 종교가 하나로 혼연일체가 이루어지는 곳에서 비로소 한 인간의 경건한 신앙이 싹트게 될 것이다. 그러므로 신앙을 철학자전에서는 다음과 같이 제의하고 있다.

　"신앙은 인간이 종교적 이상에 자기를 완전히 바치는 실천적 태도를 말한다."

지방문화의 활성화

　문화란 바로 생활양식의 총화라는 관점에서 이해할 때 우리 민족 문화(民族文化)의 동질성(同質性)은 아무도 의심하지 않을 것이다. 그런 의미에서 해방 40여 년이 지난 오늘에 있어서도 남북(南北) 간에 이루어지고 있는 문화의 이질화(異質化) 현상을 심각하게 우려하는 까닭은 민족분단의 아픔을 더해주기 때문이 아닐 수 없다.

　그러나 한 문화의 형성은 지역적 풍토와 깊이 관련되어 있기 때문에 그 지역이 가지고 있는 특성이 지방문화(地方文化)라는 이름으로 돋보이게 됨은 다시 말할 나위도 없다. 근래에 와서 우리 주변에 있어서도 지방의 이름을 머리에 이고 있는 문화권의 이름이 날로 불어나고 있음은 이 까닭이 아닐 수 없다.

　해방 후 얼마 되지 않은 때에는 신라·백제·고구려 등 삼국(三國) 문화권이 대종(大宗)을 이루어 우리들의 입에서 회자(膾炙)되더니 요즈음 와서는 부쩍 세분화되어 가야(伽倻)·안동(安東)·중원(中原)·호남(湖南) 등의 수식어가 나돌고 있을 뿐 아니라 원삼국(原三國) 마한(馬韓), 나아가서는 예향(藝鄕) 등의 단어가 또한 어떤 문화의 특성을 암시해 주는 단어로 쓰이기도 한다. 이러한 현상은 우리 민족문화의 동질성 권내에서 결코 벗어나지 않은 채 나름대로의 특성을 보유하고 있다는 점에서, 우리들은 이렇듯 다양한 지방문화의 권역(圈域)형성에 주목하지 않을 수 없다.

이러한 문화권의 다양한 형성은 우리 민족문화의 내실(內實)을 더욱 풍요하게 해주는 데 크게 기여할지언정 결코 이질화라는 부정적 요소로 작용하지 않은 것임은 다시 말할 나위도 없다. 이는 서울 올림픽에 참가한 1백60여 국 문화의 다양성이 인류문화의 내실(內實)을 다짐에 있어서 그들이 지닌 이질성으로 인하여 결코 부정적이 아니라 오히려 크게 공헌하고 있는 것과 조금도 다르지 않기 때문이다.

그러나 이렇듯 긍정적 요인을 다분히 내포하고 있는 지방문화권의 존재도 오랜 전통적 역사 현장으로서의 중앙집권적 정치체제하에서 과연 어느 만큼의 명맥을 이어왔을까. 실로 중앙 중심의 독선적 사고에 밀린 지방 경시의 풍조도 요즈음 와서야 비로소 다소 수그러지고 새로운 지방시대의 도래라는 명제와 더불어 겨우 그 명맥의 소생을 기대할 수 있게 된 것은 그것이 비록 시대적 요청의 당위성에 힘입은 바라 하더라도 다행한 일이 아닐 수 없다.

지방문화 활성화를 불러일으키지 않을 수 없는 또 하나의 요인은 현대사회의 급격한 발전과정에 있어서 전통문화의 온존지역으로서의 농촌의 도시화로 인한 사회적 균질화(均質化) 현상(現象)은 오히려 지방문화의 존재가치를 희석하는 데 음으로 양으로 작용하고 있음을 상기하지 않을 수 없다.

문화란 그 사회의 발전과 정비례하여 단계적으로 새로운 문화를 창조하면서 변천한다는 점을 생각한다면 그 지역의 지방문화는 새로운 시대 요청에 따른 문화 창조의 기본적 요인으로서도 결코 과소평가할 수 없음은 다시 말할 나위도 없다. 그럼에도 불구하고 외형적인 경제성장의 그늘에 가리워진 채 아무도 챙기는 이 없이 버려둔다면 이 시대의 문화적 후진성의 극복이라는 막중한 책임은 누가 져야 할 것인가. 문화란 항상 전통문화의 외래문화와의 묘합에 의한 창조적 기능을 그의 생명처럼 간직하고 있다는 점에서도 지방문화의 활성화는 이 시대의 절실한 요청이 아닐 수 없다.

그러므로 이제 우리들은 소위 지방문화의 활성화를 위해서는 적어도 최소한의 기본 여건이 갖추어지지 않으면 안 된다는 사실을 여기서 지적하지 않을 수 없다. 첫째, 앞에서도 잠시 언급한바 있듯이 중앙집권적인 문화정책의 대폭적인 지방 이양을 지적하지 않을 수 없다. 소위 지방자치제의 실시에 따른 제도적 개선뿐 아니라 그에 따른 모든 시책에 있어서도 지방시대라는 명목에 알맞도록 지방 우선주의가 선행되어야 할 것이다.

지금 서울은 인구의 포화상태에 놓여 있을 뿐 아니라 정치 경제적 과잉현상은 그만두고라도 모든 문화적 시설이나 행사에 있어서도 절대적인 우위를 점하고 있음은 다시 말할 나위도 없다. 그와는 상대적으로 문화적 빈곤에 처해 있는 지방에 있어서는, 비록 일일생활권(一日生活圈)이라는 미명하(美名下)에 국토는 이제 하나가 된 양 일컬어지고 있기는 하지만, 오랜 도농(都農) 간의 불균형은 좀처럼 시정되지 않고 있는 것이다. 이러한 문화생활권의 균등화를 가져오기 위해서는 대담한 정책변화에 따른 지방문화 육성방안이 짜이지 않으면 안 될 것이다.

둘째로 지적하고 싶은 지방문화의 활성화를 위한 시책으로는 지방자치제의 실시라는 구실 하에 지방의 책임으로 미루지 말고 각 지방의 지방대학 및 박물관 등이 국립이듯이 적어도 지방문화의 육성이라는 관점에서는 국립, 다시 말하면 국가의 전폭적인 책임 하에서 이루어져야 하리라고 믿는다. 그리하여 지금까지의 지방문화는 적어도 벽지에 버려진 고아가 아니라 본가의 장손처럼 민족문화의 총아가 되어야 한다. 그리하여 국가의 문화적 유산을 온통 상속받는 위치에서 국가의 전폭적인 보호육성을 받아 마땅하리라고 본다.

셋째, 지방문화 육성을 위한 국가의 투자는 균등주의를 버리고 지금까지의 문화적 취약지구에 우선적으로 투자하여 스스로 전국적인 문화시설의 균질화 및 문화행사의 능률화를 기하도록 하여야 할 것이다. 그러한 의미에서 이번 소련의 '볼쇼이'발레단 공연이 서울 다음으로 무용인구가 많은 호남문화권 내의 예향(藝鄕) 광주(光州)에서 왜 이루어지지 못하는가를 자성(自省)하는 의미에서도 문화권의 취약성의 극복은 시급한 과제의 하나가 아닐 수 없다고 본다(동아일보 1988.8.24).

온 겨레의 환호(歡呼) 속에서 맞는 공휴일 (公休日)이 그립다

— '4·19'의 세 돌에 즈음하여

　우리는 이제 또다시 '4·19'의 세 돌을 맞이하였다. 3년 전 옛 기억이 아직도 생생하건만 우리의 민족적 시련은 상기 아직 가시지 않은 양하여 몹시 안타깝다.

　이제 우리는 새삼스럽게 '4·19'의 의의를 들출 필요를 느끼지 않는다. '4·19'란 지난날의 일이기는 하지만 그것은 결코 기록된 역사적 사실이 아니라 우리들이 겪은 생생한 사실이기 때문이다. 독재의 아성에 육박하던 젊은 사람들의 피가 아직도 마르지 않았건만 어찌하여 우리는 또 하나의 혁명을 가져야만 했던가 하는 것만이 실로 가슴 아픈 일일 따름이다.

　진정 우리는 '4·19' 혁명을 마지막 혁명으로 삼고 싶었다. 그러나 또다시 '5·16' 혁명을 불러들였고 시방도 엄청난 시련을 겪고 있지 않은가! 이러한 오늘의 우리의 역사적 현실을 어떻게 처리해야 하며 이렇듯 벅찬 물결을 어떻게 헤쳐나가야 할 것인가! 사실상 '4·19' 혁명은 '5·16' 혁명과 함께 아직도 우리들의 손으로 해결해야 하는 연쇄적 책임을 우리들은 지고 있는 것이다.

'4·19'와 '5·16'이라는 두 개의 혁명을 치르고 있는 우리들은 이제 '혁명'이란 과연 어떻게 처리되어야 하는 것인가? 냉정히 반성해 보아야 할 것 같다. 이는 누구나 잘 아는 사실이면서도 흔히 이를 그대로 간과해 버리기 쉬운 약점을 '혁명'은 가지고 있는 것이다. '혁명'은 모든 모순과 부패와 혼란 등 그야말로 악의 요소를 일거에 일소하는 힘을 가지고 있기는 하지만 따지고 보면 혁명과 정치와는 동질적인 것이 아니라는 사실이다. '4·19'는 결코 혁명에 실패한 것이 아니라 그 후의 정치적 정세가 다시금 '5·16' 혁명을 나게 한 사실만으로도 우리는 넉넉히 알 수 있는 일이 아닌가!

여기서 우리는 혁명 그 자체보다도 정치적 안정이라는 것이 얼마나 중요한 것이며 또 그러한 노력이 얼마나 어려운 일인가를 알게 되었다. '혁명'이라는 비정상적인 하나의 수단을 즐겨 할 자 없음은 뻔한 일이기는 하지만 우리의 손으로 민주주의적 토대를 굳게 닦아 놓지 않는 한 좋건 싫건 '혁명'의 불길을 막아내기 어려우리라는 사실을 깊이 경계해야 할 것이다.

어쨌든 '혁명'이란 결코 최선의 구체책일 수는 없다. 더욱이 민주주의적 발전을 기약하는 앞길에 이는 하나의 정지요 후퇴의 현상이 아닐 수 없기 때문이다. 그러므로 우리는 어디까지나 혁명 없는 민주주의적 토대의 확립만이 또 다른 혁명의 불길한 징조를 막는 최선의 길인 것이다.

요컨대 우리는 또 다른 '혁명' 기념일을 갖게 되어서는 안 된다. 만부득이 우리는 '4·19'의 기념일을 갖게 되었고 그것만으로 족했던 기념일에 또 하나의 '5·16'의 기념일을 갖게 되었지만 이처럼 겹치는 '혁명' 기념일은 결코 우리들의 염원이 아닐 것이다. 우리들은 결코 '혁명'을 즐기는 민족이 아니다. 또한 그러해서도 안 된다. 아니 그렇지 않도록 우리들은 하나하나가 다 함께 깊이 책임을 느끼고 또 느낄 뿐만이 아니라 그 책임을 져야 할 것이다.

우리 겨레는 예부터 평화를 즐기던 민족이 아니었던가. 정월 보름에는 달을 즐겼고 삼월 삼짇날에는 봄을 노래했고, 오월 단오에는 그네를 탔고 칠월 칠석에는 견우직녀의 낭만에 젖고 팔월 한가위에는 신곡에 감사했고 구월 중구날에는 국화로 술을 빚어 방방곡곡 남녀노소할 것 없이 1년을 통틀어 즐겁게 살던 우리들이다. 이는 그들에게 부과된 많은 생활의 괴로움과는 달리 그 속에서도 자연과 더불어 생활을 즐길 줄 알던 우리의 향기로운 모습이 아닌가!

그럼에도 불구하고 우리들에게는 너무도 많은 슬픈 기념일을 갖게 되었다. 3·1절 기념일을 뉘라서 얕잡을 수 있으랴! 그러나 3·1절의 기념일은 피로 물들인 기념일이기 때문에 이날에는 옛 선열을 추모할 날이지 즐거운 날일 수는 없다. 8·15 또한 약소 민족만이 갖게 되는 얄궂은 감격의 날이 아닌가! '6·25', '4·19', '5·16'들을 통하여 우리들 자신의 모습을 스스로 살펴볼 때 너무도 슬프고 초라하지 않은가!

이제 우리는 다시금 옛 모습을 되찾아야 하겠다. 슬픈 공휴일일랑 멀리 망각의 세계로 돌리고 온 겨레가 다함께 기쁨과 춤과 노래로 즐길 수 있는 공휴일을 다시 찾아야 하겠다. 그러기 위하여는 '4·19' 마저도 저 신라나 고려 때 일처럼 옛날의 역사인 양 잊고 이 4월을 봄 동산에서 즐길 수 있는 날이 되기를 바랄 따름이다. 이는 오직 민주주의적 굳은 터전을 확립하는 날 비로소 이뤄질 것을 우리는 굳게 믿어 의심치 않는다.

지구촌을 누비는 우리 동포들

요즈음 우리 동포들의 해외 진출은 실로 눈부신 발전을 이루고 있는 것 같다. 5대양 6대주 어디를 가나 우리 동포들의 발자취가 이르지 않은 곳이 없고 미국 같은 나라의 큰 도시마다 소위 코리아타운이 마련되었다고만 하면 날로 팽창 발전하는 속도는 하루가 옛날처럼 되어 버릴 정도다.

흔히 이러한 한국민들의 발전의 원동력은 그들이 지니고 있는 천부의 근면성에서 찾으려고 하는 이들이 많다.

그것도 그럴 수밖에 없는 것은 해외 진출이란 무에서 유를 창조하는 뼈를 깎는 각고의 길이기 때문에 남보다 일찍 일어나고 남보다 늦게 자는 부지런이 아니고서는 지구촌의 생존경쟁에서 살아남을 수 없기 때문이었는지도 모른다.

우리나라의 국경이 고구려의 만주벌을 포기하고 삼국통일을 계기로 하여 반도 안에 정착하자 3면이 바다로 둘러싸였음에도 불구하고 그의 생존의 젖줄이 항상 대륙과만 연결된 까닭은 어디에 있었던 것일까. 그렇다면 우리의 선인들은 과연 바다를 몰랐거나 아니면 바다를 두려워했기 때문이었을까. 그것은 결코 그렇지 않다고 본다. 삼국시대 백제만 하더라도 해양국가로서의 웅대한 그의 세력은 한때 중국의 동해안을 석권하였고 일본으로 물밀듯 들어가서는 그들의 새로운 국가 건설에 적극 참여한 사실은 역사의 기록에서 찾아낼 수가 있다.

신라 말기에 출현한 장보고의 제해권의 장악도 결코 평지 돌출한 기적이 아님은 다시 말할 나위도 없다.

이는 애오라지 우리 조상의 해외 진출의 웅대한 기상의 일면을 우리들에게 일깨워 주는 일이 아닐 수 없다.

이제 공처럼 둥근 지구는 날로 한 덩어리가 되어 소위 지구촌이란 이름으로 불리고 있다. 그 안에는 백 수십 개의 크고 작은 나라들이 밤하늘의 별처럼 총총히 박혀 있으면서 제 나름대로의 울을 막아놓고 이름하여 국경선이라 이른다. 그러나 이 국경선이라는 금줄의 의미도 날로 희미해져 가고 있는 것은 아닐까!

첫째, 경제적인 측면에서는 관세라는 이름의 벽이 없는 것은 아니지만 자유무역이라는 이름의 경제활동과 다국적 기업이라는 이름의 세계적 규모의 기업과 현지법인이라는 기업투자 등에 의하여 국경선의 의미는 한 마을 이웃집 담장보다도 더 넘나들기 쉬운 국경선이라 해야 할는지 모른다. 지구촌의 한쪽에 지나지 않지만 구주공동체 같은 조직은 소위 경제적 국경선의 타파의 좋은 본보기의 하나가 아닐 수 없다.

다음으로는 종교적 입장에서의 지구촌은 이미 하나로 되어 버린 지 오래라 해야 할는지 모른다. 동양 3국을 유교권이라는 이름으로 묶어 버린 지 이미 오래요, 구미 각국을 하나로 묶어서 기독교 문화권이라 이른다면 중동국가들은 아마도 회교문화권이라 일컬어야 할는지 모른다. 이렇듯 기성종교이건 신흥종교이건 간에 그들이 이 지구촌을 지배하자면 국경선 없는 인류의 종교로 발돋움하지 않을 수 없다는 점에서 그들의 눈에는 소위 국경선이라는 금이 보이지 않는다고 보아야 할 것이다.

그리고 물질과학의 발달로 인한 모든 생활양식의 균일화를 들 수가 있다. 어디를 가나 똑같은 공장이 세워지고 똑같은 도시가 건설되고 똑같은 문화생활을 향유해야 한다. 이는 과학의 발달에 따른 인류생활의 복지화라는 점에서 이 지구촌은 국경 없이 진화하고 있는 것으로 이해해야 할는지 모른다.

이렇듯이 지구촌은 이제 '하나'로 되어 가고 있다.

그렇다면 '나'는 과연 이 '하나'되어 가는 이 물결 속에서 어떻게 살아야 하며 살아남기 위해서는 어떠한 내가 되어야 하는 것일까! 나란 과연 누구일까.

우리들은 이 지구촌의 어디를 가거나 '나는 한국인이다'라는 마음은 저버릴 수 없을 것이다. 우리들이 구미지역을 여행할 때 흔히 중국인이나 일본인으로 착각되었을 때 문득 느껴지는 불쾌감은 무엇 때문일까. 그것은 분명히 '나는 한국인이다'라는 잠재의식에서 오는 거부반응 때문임은 다시 말할 나위도 없다.

그러나 요즈음 와서는 우리들의 해외 여행길에 있어서도 코리아라는 이름이 그들에게 있어서도 결코 생소한 나라의 이름이 아니요, 더욱이 우리나라의 상품이 국경 없이 쏟아져 들어감으로써 얻어진 국력은 한국의 존재를 더욱 뚜렷하게 인식시켜 놓았기 때문이기도 한 것이다.

그렇다면 우리는 이 시점에서 살아남기 위해서는 이 세계는 비록 지구촌이라는 이름으로 '하나'로 지향하고 있기는 하지만 스스로의 존재는 더욱 뚜렷한 모습을 갖추어야 한다는 사실을 알아야 한다. 그것은 한 마디로 말해서 한민족이라는 문화적 동질성에 기초한 장구한 민족의 전통은 이 지구촌의 어디에 뿌리를 내리더라도 소실되어서는 안 된다.

그것은 마치 달걀의 노른자위처럼 그 빛깔은 어느 때 어디서나 간직하며 가꾸어야 한다. 우리가 동북아세아에서 한 민족으로 살아남은 것도 이 노른자위를 지켜 내려왔기 때문임은 다시 말할 나위도 없다.

전일춘추(全日春秋)

—매곡동(梅谷洞)

며칠 전에 지산동(芝山洞) 골짜기에 매화(梅花)가 많다기에 가보았더니 30~40그루의 고매(古梅)가 대략 40~50년의 풍상을 겪은 듯 줄줄이 늘어서 있었다. 실로 매곡동(梅谷洞)은 오히려 거기거니 하는 생각이 들었고 이곳 박물관 자리 매곡동에는 한 그루의 매화도 없으니 이는 너무한다는 심정으로 돌아서 왔다. 이렇듯 지산동과 매곡동은 명실(名實)이 불상부(不相符)하니 이는 누구의 작희(作戲)일까.

시내(市內)에 불로동이 있는데 일명 텍사스 골목이라고도 한단다. 진시황(秦始皇)이 서복(徐福)에게 동남(童男) 동녀(童女) 삼천(三千)을 거느리고 불로초(不老草)를 구하러 보냈지만 동명(洞名)만 보고 불로동(不老洞)에 왔다가는 텍사스 카우보이의 칼부림이나 이름 없는 잡화쟁색(雜花爭色)에 오히려 혼비백산(魂飛魄散)할는지 모른다. 대인동(大仁洞)이나 대의동(大義洞)에 사는 군자(君子)는 접근(接近)할 곳이 못 되는 곳임을 알게 될 것이다. 지금에 맹자가 나신다면 하필 색을 말합니까[何必曰色](?) 저에게는 인의가 있을 뿐입니다[亦有仁義而己

矣]라 하셨을 것임에 틀림이 없을 것이다.

도심지(都心地)는 충장로(忠壯路)와 금남로(錦南路)니 언제나 이 거리를 지날 때는 옷깃을 가다듬어야 하겠거늘 이 거리를 거닐면서 이렇듯 선현(先賢)의 유지(遺志)를 기리는 선남선녀(善男善女)는 과연 얼마나 될는지 궁금하기만 하다. 학동(鶴洞)에 학(鶴)이 없고 계림동(鷄林洞)에 닭이 없으니 이 거리엔들 어찌 선열(先烈)이 머무실 수 있을 것인가.

북문(北門)의 누각(樓閣)이 헐린 지 오래이건만 지금도 누문동(樓門洞)이니 이도 또한 허명(虛名)만 남았고 관덕정(觀德亭), 활 쏘는 곳은 아마도 서동(西洞)이거나 구동(龜洞)으로 짐작하는데 궁동(弓洞)은 따로 시중(市中) 한복판에 있으니 궁동(弓洞)에 사정(射亭)이 있는 줄 알고 도리어 실수하지 말라는 법도 없으리라.

진짜 남동(南洞)과 북동(北洞)과 서동(西洞)과 동명동(東明洞)은 글자 그대로 동서남북이 아니냐 하겠지만 이미 70만(萬)이 넘는 광주(光州)의 동서남북은 따로 있으니 변천(變遷)하는 세월(歲月)을 내 어찌 막을 수 있으리!

아서라, 작자(作者)는 아리송하여 '실명씨(失名氏)'로 되어 있는 '고매(古梅)' 시조(時調)나 한 수 적어 놓고 붓을 던질까 한다.

매화(梅花) 늙은 등걸 성글고 거친 가지
꽃도 드문드문 여기 하나 저기 둘씩
허울 다 헐어버리고 남을 것만 남은 듯(전남일보 1980.3.24).

이순

　귀할 것도 없는 나이 어느덧 60이래도 곧이듣지 않으니 어이가 없다. 어머니 탯줄을 끊은 날로부터 계산해서 호적과 조금도 엇나가지 않건만 갑(甲)돌이도 옥순(玉順)이도 믿어주지 않는단 말이다. 믿건 말건 내 나이 내가 지고 다닐 것인데 그렇게 앙살 부린 것도 없건만 때로는 망칠십(望七十) 고개에서 주책없는 위인(爲人)이 되려는 것이 탈이다. 아뿔사……남더러 믿어 달라는 내가 잘못인지도 모르지. 사실은 내 자신 내 나이가 믿어지지 않으니 말이다. 60갑자를 한바퀴 돌아서 다시금 경술년(庚戌年)을 맞게 되었으니 경술합방(庚戌合邦)은 간 곳 없는데 나만 홀로 갑(甲)년을 맞게 됐단 말인가.

　솔직히 말해서 나는 나이를 셈하기를 싫어서 그랬는지 남들이 나이를 낮추어 보기에 그랬는지 어쨌든 '덜 먹었다'는 사실은 '덜 먹어 보인다'는 것에 지나지 않기는 하지만 '보다 더 늙어 보인다'는 것보다는 싫지 않은 것이고 보면 나로서는 군이 내 나이를 호적대로 고지식하게 따질 맛도 없으려니와 그럴 것도 없는 노릇이 아니겠나.

그렇기에 어느 틈엔 지 나이를 낮추어 착각하거나 의식적으로 더 젊게 의식하려는 버릇이 생겼는지도 모른다. 그럼에도 불구하고 60이란 숫자는 어쩌면 토속적인 마력이라도 지닌 듯이 요즈음 와서 부쩍 내게 강박(强迫)해 오고 있는 것이다. 60이란 숫자는 환갑이란 숙어로 둔갑을 하고 있을 뿐만이 아니라 '억지 춘향'이란 말도 있기는 하지만 '억지 환갑'도 있을 법한 일이고 보면 자칫하다가는 내 자신 싫건 좋건 간에 '예순 살'은 먹고 볼 수밖에 다른 수가 없을는지도 모르겠다. 남들이야 믿건 말건 내 자신 그것을 의식하건 말건 '60'은 한 획도 틀림이 없는 내 나이임에 틀림이 없다는 말이다.

그러나 나는 여기서 한번 더 둔갑해 보는 것도 무방할 것 같다. 그것은 다름이 아니라 "예순 살만 한 번 먹고서는 이제는 둔로(遁路)로 취하여 거꾸로 먹어 보자"는 것이다. 전진하여 앞으로 가보자니 자고로 인생칠십고래희(人生七十古來稀)라 날 같은 위인이 고희에 들 것 같지 않은 지라 아예 후퇴하는 것만 같지 못할 것이요 공자 같으신 분이 70에 인생의 극치에 도달하였으니, 날 같은 위인이 어찌 그런 70을 바라볼 수 있을까 하는 뜻에서 일단 후퇴했다가 다시금 멀리서 그를 바라다보고 싶기도 하기 때문이다.

그렇다면 '인생은 60부터' 하는 구호도 있을 법하지 않은가 싶다. 달리 말해서 회갑은 인생의 종착지가 아니라 아마도 시발점일 수도 있기에 말이다. 나는 이제 60의 정상에서 다시금 새해를 맞게 되나 보다. 그리고 보면 재경술(再庚戌)이야말로 내게 있어서는 '이순(耳順)의 역류(逆流)'의 해인지도 모르겠다. 사실상 50, 40으로 거꾸로 먹을 수만 있다면 천하에 그 이상의 쾌사(快事)는 또다시 없을 것이 아닌가 말이다(전남대학보 1969.12.11).

호랑이 애칭으로 불리던 그이

　우리들이 이층 교실 창문을 열고 '호랑아!' 하고 외치면 으레 그 밑으로는 한 사람 스승이 지나가게 마련이다. 그의 코밑수염은 팔자수염으로서 코밑에서 길게 뻗어 끝이 위로 치솟았으니 일제 때는 인단(仁丹)수염으로 통하고 외풍을 섞인 자로서는 돈키호테를 방불하게 하는 수염이라고 할 수밖에 없다.

　'호랑이'의 애칭으로 불리던 그는 그로서 만족하는 표정이다. 대개 시속 학생들은 예나 시방이나 선생의 별명을 짓기를 좋아하고 그러한 별명일수록 거개가 희롱조가 많아서 듣기에 민망한 것들이 많은데 호랑이쯤이야 싫어할 이유가 없다. 그러므로 그는 '호랑아'라는 대성질호 속에서도 그저 싱글벙글할 따름이었다.

　그러한 호랑이는 다시 말하면 우리들이 사랑하던 이 호랑이는 일제말기에 이르러서는 D신문사 수위로 겨우 호구해야 할 만한 처지가 되었다. 그는 C고보에서 퇴출당하여 가두의 호랑이가 되었던 것이니 그가 그렇게 되기까지에는 깊은 사연이 있는 것이다.

그는 요즈음 말로는 C교의 체육교사에다가 훈육주임을 겸하고 있었다. 조회 때면 천여 학생이 정렬하되 그의 앞에서는 숨잔 호수처럼 조용하고 잔잔하지 않을 수 없다. 그의 추상같은 호령에 습곡하지 않을 수 없는 데에 그의 호랑이로서의 위풍이 있다. 그는 그의 명령불복종을 용서할 줄 모른다. 이러한 때에 '호랑아' 부를 수 있는 용력 있는 학생은 있을 수 없다. 그러나 시간 외의 '호랑이'는 언제나 미소 짓는 그이다.

요즈음 학생들과는 달리 그때는 다방이 없어서였는지 모르지만 중국인 호떡집이 방과 후의 굴풋한 배 속을 달래는 곳이었다. 그러한 곳에서 학생들 속에 섞인 '호랑이'를 발견하기란 그리 어려운 일이 아니었다. 때에 따라서는 '호랑이'에게 끌려가는 학생들도 있었으니 호랑이에게 주머니를 털려도 그리 싫지는 않은 양하였다.

그렇다고 해서 그것이 명조(明朝)의 조회에 작용하여 열외의 용서를 기대하였다가는 실망할 것이다. 그는 한 급우의 잘못을 발견할 때에는 급우 전체의 공동책임을 묻는다. 그리하여 장벌로써 임하니 전원이 매를 맞는다. 어제의 '호떡' 친구라고 해서 장세가 결코 가볍게 내려지는 것도 아니다. 그가 학생들을 다루는 솜씨는 특이하였기 때문에 서울 장안에서도 그의 이름이 널리 퍼졌다.

그는 겨울에도 스파르타식으로 알몸훈련을 시키었고 게다가 단병접전(短兵接戰)의 격돌을 즐겨 훈련시켰다. 이는 마치 유사시에 쓰자는 군사훈련을 방불하게 하였던 것이다.

그의 말솜씨는 그리 달변이랄 수는 없다. 그러나 우리들이 더러 '쓸개 빠진 놈'이니 '얼빠진 녀석들'이니의 속어를 섞어 써가면서 열을 올릴 때에는 마치 우리들은 숨 죽은 송장처럼 숙연하지 않을 수 없다. 그의 언언구구는 열혈청년의 애국지성 그것이었기 때문이다.

그는 일개 무인이었고 시방의 나의 기억으로는 그는 결코 유식한 학자풍의 인물은 아니었다. 그러기에 그가 일제의 눈초리에서 배겨나지 못하고 급기야 학교를 쫓겨나서 기자의 직을 얻지 못한 채 수위로 들어가게 되었을 것으로 짐작한다.

이제 어언 30여성상이 지난 오늘에 있어서도 나에게 많은 지식을 부어준 수많은 스승들 중에서도 '호랑아' 부르던 그 이만이 눈앞에 선하다. 그는 지식인이었다기보다는 성실한 인간이었음에 틀림이 없다. 그가 일군소위로서 부하를 데리고 야음을 타서 압록강을 건너가다 붙잡힌 이야기는 유명하다. 그리하여 군복을 벗고 교직에 머무르게 되었다고 해서 어찌 고기가 물을 잊고 범이 광야를 잊을 수 있으랴! 그는 아마도 우리 학생들을 천군만마로 보았는지 모른다. 망국의 한을 가슴에 안은 채 수위로 종언을 고한 '호랑이' 스승의 모습이 해방 20년의 오늘에 이르러 더욱 애달플 따름이다.

그와 함께 또 다른 나의 스승 한 분은 해방따라 장관에 총리까지 지냈으니 우리 '호랑이'도 시세를 탔더라면 국군의 고위장성으로서 국가에 대한 공훈이 또한 이만저만하지 않았을 것으로 여겨지는 만큼 이에 인생의 격차가 이렇듯 무상함을 스스로 느끼지 않을 수 없다.

아침논단
─누가 내게 돌을

5월이 한창 익어가고 있다. 신록이 우거진 앞뜰에는 어느새 영산홍이 붉게 타오르고 있다. 1,000여 명이 한꺼번에 소리 높여 외쳐대던 선거바람도 이제 잠잠해지고 누구도 탓할 길 없는 선거의 결과는 이 좁은 조국강산을 네 개의 빛깔로 갈라놓고 있다.

왜 이런 결과를 낳게 하였을까. 나는 가끔 엉뚱한 생각을 곧잘 하는 버릇이 있어서인지 모르지만 여기에는 우리들의 힘으로는 어찌할 수 없는 하늘의 깊은 뜻이 깃들어 있음을 느끼게 한다. 그게 무엇일까.

지나쳐버린 아무것도 아닌 일이지만 이번 선거의 개표과정에 있어서 컬러TV의 지대한 공로(?)가 있었다면 그것은 다름이 아니라 각정당의 당색이 각 지역별로 분배되어 그것이 지역감정이라는 괴물로 바꾸어놓는 데 크게 기여했다는 사실이다. 그것이 만일 흑백TV였다면 그의 연출효과는 전무했을 것이 아닌가.

우리나라 속담에 "자라 보고 놀란 가슴 소댕 보고 놀란다"는 게 있지 않은가. 이 사색당색을 보는 순간 조선조 500년을 사색당쟁으로 지새운 악몽의 역사를 연상케 됨으로써 나만의 놀람에 그칠 수 없는 일대사건이 아니었다고 할 수 있겠는가.

그러나 나는 굳게 믿고 싶은 것이다. 그것은 또 다름 아니라 하늘은 결코 사색당쟁을 되풀이하지 않을 선량한 우리 백성들을 저버리지 않으리라는 사실을 굳게 믿고 싶은 것이다.

나는 요즈음 신문논조나 애국시민의 소리를 듣자면 모두 다 걱정거리인 지역감정의 일소를 위하여 열을 올리고 있다. 그러나 진정 지역감정이란 없어야 하는 것이며, 없앨 수 있는 것이며, 그처럼 일소해버려야만 하는 것일까.

결론만을 이야기한다면 애향심의 변형이라 할 수 있는 지역감정이란 어느 때 어느 곳에서나 자연히 생겨날 수 있는 것이요, 그처럼 있는 것이기 때문에 억지로 없앨 수 없을 뿐만 아니라 그것은 없애야 하는 대상이 아니라, 어쩌면 고이 길러야 할 향토문화 창조의 원동력이라고 해야 할는지 모른다.

즐거우면 노래하며 춤을 추고 원통하면 땅을 치며 통곡하는 것이 무슨 죄가 되며 그런 감정을 없애라는 지시를 누가 내릴 수 있단 말인가. 그런 의미에서 한 지역감정이 네 개의 색깔로 변하여 이번처럼 TV효과를 100% 내게 한 것은 그 누구가 만들어 낸 것도 아니요, 나타난 사실 자체만을 겸허하게 받아들일 도리밖에 다른 수가 없지 않은가.

나는 가끔 태극기의 두 빛깔을 생각해보곤 한다. 붉고 푸른 두 빛깔이 하나의 원을 이룸으로써 조화의 극치를 상징하고 있지 않은가. 지금까지 우리들은 이러한 태극기의 상징적인 원리와는 다른 승자의 오만과 패자의 투쟁만을 경험해오지 않았는가. 그럼으로써 우리들에게 남는 것이 무엇이었던가. 이번 선거의 결과는 승자의 오만을 꺾고 패자의 투쟁을 누그러뜨린 하늘의 깊은 뜻이 스며 있지 않나 싶은 것이다. 이제 우리들은 오만을 버리자. 그리고 투쟁의 목청도 가라앉힐 때를 맞은 것이다. 그리하여 남과 더불어 살아야 하는 대조의 멋을 창조할 때 하늘은 비로소 우리의 편이 되어 줄 것이다.

남을 탓하지 말자. 남의 빛깔을 나무라지도 말자. 너와 나는 한 울 안에서 살아야 할 가장 가까운 이웃이 아닌가. 태극기의 두 빛깔이 그러하듯이…….

나는 돌이켜보건대 국초에 세자의 난을 피하여 이 호남지역 궁벽진 곳으로 낙향한 선조 이래 줄곧 여기서 살아온 전라도 토박이다. 토박이는 어찌 나뿐이랴. 그리고 또 어찌 전라도뿐이랴. 가는 곳마다 물씬 풍기는 토박이들의 냄새 빛깔 그리고 사투리…… 얼마나 아름다운 정경인가. 그러기에 나는 고향을 사랑하고 무등산에 오른다. 그러기에 고향의 기쁨은 내 기쁨이요, 고향의 괴로움은 내 괴로움이요, 나아가서 고향의 한은 내 한으로 응어리질 수밖에 없지 않겠는가. 그것을 지역감정이라 한다면 얼마나 아름다운 감정인가. 누가 날더러 버리라 할 수 있으랴. 성서의 한 여인에게 아무도 돌을 던지지 못한 것처럼 어느 누구도 내게 돌을 던지지 못하리라.

그러나 이렇듯 순수한 지역감정이 만일 남을 해치는 반목과 갈등의 씨앗이 된다면 그 순간 신의 진노를 감당하지 못하리라는 사실을 알아야 할 것이다.

호남의 김제 만경 뜰의 가을에는 황금의 물결이 출렁거린다. 갈재를 넘어 영산강을 굽이돌아 이곳저곳 문화유적들을 기웃거려보면 아직도 세속에 물들지 않은 자연풍광이 우리들을 즐겁게 해 줄 것이다. 호남의 황금벌은 만천하 동포들을 언제나 변함없이 따뜻하게 맞이할 것이다. 황색바람은 결코 거칠기만 한 바람이 아니기 때문이다.

아침논단

—다도해의 기적

    직장에서 시내로 들어가는 길목에 있는 광주역 광장에는 보란 듯이 눈에 띄는 큰 숫자판이 우뚝 서 있다. 이름하여 인구표지판이다. 시시각각으로 늘어나는 인구수를 우리들에게 알려줌으로써 우리들의 경각심을 돋우자는 뜻에서이리라.

    얼마 전에 그 숫자는 이미 4,000만을 넘어섰고, 요즈음은 거기에 달린 토가 200만을 지나 300만에 육박하고 있다. 이러한 추세라면 자랑스러운(?) 5,000만도 코앞 일이 아닌가 싶다. 그런데 이와 함께 또 하나의 자랑스러운(?) 사실의 하나는 서울인구가 1,000만 명을 돌파했다는 소식이다. 어쩌자고 이렇게 한쪽으로 부풀기만 하는 것일까.

    인구의 도시집중은 현대 산업 사회의 피치 못할 현상이기는 하지만, 그렇다고 해서 결코 이를 좌시하고 있을 수만은 없는 것이 오늘의 우리들의 고민이 아닐 수 없다. 그렇다면 이러한 병적 현상을 어떻게 하면 바로잡을 수 있을까.

    들건대 서울 도심인구의 소산을 위하여 강남개발을 서둘렀다 하거니와, 이제 그 결과는 곪는 팽창부위를 넓혔을 뿐, 소위 전국토의 균형발전이라는 안목에서 따진다면 강남 강북이 도시 온통 서울일 따름이 아닌가.

지금은 설령 휴전선이 허리를 댕강 잘라놓고 있기는 하지만, 우리 한반도 삼천리 강산은 언제고 하나일 수밖에 없지 않는가. 그러한 의미에서도 서울의 만복(滿腹)현상은 우리의 걱정거리의 하나가 아닐 수 없다.

그러나 국가발전을 상징적으로 표현할 때 우리는 흔히 라인강의 기적처럼 한강의 기적을 자랑하고 한다. 그것은 마치 한강의 물줄기야말로 한국의 젖줄인 양 서울로 서울로 향하는 우리들의 마음을 더욱더 설레게 해준다. 서울의 올림픽 또한 그러한 뜻에서 서울의 매력을 더욱 돋워줄 따름이 아닌가.

그러나 이제 우리는 조용히 그리고 곰곰이 생각을 가다듬어야 할 때가 되지 않았나 싶다. 그러므로 우리가 살고 또 영원히 살아남아야 할 우리의 조국강산은 위로는 백두산이 천지를 이고 있고, 밑으로는 다도해가 창해의 푸른 물결 속에 묻혀 있음을 알아야 한다. 백두산이야 아직도 이를 챙길 기약이 막연하지만, 다도해는 한강과 더불어 우리의 품 안에 안겨 있는 우리의 기름진 바다가 아닌가. 그럼에도 불구하고 우리는 우리의 다도해를 깍듯이 보살펴 본 일이 있는가.

언젠가 영산강이라는 TV지역 프로그램에서 이 지방 전라도 도공의 애환을 방영하여 많은 시청자들의 감명을 돋우어 준 일이 있다. 그때의 주역이었던 탤런트 김난영의 죽음은 이 고장사람들의 마음을 아프게 한 기억이 아직도 새롭거니와, 이렇듯 이곳 전라도의 영산강은 언제까지나 도공의 그 옛날의 애환과 더불어 회상의 눈물 속에 묻어만 두어야 한단 말인가.

다도해는 말이 없다. 그러나 영산강의 숨결은 지금도 쉬지 않고 다도해의 물결과 더불어 출렁이고 있는 것이다.

요즈음 세태는 많이 달라져 가고 있음은 숨길 수 없는 사실이다. 소위 강토의 서남개발이라는 명목으로 그동안 소외되었던 지역의 개발을 서두르는 추세는 뚜렷하다. 그러나 그것은 도로를 개통한다 아니면 공업단지를 조성한다. 항만시설을 확충한다는 따위의 가시적 효과를 나타내는 것들로서 보다 더 긴 안목에서 볼 때 한강의 기적처럼 다도해의 기적을 낳을 수 있는 마스터플랜을 우리는 지금 가지고 있는 것일까. 국토의 서남쪽 바다에 깔려 있는 1,000여 개의 섬들이 버려진 듯 내팽개쳐 있고, 이제 겨우 몇 개의 섬고을에 연륙교가 가설되기는 하였지만 그것은 다도해의 기적을 낳기 위해서는 한낱 빙산의 일각에 지나지 않는다.

다도해는 기이하게도 동에는 거문도의 백도가 있고 서에는 흑산도의 홍도가 있다. 풍광이 뛰어난 이 백-홍도가 다도해의 두 날개처럼 펼쳐 있음에도 불구하고 대부분 홍도만 알고 백도는 모르니 딱한 노릇이 아닐 수 없다. 잔잔하고 평화로운 다도해의 물결 속에 울두목(鳴梁)이라는 사나운 격랑의 소용돌이 속에서 하늘은 충무공으로 하여금 예서 왜군을 전멸시키도록 하였으니 이 하늘의 깊은 뜻을 아는 자 몇이나 될까.

완도 청해진은 장보고의 웅도가 아직도 서려 있는 곳이요, 거기서 바다 건너 보길도에는 윤고산의 시정이 아직도 서려 있다.

도시의 혼탁에 때묻지 않은 자연의 은혜를 그대로 간직하고 있는 우리 다도해는 서울인구 1,000만쯤 쏟아놓아도 그대로 포용할 수 있는 우리의 소위 미개발지역인 것이다. 그런 의미에서도 우리는 한강의 기적 못지않은 다도해의 기적을 지켜보아야 할 때를 맞고 있는 것은 아닐까.

오십이학(五十而學) 한글
—우리 할머니의 유산

  하필 경술생이라 경술국치와 더불어 오늘까지 살아온 자신의 반
백기록(半百紀錄)에 무슨 보잘 것이 있으랴! 지꺼분한 추억 속에서
그나마 앞으로나 큰 죄 작은 죄 할 것 없이 죄나 짓지 않고 살고 싶
기는 하지만 사람이란 제가 뿌린 씨를 제 손으로 거두게 마련인지
라. 반백 년 뿌린 잘잘못의 씨를 시방도 거두고만 있다. 전에 그렇지
만 않았던들 오늘에 이렇지는 않았을 것을 하는 후회만이 언제나 내
뒤통수를 꼭 누르고 있다. 따지고 보면 이런저런 일 모두 잊어버리고
인제부터라도 새로운 희망을 가져야겠는데 부질없는 「비망록」이 내게
있을 턱이 없고 있다손 치더라도 이를 불살라버리고 싶은 처지다.

  새로운 희망이란 이야기가 났으니 말이지 앞서 반백 운운한 그것
은 결코 나의 자랑도 아니요 반백의 신생황혼을 서글퍼하는 심정에
서도 아니다. 지난 반백을 깨끗이 잊어버리는 오히려 망우록(忘憂錄)
으로서의 앞날의 기록을 가져보고 싶은 심정에서다. 인제부터라도
초년병이 장군을 꿈꾸는 것과 같은 꿈을 꾸어보고 싶어서인 것이다.

아닌 게 아니라 아는 사람은 다 알다시피 아흔하고도 또 다섯 살이 되는 우리 할머니가 아직도 정정하신데 시방도 '수불석권(手不釋卷)'의 책이 『성경』이다. 이 『성경』을 어느 때부터 읽으셨느냐 하면 시방으로부터 40여 년 전 그의 나이 쉰세 살 때부터이시다. 그때 나는 아직도 할머니의 무릎 위에서 잠을 이루던 시절인지라 그 이전의 일이야 들어 아는 일이 많지만 어쨌든 할머니 오십 이전에 글을 배우시지 않으신 것만은 틀림이 없다. '필요는 발명의 어머니'란 말을 흔히 많이 쓰고 있지만 '성경을 읽어야 할 필요에서' 할머니께서는 '한글' 그때는 '언문'을 공부하시었고, 공자도 '오십이학역(五十而學易)'이라 하지만, 할머니께서는 그야말로 문자 그대로 '오십이학(五十而學)한글' 하신 후 오늘까지 줄곧 40여 년의 반생반백을 오로지 독(讀) 『성경(聖經)』으로 즐기고 계신 것이다.

쉰에 글을 배우셨다는 사실 한가지만으로도 나는 이 기록의 쪽지를 언제나 가슴속에 간직하고 싶은 것이다. 말로 가르쳐주신 교훈보다도 더 생생한 희망의 씨를 이 가슴속에 깊이 심어주신 것이다. 아직도 고향에서 성경과 기도와 60이 넘으신 따님 '우리 고모님'과 함께 그날그날을 보내고 계시지만 나는 할머니를 생각하고 또 뵈올 때마다 그에게 만일 '오십이학(五十而學)한글'이 없었다면 그의 반백의 여생은 얼마나 쓸쓸하고 황량했을까 생각만 해도 아슬아슬함을 느끼는 것이다. 내가 만일 나의 비망록을 불살라 버린다고 하더라도 어찌 이런 일을 불사를 수 있으랴! 시방부터라도 늦지 않다는 희망과 용기를 갖게 되는 것은 아직도 살아 계시면서 나에게 전해주시는 우리 할머니의 위대한 유산이 있음을 내 어찌 잊을 수 있으랴! 이 유산은 만인이 나누어 써도 닳지 않을 유산이요 오히려 나누어 쓰면

나누어 쓸수록 마치 먹고 남은 떡 부스러기가 열두 바구니 되는 것
처럼 불어만 나는 유산임으로 무릎을 꿇고 받드는 것이다(호남신문
4291.11.13).

학창여묵(學窓餘墨)

—유의변(儒醫辯)

희랍의 의성 Hippocrates(475~459 B.C.)는 그의 조행론(操行論) 중에서 "의사이면서 동시에 철학자인 자는 신과 같으리라" 이렇게 말하였다 하거니와 그렇다면 의사도 아마 철학공부를 롭롭히 해야 할라나 보다. 히옹(翁)을 일러 태서의약(泰西醫藥)의 조(祖)라 하거니와 의조의 말이 이러하거늘 귀담아 듣자올 경황이 없음이냐! 어쨌든 히옹(翁)의 일언을 다시금 음미하여 보고 싶은 시절이 된 것만 같다. 히옹(翁)이 말한바 신에 가까운 그러한 위인을 동방의 우리 선인들은 '유의'라 불렀다.

전문의이란 점에서 볼 때는 내과니 외과니 이비인후·안·피부 등등이 있겠고 동방식으로는 식의·질의·창의·침의 등등이 있어 그들은 물론 각자가 다 탁월한 권위를 세우고 있으나 보다 더 높은 자리에 유의를 앉히려는 것은 어찌 다 히옹(翁)만의 절실한 감회이랴!

신의건 유의건 있기만 한다면 우리는 언제나 상좌에 모시지 않을 수 없는 것이다.

왜 그럴까? 좀 까다로운 논맥(論脈)이 될는지 모르나 기왕 나온 말이니 그대로 줄거리를 한 번 들어보자.

유란 선비의 칭이니 선비란 치국의 대의와 평천하의 도의를 논하는 부류들이라. 시정의 쌀값 따위를 물어서는 안 되는 족속들이다. 요새처럼 쌀값이 뛰어오르면 어찌 그 값을 안 묻고 견디랴마는 아마도 이곳에 정신이 팔려서는 안 된다는 뜻이겠지. 어쨌든 유생이란 송나라 범문정(范文正) 희문(希文)의 말과 같이 "천하의 걱정을 내가 먼저 걱정하고 천하의 즐거움을 그 나중에 즐기라"고 한 그것이라면 유의란 "환자의 걱정을 내가 먼저 걱정하고 환자의 즐거움은 나중에 즐기는" 그런 것인지도 모른다. 아니 그런 것일 것이다. 그러기에 범문정은 다시 말을 이어 "천하의 양상(良相)이 못된 바에야 반드시 천하의 양의(良醫)가 되라"고 하였으니 유도와 의도란 이렇듯 서로 통하는 길이기도 한가 보다.

이는 다름이 아니라 현세의 난륜을 바로잡아 인생 70 향락을 누리게 하여 줌은 유자의 본무(本務)려니와 인체의 변조를 바로잡아 병마의 신고에서 해탈케 하여 주는 자는 의자이니 때에 따라서는 불자의 염불이나 성도의 기도보다도 한 사람 의사의 손길에 구생의 영광이 빛나는 수도 없지 않기 때문이다. 생노병사의 인생고에서 영생의 길을 열어주는 자가 신에 가까운 성자라고 할진대 병사의 구렁에서 재생케 하여주는 의자의 행술은 바로 신의 행적인 동시에 천의 비호나 다름이 없지 않느냐!

그러므로 의란 소기(小技)이면서도 천하의 대도를 걷는 유의 행세(行世)와 동일시하지 않을 수 없다. 유나 철학은 천하의 병을 다루고 의란 일신의 병을 고치는 그런 점만 다르다 할까! 그들이 병을 다루고 고치는 솜씨와 그의 결과에 있어서는 오히려 일여의 입장에 있다는 것이다. 이전 사람들이 의사를 부르되 재야선비의 칭으로 생원(生員)이라 하였고 오늘의 Doctor는 곧 선생의 칭호로 통한다 하거니와 어쨌든 스승의 존칭으로 예우하는 소이는 의란 업이 아니라 행도이기 때문이 아니겠느냐? 무녀도 병을 다루고 행상도 약을 팔지만 그들을 향하여 선생이라 부르지 않고 만백성이 양상(良相)의 앞에 무릎을 꿇듯이 오직 유의의 앞에서만—히옹(翁)의 말을 빌리자면—동시에 철학자인 신에 가까운 의사의 앞에서만 무릎을 꿇는 환자의 심정은 짐작하고도 남음이 있을 것이다.

그러므로 유의란 치국의 경륜으로 치병하는 의자를 지칭함이라 할 수 있으니, 그렇다면 의자란 동시에 인자인 것이요 의술은 곧 인술이요 약은 성약이라 하지 않을 수 없다. 성약이란 새겨 말하면 성자의 약이란 뜻이거늘 행상의 약업은 결코 아닐 것이다.

그런데 의학이란 학이 하나의 기술의 학이 되고 노방의 영업으로 전락한다면 어찌 되겠는가! 천하의 중생은 누구를 믿고 살며 광제창생의 대도는 어느 목에서 찾아야 할 것인가? 이제 다시 한번 히옹(翁) 불멸의 명언을 외우자면 "의사가 동시에 철학자가 되면 신과 같으리라."

그렇다. 신의의 앞에서만 중생은 제도될 것이요, 유의의 현현만을 창생들은 기다리고 있다. 호변가 맹자의 말투를 그대로 빌리자면 "백세 이후에 또 다른 선변객(善辯客)이 나오더라도 이상의 논변은 다시 달리 변통하지 못할 것이다"라고 감히 결론을 맺어두지 않을 수 없다.

학창여묵(學窓餘墨)

─요산요수(樂山樂水)

　학업에 지친 몸을 풀 길 없는 도시의 장막 속에서 고작해야 극장이나 다방순례 순간을 즐겨야 하는 동안에 어느덧 봄은 가고 또 여름이 다가왔다. 여름이라고 하기보다도 즐거운 방학이 학창의 문을 두들겨 준 것이다. 훨훨 날고라도 싶은 방학이 되지 않았느냐!

　벗들아. 책은 잠시 덮어두자. 덮어서 책장에 꽂아두자. 우리의 방학은 우리의 해방인 것이다. 글자 그대로 학창에서의 해방인 것이다.

　새는 공중을 날고 고기는 물에서 뛴다. 바로 생을 즐기는 그들의 모습인 것이다.

　옛 시에(『시경(詩經)』 「대아(大雅)」 한록장(旱麓章))

　솔개는 하늘에서 날고 끼는 연못에서 뛴다.[鳶飛戾天 魚躍于淵].

라 하였지. 산에 올라 창공을 호흡해 보라. 세속의 군색함을 느낄 것이요, 갯가로 나아가 대양을 바라보라. 지긋이 달려드는 물결은 그대의 우뇌(憂惱)를 씻어주고도 남음이 있을 것이다.

산과 바다. 우리를 길러주는 대자연이란 기껏해야 산과 바다일 따름이니라.

산의 정숙과 바다의 선율.

화공이 교치(巧緻)가 제아무리 지극하다 한들 산상의 청풍은 어찌할 수 없을 것이요. 악성의 조음이 제아무리 황홀하다 한들 계류 창파의 만뢰(萬籟)는 어찌할 수 없을 것이다. 고요한 서재에 묻혀 만권 서책을 물리치고 천고의 명현들과 벗함도 백면서생의 지락(至樂)이 아님이 아니로되 때로는 산승을 찾아 정담(情談)한 설(說)로 하루 밤을 새워봄 직도 하고 때로는 범선에 몸을 싣고 갈매기와 더불어 짝이 되어 봄 직도 하지 않을까? 그렇듯 여름방학이란 산수와 더불어 친할 수 있는 좋은 기회이거늘 자칫하면 귀중한 50일을 허송하기 쉬운 것이다. 그야 누구나 다 제멋대로의 계획이 없지야 않을 테지! 그동안 밀린 것을 정리하기로 하고 두셋이 짝을 지어 놀 터를 골라 보기도 하고 더러는 돈 없으니 갈 곳 몰라 망연자실하기도 하고…….

허기야 뉘라서 이래라저래라 하겠는가마는 그래도 이 한여름을 소요로써 보내고 싶은 이가 있거들랑 이 한 말을 좀 들어두게나.

다름이 아니라 요즈음의 놀이터란 놀이터는 하나의 예외도 없이 그야말로 난장판이요, 도박장이요, 값싼 향락의 경연장이란 말이다.

값없는 청산이요 임자 없는 명월이니 그렇게 짓밟아도 좋다는 거냐! 그럴 바에야 차라리 무더운 여름일망정 이불을 쓰고 방 속에 묻혀버리는 것만 같지 못하리라. 차마 볼 수도 없고 보기도 싫기 때문이다.

전 사람들의 소풍은 그렇지 않았다. 그대는 노유(老儒)의 침두(枕頭)에 걸린 한 폭의 산수도를 구경한 일이 있는가? 동양화의 극치라 일컫는 산수도를 말함이니 필치의 정교는 작자의 수법에 달렸겠지만 구상(構想)은 일양(一樣)이라 산중 경로(徑路)는 선인 동자가 거닐고 원포귀범(遠浦歸帆)은 언제나 인생의 무상을 속삭여주는 듯하지 않더냐. 조옹(釣翁)은 고기를 낚되 머지않아 염왕(閻王)은 그를 낚으러 올 것이요, 선인과 동자는 앞서거니 뒷서거니 인생의 험로를 오르고만 있을 것이다. 뉘라서 청춘은 늙지 않는다 하더냐! 몸과 마음이 함께 늙지 않기를 바람 직도 하지만 그렇지 못할 바에야 늙은 몸에 청춘의 마음을 가져보는 것도 좋다. 산비탈의 노송은 우리에게 만년청(萬年靑)의 절의를 느끼게 하고 물구비 물오리떼들은 우리에게 청춘의 단악(團樂)을 보여주고 있지 않느냐?

심교(心交)의 벗 두서 너덧이 모여 수석 좋은 곳을 찾아 가벼운 발걸음을 옮겨봄 직한 여름이 되었다. 내일을 위한 오늘의 한적(閑適)이 또한 우리 생활에도 필요한 것이다. 대자연 아니 산수는 언제나 우리들을 위하여 쉬어 갈 만한 놀이터를 마련해놓고 있는 것이다.

그러나 시속풍조는 어떠한가. 우리나라 우언에 "남이 장에 가니 나도 장에 간다"는 격의 노름으로 딸기밭이 그렇고 해수욕장이 그렇지 않느냐!

청유(淸遊)란 생활의 휴식이요, 왕유강산(往遊江山)은 현세의 극락인 것이다. 오히려 인적부도(人跡不到)의 한가한 산수를 찾아 즐겨봄 직한 우리의 방학이기도 한 것이다(전남대학보 단기4288.7.15).

학원만보(學園漫步)

—신량입교허(新凉入郊墟)[1]

농부에게 있어서의 가을은 추수의 가을이요, 선비에게 있어서의 가을은 독서의 가을이니라. 농군이 추수를 게을리 할진대 일 년을 굶주려야 하고 선비가 독서를 등한히 할진대 평생을 그르치고 말 것이다.

농군의 실농(失農)이 어찌 그 사람의 처자만을 굶주리게 할 것이냐. 천하가 그로 인하여 굶주려야하듯이 사인이 글을 읽지 않으면 어찌 그 사람의 생애만을 그르치게 될 것이냐. 천하의 난이 그로 인하여 이룩되기도 하는 것이다.

이제 우리는 가을철을 맞이했다. 농군은 낫을 들고 들로 나가야 할 때이지만 학도들은 등화(燈火)를 켜고 맑은 정신을 가다듬음 직한 시절을 만난 것이다.

가을로 접어들면 하늘만이 맑아지는 것이 아니라 벌레소리마저 상냥해지고 풀벌레소리만이 상냥해지는 것이 아니라 우리들의 머리

---

1) 한유의 시에 "時秋積雨霽 新凉入郊墟 燈火稍可親 簡編可卷舒"라 하였다.

속도 따라서 상쾌해지기에 우리는 이 계절을 만나면 절로 독서의 삼매에 젖고 싶어지는 것이다. 때가 이르니 처서(處暑)는 장림(長霖)을 쫓아 백로(白露)는 신량(新涼)을 맞이해 주는구나. 어찌 교외의 새마(塞馬)만이 살찔 시절이겠느냐. 묻어두었던 간편(簡編)을 펴놓고 독서로 배불러봄 직한 우리의 가을을 우리도 맞이한 것이다.

신량(新涼)이 교허(郊墟)에 드니 야인(野人)의 궁치도 들먹여지려니와 추풍(秋風)이 적진(積塵)을 씻어주니 서가의 책자들도 선비의 구미를 돋우어줄 것이 분명하다.

소리 높여 경권(經卷)을 낭영(朗詠)해봄 직한 가을이 되었다.

춘하추동 사시절 어느 때이고 수불석권(手不釋卷)의 우리 학도들이기도 하지만 더구나 이 가을철에 있어서랴! 고요히 앉아서 읽고 싶은 책을 펴 들고 가을벌레와 함께 낭연(朗然)이 글을 읽는다고 하자. 현악의 즐거움인들 어찌 이보다 더하오리! 달빛마저 그들의 머리 위를 비추어준다면 아마도 선(仙)인가 속(俗)인가 구별조차 하기 어려운 정경을 방불케 하여 줄 것이다.

결실의 가을이요 독서의 가을이다.

농부와 학도들이 한 가지로 바빠지는 가을이 되었다. 봄은 꽃으로 설레고 여름은 더위로 느른하고 겨울은 추위로 떤다 치자. 가을은 무엇으로 핑계할 텐가. 달빛이 폭양처럼 눈부시더냐. 풀벌레도 개구리처럼 소란하더냐. 비바람이 거세더냐. 눈보라가 치더냐.

일 년이 열두 달 그중에도 이 가을의 석 달이야말로 독서자에게 있어서는 황금으로도 바꿔줄 수 없는 시절인 것이다. 천만금을 던져준다 한들 이 가을 한철이야말로 헛되이 보낼 수 없는 독서의 시절인 것이다. 학도 제군들의 가을인 것이다.

인생의 추수를 위하여 이 시절을 거저 보내지 않도록 하라. 한번 간 청춘이란 다시 곱씹어 오지 않듯이 한번 만난 시절을 헛되지 보내면 다시 되돌아와 주지 않는다.

그대들을 독서에 침잠케하기 위하여 사시가 분명한 중에도 더구나 이 가을을 마련해준 고국산천의 아름다운 절후(節侯)에 감사를 드려야 한다.

가을밤은 길고 달빛도 휘황하다. 이것저것 다 버리고 독서로 이 시절을 맘껏 한번 즐겨 보자꾸나(전남대학보 단기4288.9.2).

우리 단군은 지금 어디 계실까

　우리나라 가을하늘은 무척 맑고 또 푸르다. 더욱이 개천절 상달의 하늘은 유난히도 맑다. 우리 겨레의 마음이 거기에 담겨 있는 탓일까. 우리 단군의 밝고도 맑은 뜻이 거기에 서려 있기 때문일까.

　우리들의 국조 단군은 실상 위급한 국난을 맞을 때마다 민족공동체 의식의 결집체로서의 구실을 담당해 왔다. 이러한 의미에서 단군은 우리 민족의 뿌리요 우두머리로서 존재하고 있기도 하지만 나아가서는 국가 존망의 위기를 극복해주는 수호신으로서 항상 우리와 더불어 실존해왔다고 말하지 않을 수 없다. 몽고의 침략으로 말미암아 위기 의식에 감싸인 고려 고종은 구월산에 환인, 환웅, 환검의 삼성사(三聖祠)를 지어 단군을 국조로 모시었고 조선조 말기에는 단군교를 높이 들기에 이르렀다. 이로써 단군은 한민족의 마음의 고향이요 동시에 정신적 지주로서의 구실을 담당하여 오늘에 이르고 있는 것이다.

　역설적이기는 하지만 어떤 시대, 어떤 나라건 간에 외적의 위협을 받지 않는다면 도리어 안일에 도취하여 자멸하기 쉽다고들 한다. 그러므로 외세의 침략은 도리어 국가를 위기에서 구해 줄 절호의 계기가 되는 수도 있다. 우리 역사에 있어서도 단군이야말로 원구나 왜구의 침략으로부터 국가를 수호해 준 구심점으로서의 구실을 다했다 할 소이가 여기에 있는 것이다.

우리 한민족은 유구한 역사의 흐름 속에서 이웃 중국민족과는 동화를 거부하면서 독자적 사상과 삶의 방법을 익히며 살아왔다. 그러한 까닭에 역사 이전의 아득한 옛이야기는 그만두고라도 역사시대로 넘어오는 고비에서 이루어진 그들의 건국신화만 보더라도 이들 두 민족문화의 뿌리는 흑, 백의 두 빛깔처럼 본질적으로 서로 다르다는 사실에 우리는 주목하지 않을 수 없다. 왜냐하면 그것은 곧 우리 문화의 독자성을 반증하는 것이 되기 때문이다.

우리는 흔히 단군의 건국신화에 있어 서술적 신비성을 지나치게 곧이곧대로 받아들이는 경우가 적지 않다. 일제 식민주의사학자들에 의하여 단군신화의 신비성이 고지식하게 받아들여짐으로써 우리의 고조선시대가 부정된 것이 그 좋은 사례라 할 수 있다. 그러나 신화란 따지고 보면 역사적 실상의 신화적 서술이라는 사실을 알아야 할 것이다. 그러므로 우리는 우리의 단군신화도 결국 고조선시대 창업의 실상을 신화적 구성에 의하여 우리들에게 보여준 국조 단군의 개국설화로 이해하지 않으면 안 될 것임은 두말할 나위도 없다. 그러한 의미에서 단군신화를 중국의 삼황오제설화와 비교해본다면 전자는 신인(神人)의 신화요, 후자는 수인(獸人)의 설화라는 사실을 발견하게 될 것이다.

저 멀리 그리스 철인들은 인간을 가리켜 신과 동물과의 중간적 존재라 이르고 있다. 이러한 인간관은 인간이란 신성(神性)과 동물성

(動物性)을 동시에 공유한 자라는 의미를 간직하고 있기는 하지만 또 다른 일면에서는 인간이란 신의 경지에 도달할 수 있는 가능성을 가지고 있는 반면에 동물의 경지로 타락할 수도 있는 존재라는 의미도 내포되고 있다고 보아야 할 것이다. 그러한 의미에서 단군신화는 신의 경지로 향한 무한한 가능성을 보여주는 신화이지만 후자인 삼화오제설화는 동물성의 경지에서 벗어나지 못한 설화라는 점에서 서로 구별된다 이르지 않을 수 없다.

어쨌든 이 두 신화와 설화를 놓고, 간추려 본다면 단군신화는 신과 인간이 합일하여 '하나'가 된 신화요 삼황오제설화는 인간과 동물이 합일하여 인신우수(人身牛首) 또는 사신인수(蛇身人首)로서 '하나'가 된 신화로서 신인 또는 수인이 미분화된 사실에 유의할 필요가 있다. 정다산이 일찍이 인간을 정의하여 다음과 같이 "정신과 형체는 서로 묘합하여 이에 인간이 된다.[神形妙合 乃成爲人)"고 한 것은 인간을 형성하는 정신과 형체가 결코 둘로 분리될 수 없음을 의미한다. 형체에서 정신이 유리된다면 정신이 빠져버린 형체는 죽은 시체로 될 수밖에 없고 의지한 형체를 잃어버린 정신이 있다고 하면 그것은 유리 방황하는 허상(虛像)이기 마련이다. 그러므로 정신과 형체는 서로 분리된 상태로서는 존재할 수 없고 서로 하나로 묘합(妙合)되었을 때 비로소 인간이라는 하나의 생명체로 존속할 수 있음을 의미한다. 이러한 정다산의 인간관은 저 화랑도에 있어서의 영육일체(靈肉一體) 사상을 방불하게 하며 단군설화에 있어서의 단군의 신인상(神人像)을 이해함에 있어서도 우리들에게 시사해주는 바가 적지 않다.

설령 신화라 하더라도 그것은 신의 이야기가 아니라 인간의 이야기에 지나지 않는 것이다. 이에 인간의 참모습을 이해함에 있어서 우리의 단군신화에서처럼 진선진미(盡善盡美) 빈틈이 없는 묘사는 다른 어떤 신화나 설화에서도 찾아보기 힘들 것이다. 그것은 곧 정다산이 이른바 신형묘합의 극치를 이룬 신인 단군의 탄생설화이기 때문이다.

단군신화에서 보여주는 인간의 참모습은 신이 인간으로서 형상화한 모습(仙化)이요 신의 참모습은 인간이 선화한 모습인 것이다. 그러므로 신의 형상화나 인간의 선화는 두 개의 다른 양상이 아니라 한 인간의 신인상에 지나지 않는다. 그러므로 단군이 왕검으로서 국조의 자리를 지킬 때에는 신의 형상화로서의 왕자(王者)였지만 그가 아사달에 숨어 산신(山神)으로 선화되었을 때는 유리된 신선으로서 우리들의 수호신이 되어 우리와 함께 여기에 있게 마련인 것이다.

공자는 『논어』에서 다음과 같이 말하고 있다.

"부모 살아 계실 때는 그의 뜻을 살피고 부모 돌아가신 후로는 그가 남긴 행적을 살피라.[父在觀其志 父沒觀其行]."

이제 단군이 선화하여 산신이 된 지도 이미 수천 년이 지남 오늘에 있어서는 오로지 그가 남긴 행적(유업)을 통하여 우리는 국조 단군의 참모습을 추모할 밖에 다른 길이 없다. 그렇다면 단군이 남김 유업이란 과연 어떠한 것일까?

우리는 지금 단군왕검은 단군신화를 배경으로 하여 시월 상달에 개천한 후 홍익인간의 도로써 한 배달민족의 삶의 길을 열어 주었고 국선도(國仙道)를 기초로 하여 한문화의 전통을 확립해 놓았으니 우리의 전통이야말로 국조 단군이 남겨준 유업으로서 단군은 이 유업과 더불어 오늘의 우리들과 함께 지금 여기에 살고 있는 것이다(한배달 1987.10.10).

서두르지 말자

　결실의 가을이다. 봄에 뿌린 씨앗을 가꾼 보람이 있어 풍성한 수확을 거둔 가을이 되었나 보다. 뉘라서 농군을 게으르다 이를 수 있을 것인가. 바쁠 때엔 밤잠을 설치는 것쯤은 예사요, 뙤약볕에 비지땀은 항다반사가 아니었던가.

　결실의 가을이 결코 공짜가 아님은 너무도 자명하지 않은가.

　그럼에도 불구하고 일을 너무 서두르다 낭패하는 일은 없는가. 결실은커녕 뿌리 째 죽여버리는 어처구니없는 실패를 자초하는 일은 없는가.

　우리나라에는 남의 나라에서는 금기로 여기는 낱말이 유행하고 있다. 공사를 앞당기는 '조기달성'이다. 때를 다그쳐 일찍 공사를 마무리 짓는 성공사례를 자랑한다. 그러나 그것이 과연 순리대로 거두어진 결실이라 할 수 있을 것인가. 허약한 신체일수록 병균이 파고들 허점이 많은 법이다. 이렇듯 서두르는 틈을 파고드는 것이 부실공사가 아닌가. 옛날 와우아파트가 와르르 무너지고 근자에는 어느

도의 문화회관이 폭삭 주저앉은 일은 너무도 뼈아픈 경험이 아닐 수 없다. 우리들은 언제부터 이렇듯 서두르는 민족이라는 명예롭지 못한 딱지를 이마에 붙이게 되었을까.

나라일이 되었거나 개인의 사업이 되었거나 그것의 성공(결실)을 거두기 위해서는 농군이 가을을 기다리듯 지긋이 기다려야 함은 말할 나위도 없다. 우리나라 속담에 "의원도 삼대 공을 쌓아야 명의라는 말을 듣는다"고 하였다. 저 유태인들처럼 창업은 내가 하더라도 아들은 그것을 키우고 손자 대에나 열매를 따먹도록 해야 할는지 모른다.

지금 우리나라의 형편은 모든 측면에서 이제 바로 땅을 일구며 씨를 뿌리는 창업기인 것이다. 그러므로 가을의 결실을 거두어들일 수확의 날은 아득한 먼 훗날이 아닐 수 없다. 이에 우리들에게는 느긋하게 기다리는 마음이 필요한 것이다.

이제 세계는 하나가 되어 떠난 비행기가 눈 깜박하는 사이에 도쿄의 긴자에 닿고 저녁녘에 떠난 사람이 다음 아침식사를 뉴욕에서 즐길 수 있다고는 하더라도 우리가 일본인이 된다거나 미국 사람이 한국 사람이 되는 것은 아니지 않은가. 우리는 한국 사람으로 살아남아야만 할 숙명적인 운명의 사슬에서 벗어날 수는 없는 것이다. 그러므로 이렇듯 눈부신 변화—그것은 발전이라 해야 할는지 모른다—속에서도 살아남기 위해서는 그야말로 우리들은 슬기로운 지혜를 가다듬지 않으면 안 되리라는 사실은 다시 말할 나위도 없다.

첫째, 우리들 자신의 모습은 태극기의 그것처럼 모양이나 색깔이 뚜렷하여야 한다. 그것은 하나가 된 세계 속에서의 내 자신의 위치를 확인하기 위해서 더욱 그래야만 하는 것이다. 서울 올림픽 광장에 내걸어 놓은 참가국들의 국기를 보았는가. 올림픽 참가국 백육십 국의 국기가 나부끼는 찬란한 모습을 우리는 볼 수가 있었다. 그러나 놀라운 사실은 그 모두가 하나도 같은 것이 없이 제각기 제 나라의 특색을 간직한 국기를 내걸었다는 사실이다. 그러므로 우리는 하나가 된 세계와 더불어 살아남기 위해서는 태극기처럼 자신의 뚜렷한 참모습을 간직하고 지켜 나가야 할 것이다.

둘째, 깡충거리는 토끼와 같은 선두주자가 되는 것보다는 차라리 미련한 듯하지만 성실한 거북이가 되어야 할 것이다. 우리들은 지금 늦게 출발한 레이스선상에서 선두주자를 뒤쫓고 있는 실정이라 해야 할는지 모른다. 그러면 그럴수록 성실한 우리 자신의 축적된 힘만이 필요한 것이다. 나는 가끔 어려운 고비에 부딪칠수록 옛 선각자의 말을 되새겨보곤 한다. 불성(不誠)이면 무물(無物)이라는 말이 있다. 정성과 성실이 담겨 있지 않는다면 아무것도 없는 것이나 다름없다는 뜻이다. 물건 하나를 만들어 내거나 아파트 한 채를 짓는 공사에 있어서나 거기에 담겨진 정신이 가미되지 않는 한 결코 남과 겨루는 피나는 경주에서 이겨 남지 못하리라는 것은 불을 보듯 뻔한 일이다. 거짓이란 정성의 정반대이기 때문임은 다시 말할 나위도 없다.

끝으로 세 번째는 모든 일을 멀리 내다보는 느긋한 마음으로 서두르지 않는 여유가 우리들에게 필요하리라고 본다. 아침에 떠오르는 해를 보라. 새벽녘 서쪽 산너머로 자취를 감추는 달을 보라. 언제나 다름없이 낮과 밤을 지켜주는 해와 달이건만 그들은 조금도 쉬지 않고 움직이고 있으면서도 어디 서두르는 눈치를 우리들에게 보이던가. 우리들은 그들에게서 배우자. 쉼이 없이 일하면서도 서두르지 않는 여유를 배우자는 것이다(월간 밀물 1988.10월호).

오복설(五福說)

   사람이 세상에 태어날 때 복(福)을 받고 싶은 것은 당연 이상의 당연이 아닐 수 없다. 그러나 복이란 골고루 받게 되는 것일까. 아니면 복(福), 불복(不福)이란 따로 있는 것일까. 도대체 우리는 무엇을 일러 복이라 하는 것일까. 생각할수록 알쏭달쏭한 것이 또한 복이란 것인지도 모른다.

   흔히 다복(多福)한 사람을 일러 오복(五福)을 갖추었다고 하거니와 그러면 오복(五福)이란 무엇 무엇을 가리킨 것일까.

   옛날 『서전(書傳)』이란 책의 「홍범(洪範)」편에 "덕성을 닦고 편안히 생을 마감하는 것(修好德 考終命)"이라 하였다. 수(壽)를 첫째로 꼽는 것은 사람이 살고봐야 다른 복(福)도 뒤따르기 때문인지도 모른다. 수호덕(修好德)은 바른 생활을 즐기는 것이요, 고종명(考終命)은 탈 없이 죽는 것을 가리킨 듯하다. 이러한 오복(五福)은 사람의 무난하고도 안정된 일생을 의미한 것이다.

   속설(俗說)에는 귀(貴)니 다남(多男)이니 하는 것들이 오복(五福) 속에 끼어들어 우리들을 어리둥절하게 하고 있다. 귀(貴)란 본시 높은 지위(地位)에 따르는 것으로서 공자도 부귀(富貴)란 다 사람들이 갖고 싶어 하는 것임을 시인하였지만 「홍범」의 오복설(五福說)에 귀(貴)가 빠진 것은 자칫 잘못하면 귀(貴)에는 환난이 따르기 쉽기 때문에 귀(貴) 대신 강령(康寧)을 보다 더 높은 복(福)으로 삼았는지도 모른다.

다남자(多男子)란 유교(儒敎)의 대가족(大家族) 제도(制度) 밑에서는 바람직하였지만 인구문제가 세계적인 문제로 등장되었고 이미 우리들의 주변에서도 둘 낳기 운동이 전개되고 있는데 상기도 '사내'가 그중에 끼어야 한다는 뿌리 깊은 전통은 이 다남자(多男子)를 인생의 복(福)으로 알았고 또 시방도 복(福)으로 알고 있기 때문이다. 그러나 예나 시방이나 다남자(多男子)가 오복(五福) 속으로 끼어든 유래를 알 수 없고 그것이 오복(五福)의 하나로 셈 될 이유는 찾기가 힘이 드는 것이다.

기왕 오복(五福)의 이야기를 엮어가는 자리인 만큼 이조말엽(李朝末葉) 창조적(創造的)인 유학자요(儒學者) 사상의학(四象醫學)의 창시자(創始者)로 유명한 이제마(李濟馬)의 오복설(五福說)을 소개하면 다음과 같다.

첫째 수(壽), 둘째 미심술(美心術), 셋째 호독서(好讀書), 넷째 가산(家産), 다섯째 행세(行世).

첫째의 수(壽)는 「홍범」의 오복(五福)과 다름이 없다. 수(壽)는 물론 장수(長壽)를 의미하는 것이니 진시황(秦始皇)이 장생불사약(長生不死藥)을 구했던 것도 다 이러한 인간의 장수욕(長壽欲)을 단적으로 나타낸 것이 된다. 그러나 사람이란 거저 오래 사는 것만으로 만족할 것이 아니라 '강건(康健)한 몸으로 장수(長壽)해야만' 그것이 참된 수(壽)라 해야 할는지 모른다.

둘째, 미심술(美心術)은 우리말로 '아름다운 마음씨'가 될 것이니 이야말로 재미 있는 복(福)이 아닐 수 없다.

타고난 아름다운 마음씨는 항상 남을 위하여 수고를 아끼지 않을 것이요 그러면서도 스스로의 기쁨을 느낄 것이니 하늘은 이런 사람을 제쳐놓고 누구에게 복(福)을 줄 것인가 바람직한 봉사정신(奉仕精神)은 곧 아름다운 마음씨의 바탕이 될 것이다.

셋째, 호독서(好讀書)는 우리말로는 '글읽기를 좋아하는 것'이니 그런 것이 무슨 복(福)일까 의심스럽기도 할는지 모른다. 글읽기만을 좋아하다가는 굶기 알맞다고 핀잔을 줄는지 모르지만 참으로 글읽기를 좋아한다면 옛날 안연(顏淵)이라는 공자의 사랑하던 제자처럼 참 기쁨을 알게 될 것이다. 참된 락(樂)은 실로 글 속에 있을 것인 세속적인 풍부한 양식의 복(福)이 거기에 있음을 알아야 할 것이다.

넷째, 가산(家産)이니 이는 「홍범」 오복(五福)의 부(富)에 해당하는 것인지도 모른다. 그러나 부(富)라 하지 않고 가산(家産)이라 하였으니 이는 한 가정(家庭)의 산업(産業)을 의미하고 한 가정의 산업은 부지런한 노력에 의하여 얻어지는 재산상(財産上)의 수입(收入)을 의미하는 것으로 풀이된다. 왜냐하면 부(富)란 재화(財貨)로서 넘쳐서 남아도는 물질(物質)까지를 의미하기 때문에 부(富)는 복(福) 아닌 화(禍)를 불러 일으킬 수도 있지만 가산(家産)은 한 가정의 오붓한 살림살이를 의미하는 것이니 참된 복(福)은 부(富)보다도 거기에 있을 것이다.

다섯째, 행세(行世)니 이는 출세(出世)와는 구별되는 것이다.

출세란 높이 귀(貴)와도 비슷한 것이 되겠지만 행세란 자신(自身)의 처지에 알맞은 사회참여(社會參與) 정도로 생각하면 될 것이다.

스스로의 처지와 직업에 따라 거기에 알맞은 행세(行世)가 바람직한 것이지 남의 위에 우뚝 솟아 출세(出世)한다면 도리어 화(禍)를 불러 일으킬 기회가 될 수도 있는 것이기 때문이다.

이에 이제마의 오복설은 건강한 몸으로 글읽기를 좋아하며 알찬 살림에 남을 위하여 봉사하는 훌륭한 시민에게 주어진 복을 의미하는 것이 아닌가 한다(호우 1972.8).

동강 난 문화

—새 문화창조(文化創造)가 찬물 마시듯 쉬우랴

요즈음 우리들의 주변에서는 실로 문화라는 단어를 지나치게 남용하지나 않나 하는 생각이 든다. 잘 알고 있는 것같이 느끼고 있으면서도 사실은 잘 모르고 있는 것이 문화라는 단어가 지니고 있는 신비성인지도 모른다. 그중에서도 우리는 곧잘 5000년 역사를 가진 문화민족이란 말을 쓴다. 그것은 물론 반만년이라는 짧지 않은 문화의 전통을 우리들 스스로 자랑하며 그 긍지를 일깨워주는 말이라 풀이할 수 있다. 그러나 그 문화민족이라는 수식어 속에 감추어진 문화의 내용이 무엇인가를 자문자답(自問自答)하는 일은 거의 없다. 그저 자랑스런 그 무엇이거니 할 따름이다. 그러나 문화란 그처럼 흐리멍텅하고 막연한 것일까.

나는 여기서 문화강좌를 시도할 의사는 추호도 없다. 그러나 우리들 자신의 5000년 문화를 올바르게 이해하고 이를 가꾸며 계승하기 위해서는 초보적인 문화의 개념만은 적어도 알고 넘어가야 하지 않겠느냐는 뜻에서 한마디 여기서 곁들여 본다면 문화란 적어도 의식주의 생활양식에서 비롯하여 사회제도와 관습으로 확산되었으며 더욱 심화됨에 따라서 윤리·종교·철학·예술 등이 성립되기에 이르렀다고 볼 때 이러한 것들의 종합적인 특색이 한국적일 때는 이를 일러 우리는 한국문화 또는 한민족문화라 이를 수 있지 않나 여겨지는 것이다. 그러한 의미에서 한문화(韓文化)는 우리 한민족의 생활양식과 사회관습과 사유형식과 예술활동의 종합이요, 그것의 전통이요, 그것의 계승이 아닐 수 없다.

그러한 문화의 전통이 만일 동강 나고, 끊어지고, 부스러지고, 흐지부지되고, 없어져 버렸다면 이를 어찌해야 할 것인가.

이 대목에서 다음과 같은 옛사람의 말이 생각난다. "이제 손가락 하나가 굽어서 펴지를 못하면 설령 쑤시고 아프지 않더라도 펴준다는 사람만 있으면 천리(千里)길도 멀다 하지 않고 쫓아가지만 제 본심(本心)이 남과 같지 않더라도 이를 언짢게 여길 줄 모르니 딱한 노릇이다"라고 한 글귀의 본심(本心)을 문화로 고쳐놓아도 통하는 이야기가 된다. 다시 말하면 제 문화를 잃어버리고도 아랑곳없이 무관심한 상태를 그대로 그저 넘겨버려도 좋을 것인가.

잠시 혼례식(婚禮式)의 이중성과 그의 무원칙성을 들추어보면 대체로 신구(新舊) 두 혼례(婚禮)가 표리(表裏)로 나누어진 난센스를 아무도 자각하지 못한 채 그것이 마치 우리의 생활문화의 전통인 양 이행되고 있는 사실을 지금까지 누구도 고발하지 않고 있다. 다시 말하면 예식장(禮式場)의 대(大)홀에서는 분명히 소위 신식(新式)절차를 엄숙한 주례의 집례하(執禮下)에 박수로 끝내고 나서는 바로 그 건물의 뒷방에서는 또다시 사모(紗帽)관대와 족두리를 쓴 백 년 전의 신랑신부가 환생(還生)이나 한 듯 소위 구고례(舅古禮)의 흉내를 내고 있으니 이것은 소위 신구혼례(新舊婚禮)의 공연(共演)인가 아니면 음양양의(陰陽兩儀)의 단절(斷絶)인가 신문화(新文化)도, 구문화(舊文化)도 아닌 혼합된 무성격(無性格)의 혼례(婚禮)를 우리는 어떻게 받아들여야 할 것인가. 이러한 식(式)의 혼례마저도 겨우 반백(半百) 년 사이에 많은 변화과정을 겪으면서 오늘에 정착되기는 하였지만 이러한 관습적인 오늘의 '혼례'를 우리의 것이라고 내놓기에는 너무도 낯부끄러운 일이 아닐 수 없지 않나 싶다.

그러기에 요즈음 이에 대한 반작용을 서울에서는 순구식혼례(純舊式婚禮)가 '한국의 집'에서 이루어지고 있다는 소식이 들린다.

어쨌든 문화의 전통을 살리며 이를 계승하여 가지고 새 문화를 창조하기란 이처럼 어려운 것이 아닌가 싶다.

이렇듯 동강 난 문화현상은 결코 이에 그치지 않고 있다. 이러한 단절(斷絶)된 이중성(二重性)은 우리의 의식주(衣食住)의 세계에서뿐만이 아니라 사상적(思想的) 정신세계(精神世界)에 있어서도 똑같은 현상으로 번져가고 있는 것이다.

우리들이 만일 틈을 얻어 세계만방(世界萬邦)을 구경 차(次) 여행 길에 나섰다고 하자. 그 나라 풍물(風物)의 첫째 번에 부딪히는 것이 바로 그 나라 음식이요, 다음이 백성들이 걸치고 다니는 옷이요, 그리고 그다음이 살고 있는 집이다. 좀 더 깊이 들어가면 그들이 부르는 노래와 춤을 빼놓을 수 없으리라. 그러고는 보이지 않는 것이 있으니 그것을 우리들을 그들의 철학·종교·윤리 등이라 할 수밖에 없을 것이다.

그런데 이런 범주 안에 드는 우리의 것들, 다시 말하면 우리의 문화는 과연 어떠한 형태로 현존하며 그것이 보유되고 있는 것일까!

음식만 하더라도 이제는 그의 지방색마저 없어졌을 뿐만이 아니라 대중화의 물결에 밀린 탓일는지 모르지만 이제 그의 고유성을 찾기란 가뭄에 콩이라고나 할까! 드문드문 겨우 명맥만이 끊기지 않고 있을 따름이 아닌가 싶다.

이는 고유문화의 대중성이 특수화되어 버린 것이요 혼례식(婚禮式)이 신부(新婦)의 드레스에 의하여 교착(膠着)되어 버리듯 음식은 조미료와 설탕에 의하여 미각상실(味覺喪失)의 비운(悲運)을 맞게 됨으로써 한국미(韓國味)의 향방은 묘연하게 되어버린 것이다. 혀는 그대로지만 맛은 동강 나 버린 것이다.

지면관계로 의(衣)·주(住)에 관한 이야기는 그만두고라도 정신적 측면에서 한 가지만 더 곁들여보자면 윤리사상에 관하여 생각해보는 것이 어떨까 한다. 그것은 곧 한국인의 시민의식 속에서 찾아보아야 할는지 모른다.

중국의 옛 기록에 의하면 "한족(韓族)은 가는 길도 서로 양보(讓步)한다"고 하여 그들은 사양하는 미풍양속을 칭찬하고 있다. 그러한 전통의 피는 줄곧 뻗어 내려왔을 것으로 기대하지만 서구적인 개인중심주의 또는 공리주의 등의 풍조가 들어온 후로 시민, 더구나 젊은 청년들의 자아의식이 팽배하게 되자 점차로 경로사상은 퇴색일로(褪色一路)를 걷기에 이르렀기 때문에 요즈음 갑자기 경로잔치 등이 푸짐하게 마련되고 있지나 않나 싶은 것이다. 그러나 시내버스 안에 노란 딱지로 '경로석(敬老席)'이 표시되었건만 그것처럼 인신(人身)의 맹장(盲腸)처럼 유명무실한 것도 없으리라고 여겨지리만큼 그 자리를 점거하고 있는 젊은 청춘남녀들의 시민의식(?)은 철저하게 굳어져 있는 것이다. 그 자리에 앉아 있는 젊은이의 얌체를 탓하는 이조차 없으니 노인들의 이해성 깊은 선심(善心)은 처량하리만큼 너무도 안쓰럽다. 심청(沈淸)이의 효심은 어디로 갔으며 흥부(興夫)의 우애(友愛)는 어디로 도망쳐 버렸을까! 이 동강 난 윤리현상은 진실로 누구의 탓으로 돌려야 할 것인가.

이제 그러면 끝으로 이처럼 동강 낸 범인을 찾아보자. 그것은 너무도 뻔하지 않은가. 그것은 다름 아닌 일제(日帝)와 서구(西歐)라 지목할 수밖에 없다. 일제는 타율적 강탈에 의하여 억지로 빼앗아간 것이요, 서구는 자율적 수용에 의하여 스스로 내던져 버린 것이다. 피탈(被奪), 자초(自招)에 의하여 복배수적(腹背受敵)이 된 우리의 문화는 어찌 동강 나지 않을 수 있었겠는가. 실로 이나마의 명맥의 유지도 사실은 하늘의 돌보심의 덕이 아닌가 싶은 것이다.

그러나 이 시점에서 우리가 생각해야 할 것은 역사는 돌이킬 수 없는 것이요, 세계는 하나라는 점이 되어야 할는지 모른다. 일제의 타다 남은 잿더미 속에서 금싸라기처럼 우리 문화를 추려내야 할 것이요, 휘황찬란한 샹들리에의 불빛 아래에서 자신의 초라한 모습을 한탄할 것이 아니라 그들의 불빛은 우리의 금관(金冠)을 비추어주는 하나의 조역(助役)에 지나지 않음을 깨달음으로써 우리의 문화는 세계 속의 찬란한 문화임을 자랑해야 할 것이다.

언필칭(言必稱) 새문화의 창조란 결코 찬물 마시듯 그리 손쉬운 것은 아니다. 그것은 아마도 신(神)이 백두산영봉(白頭山靈峰)의 천지(天池)를 조성하는 것과 같은 역사(役事)일는지도 모른다. 신(神)의 무한능력(無限能力)은 하루아침의 일거리에 지나지 않을는지 모르지만 인간의 노력은 그의 억천 배(億千倍)에 이를 것임에 틀림이 없다. 그것은 유구한 세월의 축적과 인간의 노력과 자연의 섭리에 의한 차이지만 그러나 그것은 결코 한시도 동강 나서는 안 된다는 사실만은 우리는 자나깨나 명심해야 할 것이다(광주일보 1982.3.20).

성현의 말씀을 두려워하라

　우리나라 속담에 "말이 많으면 쓸 말이 적다(없다)"는 말이 있다.
오죽하면 봉건시대의 일이기는 하지만 수다스런 여인은 버려도 좋
다[多言去]는 이혼 조건이 나오게 되었을 것인가. 그리기에 공자도 말
에 관한 한 깊은 관심을 기울인 양 "번지르르한 말재주 치고[巧言] 사
람다운 사람은 드물다[鮮矣仁]"라 하였고, "군자는 말은 말더듬듯[訥
於言] 하되 행동은 민첩해야[敏於行] 한다"고 타이르고 있지 않은가.
　누구나 어릴 적에는 부모의 말씀에 순종하고, 자라면서는 선생님
의 교훈에 따르며, 어른이 되어서는 성현의 말씀을 읽게 된다. 이렇
듯 사람이 살아가는 긴 인생의 여정을 통하여 듣고 깨우쳐야 할 말
또한 결코 한두 마디가 아님은 다시 말할 나위도 없다. 그렇다면 그
러한 엄청난 말들 중에서 과연 내 인생을 바꿀 만한 한 말씀은 어떻
게 추려질 수 있을 것인가.
　나는 갓난아기 때 이미 아버지를 여의었기 때문에 엄친의 엄격한
가르침을 받고 자라지는 못한 대신 편모슬하의 따뜻한 품에 안겨 자

란 기억만이 오늘도 어제인 양 새로울 따름이다. 아직도 몸에 밴 어머니의 체취를 나는 잊지 못한다. 굳이 그것을 오늘에 와서 말로 표현하라 한다면 '잘난 애보다는 착한 애로 자라기를' 바랐던 것이다. 그것을 바꾸어 말한다면 잘난 대통령이 되는 것보다는 차라리 남과는 다툴 줄도 모르는 평범한 보통 사람이 되기를 늘 어머니는 나를 위하여 부처님께(어머니는 절을 아주 좋아하셨다) 빌어 주셨음을 나는 내 피부로 느낀다.

말이란 꼭 입으로 뱉어야만 하는 것은 아닌지도 모른다. 그러기에 옛 성현의 말씀에 "하늘이 어찌 말할 것인가. 춘하추동 사시는 어김없이 돌고 돌며 만물은 그와 더불어 자라지 않는가"라고 한 것을 보면 크나큰 하늘의 말씀은 말로써 표현되는 것이 아니라 행동으로 보여주고 자애로운 정으로 감싸주는 것임을 의미한다. 나는 지금도 어머니의 정을 그렇게 느낀다. 그러기에 나는 시비곡직(是非曲直) 간에 남과는 다투기를 싫어하는 평범한 사람으로 살아가기를 좋아하는지도 모른다. 이것이 어머니가 내게 남겨 주신 불언지교(不言之敎)라고나 할까. 지극한 가르치심이 아닐 수 없다.

그러나 요즈음에 와서 세상 돌아가는 것을 보면 어찌된 셈인지 털끝 한오라기도 양보할 줄 모르는 생존 경쟁의 아수라장 속으로 치닫고 있는 것만 같다. "옳지 않은 방법으로 얻어진 부귀는 내게는 뜬구름 같애"라고 술회한 공자의 말을 되새기지 않는다 하더라도 하루살이 같은 그 알량한 부귀공명을 위하여 아귀다툼으로 밤낮을 지새우는 것을 보면 평범한 선인이 되라는 어머니의 교훈이야말로 천금을 주고도 살 수 없는 지극한 말씀이 아닐 수 없다.

수다스런 말이 아닌 진리로서의 말을 불가에서는 법어(法語) 또는 법언(法言)이라 이르고, 기독교에서는 하나님의 말씀이라 이르며, 유가에서는 천명(天命)이라 이르고 있으나 궁극적으로는 그러한 진리로서의 말들은 모두가 성현(聖賢)이라는 인격을 통하여 말씀으로 남게 되는 것이다. 그러므로 성현은 인류의 등불이요, 길인 것이다.

누구나 부모의 품을 떠나면 학교나 사회라는 낯이 선 망망대해의 일엽편주가 된다. 어쩌면 그것이야말로 새로운 인생의 첫길이라 해야 할지 모른다. 이 시기에 있어서 가장 중요한 사실은 다소곳이 선생님의 교훈을 따르느냐, 아니면 사회적 규범을 구속으로 착각하고 그릇된 자유분방에 탐닉하게 된다면 한 인생이 돌이킬 수 없는 수렁으로 빠져든다는 사실을 우리는 너무도 잘 알고 있다. 이렇듯 한 인생의 선악의 갈림길은 가르침을 받아들이느냐, 이를 거스르느냐에 매어 있음을 알 수가 있다. 한 젊은 인생의 첫길에 있어서 스승의 교훈이 절대적인 길잡이가 되는 까닭이 여기에 있다고 이르게 됨은 이 까닭인 것이다.

그러나 우리는 보다 더 넓은 말씀의 대해(大海) 속에 살고 있는 것이다. 불가에 있어서의 팔만대장경은 말할 것도 없고 기독교에는 신·구약 성경이 있으며 유가에는 육경사서가 있으니 우리는 어느 겨를에 이를 다 읽을 수 있을 것인가. 그러나 공자는 『논어』에서 이르기를 "성인의 말씀을 두려워하라"는 이 한 마디야말로 한 인생의 길을 바꿀 만큼 중요한 말씀이 아닐 수 없다.

그러나 문제는 이러한 말씀을 어떻게 받아들이느냐에 달려 있다는 사실을 지적하지 않을 수 없다. 어느 누구도 부모의 가르침을 받지 않는 아들딸은 없으며, 스승의 교훈을 듣지 않는 제자가 없고, 그 많은 성경책을 읽지 않는 교인은 없건만 이 세상이 이처럼 날로 어지럽혀지는 까닭은 이를 받아들이지 않거나 성현의 말씀을 두려워하지 않기 때문임은 다시 말할 나위도 없다.

불립문자(不立文字)라 이르지 않았던가. 천언만어(千言萬語)보다도 한 가닥 성언(聖言)을 두려워하는 마음가짐이 아니고서는 극락세계도 한낱 인류의 영원한 꿈에 지나지 않을 것임을 알아야 할 것이다(법륜 1988.11월호).

여성의 사회 참여

우리나라의 전통적 여성관은 현모양처라는 테두리 안에서 문제되고 있다. 현모양처는 어디까지나 가정이라는 울안에서의 문제요, 그러므로 해서 현모양처는 사회라는 울 밖으로는 한 발자국도 나갈 수 없었을 것이다. 사실상 전통적 현모양처는 일부종사(一夫從事)니 불갱이부(不更二夫)니 하는 열녀상(烈女像)에서 찾아볼 수 있듯이 그것은 어디까지나 여성의 입장에서 볼 때에는 가정인(家庭人)이라는 굴레만을 씌워 논 것이 아닐 수 없을 것이다.

그러나 요즈음의 사회발전은 여성들로 하여금 그러한 일방적인 가정인으로서 만족하리만큼 단순하지 않다는 데에서 새로운 문제가 제기된다고 해야 할 것이다. 오늘날의 사회는 이미 남성들에게 뿐만 아니라 모든 여성들에게도 똑같이 개방되어 있으며 또한 그렇게 되는 것은 당연한 발전이라 생각하지 않을 수 없을 것이다.

개방 사회에 있어서의 여성들의 사회진출에는 두 가지 형태로 나누어서 생각하는 것이 좋을 것 같다. 그것은 남자의 경우와도 조금도 다르지 않은 입장인 것이다. 하나는 직업인으로서의 사회의 진출이요, 다른 하나는 사회봉사 단체 등에 참여하는 것을 의미한다.

이미 많은 여성들이 직업인이 되어 가정 밖으로 진출하고 있는 현상은 날로 그의 폭과 수가 넓혀지고 또 늘고 있으므로 해서 비록 여성직업 남성직업의 한계가 있다고 하더라도 그의 한계점은 차츰 흐려지고 있는 것이다. 이것은 여성이 남성들의 직업권에 파고드는 현상으로서 이미 현모양처라는 고전적 여성관으로서만으로는 실로 이해하기 어려운 먼 거리에 있는 새로운 여성상의 형성이라고 해야 할 것이다.

여기에 가정인으로서의 여성의 입장과 직업인으로서의 새로운 여성의 입장이 오늘날의 여성들에게 이율배반적인 고민을 안겨 주고 있는 것이 아닌가 여겨지기도 하는 점이다.

또 다른 하나의 입장은 사회 봉사인으로서의 참여를 들 수 있다. 이러한 참여는 아마도 여성들로만 조직된 단체나 클럽 같은 것도 있겠지만 남녀 공동의 사회단체도 없지 않다. 이러한 참여는 그야말로 다른 남성들과 마찬가지로 순수한 사회인으로서의 참여인 만큼 이는 현대사회에 있어서의 여성의 당연한 권리이기도 하려니와 시대적 요청에 의한 의무라고 해도 좋지 않을까! 이는 안정된 가정을 가진 현모양처의 당연한 사회참여로서 우리는 이를 이해해야 할 것이다.

그러나 여자는 아내이면서 어머니인 하늘의 뜻을 어길 수 없을진대 현모양처의 입장은 결코 헌신짝처럼 버릴 수도 없으려니와 또 버려서도 안 될 것이다. 그들이 비록 현대 사회의 소용돌이 속에서 비록 현대사회의 소용돌이 속에서 한 직업을 가져야 했고 사회인으로서의 사회봉사에 참여한다 하더라도 그것이 결코 현모양처로서의 하늘이 준 의무를 포기하라는 이유는 되지 않을 것이다. 오히려 현모양처라는 주춧돌을 디디고 서서 높이 사회참여라는 더 높고 큰집을 가꿀 수 있는 힘을 이 시대의 새로운 여성들에게 기대하고 싶은 것이다(샘 1971 제20호).

역정(歷程) 50년(五十年)

　내가 대학병원 약국장으로 있다가 문리대 철학과 조교수로 적을 옮긴 지도 어언 7년이 되었다. '약학' 전문을 나온 사람이 어떻게 '철학'을 할 수 있느냐는 것은 남들이 나를 두고 하는 이야기인 동시에, 그것은 내가 또 나 자신에게도 가끔 묻고 싶은 이야기이기도 하다. 흔히 이런 '애브노멀'한 것을 일러 '괴짜'라 한다면 나는 확실히 하나의 괴짜인지도 모른다. 그러면, 50고개에서 '괴짜'가 된 나의 지난날은 '진짜'였을까? 불행히도 그렇다고 대답할 자신이 없다. 도리어 오늘의 내 위치가 '진짜'인 양 여겨질 따름이라, 적어도 내게 있어서는 어느 것이 '노멀'한 것이 될지는 좀 더 두고 보아야 할 문제일 것 같다.

　나는 세 살 때 아버지를 여의고 홀어머니 슬하에서 커난 외도토리 독자에다가 철부지다. 세상은 부모가 키워주는 것으로만 알고 자란 성품이 아직도 나의 피 속에는 가시지 않고 있기 때문에 '나'라는 위인은 가까운 가족들의 눈에도 세상 물정을 모르는 남편이요 아버지로밖에 보이지 않는 모양이다. 그런 성품을 좋게 말해서 '순진'하다고 하지만 뒤돌아서서는 '농판'에 가깝다고 비웃기도 하는 줄을 모르는 바 아니지만 이는 나도 어찌할 수 없다. 소위 약국장이란 직이 그리 대견한 것은 아니지만, 그것을 버리고 철학과의 말석에 뛰어든 것은 어찌 보면 확실히 농판 같은 짓이었는지도 모른다. 그러나, 나는 그러한 '농판'을 지금도 후회하지는 않는다.

내가 철학과로 직을 옮긴 것은 철학이 무엇인지 알아서 그랬던 것도 아니다. 내가 한쪽으로 치워놓은 약학이란 결코 무의미한 학문이었기에 그랬던 것도 아니다. 사람이 살아가는 길이란 실로 여러 갈래이어서, 그저 나는 내가 가고 싶은 길을 나 스스로 택해본 것에 지나지 않는다고 할까? 무엇 때문에 내가 뒤늦게나마 그런 길을 택해야만 했던가?

어쨌든 이는 내게 있어서는 중재한 한 계기를 마련해준 것만은 틀림없다. 적어도 내게 있어서는, '약학'이라는 학벌 문제보다도 나 자신 속에 쌓이고 쌓인 잠재 의욕이 어느 시기에 표면화한 것에 지나지 않는 것에 느껴지는 것이지만, 그러한 의욕을 처리함에 있어서는 농판에 가까운 용기와 결단이 필요했다. 50고개에서 재출발이란 생각하기에 따라서는 그리 용이한 일이 아니었던 사실로서 7년 전 일이지만 아직도 기억에 생생하다.

나의 인생은 이 고비를 분수령으로 하여 전후 두 갈래로 나눌 수가 있다. 그러나 나는 여기서 '하나'로서의 내 자신의 모습을 한번 돌이켜보아야 하겠다. 비록 작고 크고 간에 많은 곡절을 겪어 오기는 했다손 치더라도, 무엇 때문에 살고 있는가 하는 '하나'의 그 무엇을 이 기회에 한번 돌이켜 보고 싶기 때문이다.

나의 지난 50년은 결코 평탄한 50년은 아니었다. 비록 조부님의 300석 거리 유산을 받아 의식에는 큰 고생을 겪지 않았다 하더라도 서른여섯에 해방을 만난 나는 일제 말기에 청년 시절을 보냈고, 해방과 더불어 겪은 민족적 파란 속에서 나만이 예외일 수는 없었던 것이다. 일제의 손아귀에 걸려 허덕이던 청년 시절을 회상할 때, 때로는 옥고도 두려워 않던 정열을 가져보기도 했지만, 때로는 그들의 이사(頤使)에 끌려다니던 풀 죽은 청년이기도 하였다. 통분과 치욕으로 얽힌 나의 청년시절은 결국 내가 내 뜻대로 살지 못했던 시절이다. 어찌 나뿐이었으랴! 온 겨레의 짓밟힌 불운 속에서 나의 청년 시절은 녹이 슬고 말았다고나 할까! 그러나, 오늘의 내가 있게 된 하나의 기연(奇緣)이, 바로 그때 되었다는 사실을 여기에 기록해야만 하겠다.

일제가 태평양 전쟁을 준비하던 1937년 가을―정확히 말해서 그해 9월―부터 그다음 해 2월까지 1년 반 동안을 영어(囹圄)에 갇힌 바 되어 '인생의 맛'을 볼 기회를 갖게 되었다는 사실이다. 여기서 기회를 갖게 되었다는 사실이다. 여기서 나는 그때 사건의 내용을 밝힐 필요는 느끼지 않지만, 다못 그처럼 불우했던 옥중생활을 어떻게 치러냈는가 하는 것은 적어도 내게 있어서는 하나의 문제가 되지 않을 수 없다.

앞서도 말한 바와 같이, 그때까지의 '나'라는 위인은 철부지한 귀염둥이였기 때문에 처음에는 고문과 옥고를 견디어낼 자신이 없었다. 그러한 때는 나뿐이 아니라 사람마다 겪는 경험이겠지만, 말하자면 죽음과의 대결에서 나 자신의 실오라기 같은 생명을 스스로 돌보게 되었다는 사실은 실로 귀중한 체험이 아닐 수 없다. 사람이란 아마도 죽어볼 수는 없는 것이지만 죽음의 막바지에서 한번 자신의 삶을 관조해볼 필요는 있는 것이 아닐까 하는 것은 옥고를 치르고 나온 후 두고두고 잊히지 않는 사실의 하나이다.

좀 아이러니컬한 말일지는 모르지만 내게 만일 이 시절이 없었던 들 내 인생은 실로 무미건조한 인생이 되어 버렸을는지 모른다는 생각에 가끔 잠긴다. 고난이란 정말 어떠한 고난이 되었건 간에 그 고난을 치를 때보다도 치르고 난 후에 비로소 그 고난 시절의 의의를 발견하게 되는 것인지도 모른다. 고난이란 하나의 불행일는지는 모르나, 그 불행을 어떻게 치러내느냐에 따라서, 결국 그 고난은 고난에 그치는 것이 아니라, 때로는 다가오는 자기의 앞날을 위한 한 주춧돌이 되는 수도 있는 것이다.

나는 이 시절에 바야흐로 오늘의 나의 터전을 마련하게 되었다는 사실을 밝히는 기쁨을 갖고자 한다. 그때는 결코 그러한 것을 예견한 바도 아니지만 불과 20년도 못 되는 세월은 그때와 오늘의 나 사이에 어떠한 인과를 맺게 해 준 것은 실로 기이한 일이 아닐 수 없다.

돈사(豚舍)에 가까운 경찰서 유치장생활 8개월 만에 목포 형무소로 이감된 후로는 서적의 차입이 허락됨으로 해서 몸은 비록 풀리지 않았지만, 내게는 새로운 생활을 계획할 수 있는 기회가 다가온 것으로 간주했다. 당시의 예심(豫審)이란 아마도 무기한이어서 1, 2년 끄는 것이 하나의 상례로 되어 있었기 때문에, 다시 언제 햇빛을 보게 될는지 기약할 수 없는 처지이기는 했지만 강제로나마 아무튼 외계와의 접촉을 끊게 된 이 시기에 계획 있는 그 무엇을 설계해야만 했고, 또 그렇게 함으로써 비로소 이 시기를 보람 있게 보낼 수 있으리라고 결심하였다. 좀 과장된 말로 들릴지는 모르나, 이 기회는 사실상 내게 있어서는 오히려 천재일우(千載一遇)의 기회가 되었던 것을 나는 '하늘'에 감사를 드려야 할는지 모른다. 그때 나에게 많은 서적을 보내준 분으로서 특히 '온버림 정 종'님과 나의 처남 고 '조옥현' 형의 이름을 여기서 밝혀두고 싶다. 그때 나는 동양고전, 특히 사서삼경(四書三經)을 통독할 기회를 얻었을 뿐만이 아니라, 동양사상에 관한 많은 학자들의 서적에 접근할 수 있는 기회를 얻게 되었으니 어찌 즐거운 일이 아니었겠는가! 새벽녘 기상으로부터 저녁녘 취침까지의 하루하루가 결코 지리한 하루가 아니라 오히려 즐거운 기상이었고, 내일이 기다려지는 취침이었던 것은 아직도 내 기억에서 사라지지 않는 당시의 회상에 속한다.

그야 난들 어찌 사방이 고요한 밤이 되면 채 이루지 못하는 잠결에 홀로 계신 어머니며 아내의 모습이며 어린것들의 생각에 전전하지 않았으랴마는, 이러한 부질없는 상념은 몸부림쳐도 어찌할 길이 없지 않은가! 여기서 만일 어머니의 부음을 듣는다면 어찌할까! 내가 살아서 이곳을 벗어나지 못한다면 어찌할까! 이러한 부질없는 환상이 정신을 어지럽히는 때가 없지 않았지만, 하루하루 독서의 즐거움은 이를 이겨내기에 넉넉했다는 사실은 결코 과장이 아니다.

옛날에 문왕(文王)은 유리옥(羑里獄) 중에서 주역을 연의(演義)했다는 고사가 있지만, 나는 책 『주역』을 다 읽지 못하고 출옥하게 되었다. 출옥 후 나는 벗들에게 햇빛을 보게 된 즐거움과 『주역』을 읽지 못하고 출옥하게 된 서운함이 반반이라고 술회한 것은 그때의 내 심경을 숨김없이 토로한 것에 지나지 않는다. 출옥한 이후로는 세사

(世事)가 단단하여 1년이 가고 2년이 가고 다시 더 해가 거듭할수록 독서와는 점점 거리가 멀어진 자신을 돌이켜 볼 때마다 감옥살이가 즐거웠을 리야 없지만, 감옥에서 오직 독서에 전념하던 그 시절이 도리어 그리워지기도 했다. 정말 나는 감옥에다가 처넣어야만 공부할 수 있는 위인인지도 모른다. 그러나 억지로야 어찌 그럴 수 있는 일이겠는가!

그렁저렁 세월은 흘러 해방을 만났고 몇몇 동지들과 함께 중학을 세워 힘을 써보기도 했지만, 그도 얼마 지나지 않아 새로운 직장을 얻은 것이 앞서 말한 바 있는 약국장이었던 것이니, 이는 오직 '약학'을 나왔다는 학벌로써 얻은 하나의 직업에 지나지 않았고, 나의 심중에 쌓이고 쌓인 의욕은 언제나 옥중에서의 미진했던 독서의 계속을—다시 말하자면 그때 즐거웠던 독서 생활의 계속에 연연했던 것이다. 그러기에 약국장 시절에 이미 『한글 맹자』의 초역을 끝냈고 『수은 간양록』의 처녀출판을 세상에 내놓기도 했다.

이렇듯 현 직장과 생생한 나의 의욕과 괴리된 생활이 오래 계속할 리가 없다. 그것은 오히려 괴로움이요 고통일 따름이다. 이러한 모순된 생활을 나는 청산해야만 했다. 그것이 곧 50고개에서 약국장이라는 껍질을 벗어버리고 문리대 철학과로 옮겨, 다시금 지난날의 옥중 생활을 회상하면서 새로운 즐거움을 가져보자는 동기와 소인(素因)을 이룬 것이다.

이렇듯 간략한 나의 인생 기록의 한 토막을 통해서나마 새삼스럽게 느껴지는 것은, 가장 최악의 조건이 때로는 가장 큰 즐거움을 가져다줄 수도 있다는 것이다. 그러나 가만히 앉아서 그렇게 되는 것은 물론 아니다. 최악의 조건일망정 그것을 어떻게 처리하느냐에 따라서 희비·선악이 갈린다는 신념을 갖기에 이르렀다.

나는 그러기에 세상을 살아나가되, 외적 조건보다도 내면적인 면에서 나 자신의 모습을 보고자 하는 경향을 갖게 되었다. 최악의 조건 속에서 최대의 삶의 보람을 보게 된 나의 경험은, 아마도 돈과 명예와 지위와 권력 따위와도 바꿀 수 없는 것인지도 모른다. 사람이 세상을 살아나가자면, 때로는 돈과 지위도 필요하고, 또한 그러한 유혹이 없지도 않지만 그런 것들 속에서 진정한 자신의 삶의 보람을 찾기는 힘든다는 사실을 나는 안다. 왜냐하면, 그러한 외적 조건들은 변화가 무쌍하기 때문에 내 인생은 그런 것들과 부침을 같이할 수는 없다. 그런 것들은 나의 의복처럼 때로는 내가 걸치고 때로는 걸쳐야 할 필요가 있을 때도 있기는 하지만, 그것이 바로 나의 '알몸'이 아님을 나는 안다.

내가 옥중에서 찾아낸 것은 바로 그 '알몸'이다. 내 '자신의 알몸'이다. 그 '알몸'은 실로 옥고도 내게는 아랑곳이 없었을 뿐만이 아니라, 부귀도 때로는 내 '알몸'을 빼앗지 못하는 것이다. 부귀를 잃는 것은 의복을 잃는 것이지만 내 자신을 잃는 것은 내 생명을 잃는 것과 같음을 알고 있기 때문이다.

그러므로, 50년의 인생 역정에서 얻은 나의 결론은 "외화(外華)를 좇지 말고, 네 자신의 참된 모습과 함께 살라"는 것이 될 것 같다. 앞으로도 나 자신의 생활은 아마도 화려한 것이 될 수도 없는 반면에 그렇다고 해서 흐지부지 살고 싶지도 않다. 화려한 생활을 물거품에 비유한다면 흐지부지한 생활은 살아 있으면서도 무덤과 통하는 생활이 되기 때문이다.

그리고, 또 나는 진정한 힘과 용기는 자신을 최악의 조건에 두고서 이를 이겨낼 때 비로소 얻어진다는 것을 배웠다. 어떠한 고난과 악조건에 부딪친다고 하더라도, 언제나 자기 자신의 힘이 '죽음' 속에서 얻어지는 것이라야 참된 용기요 또 견디어내는 힘이 된다는 것을 나는 안다. 그렇지 않은 힘과 용기는 아무래도 부실하고 뿌리가 얕은 것만 같다. 옥고는 나에게 그런 힘을 가르쳐 주었다. 참고 견디며 기다려 보라. '때'란 기다린 후에 오는 것이지 즉석에서 오는 것은 아닌 것이다. 기다릴 줄 모르는 곳에 자포자기가 있고, 따라서 음란패려(淫亂悖戾)의 잘못도 저지르기 쉬운 것이다. 어떠한 고난이건 참고 견디어 보라. 즐거움이니 행복이니 하는 것들은 결코 나에게 예고가 있어 오는 것이 아니다. 참고 기다리면 언제이고 내 곁에 와 줄 것만은 굳게 믿게 되었고, 또 이렇게 믿음으로써 앞으로 남은 나의 인생 역정도 살아가고 싶을 따름이다(나의 청춘 나의 이상—60인사의 인생 역정 1965.10).

묵관유복(墨冠儒服)

주(周)나라 때 묵자(墨子)학파들은 머리에 검은 수건을 둘렀고 공자의 학을 존중하는 무리들은 유복(儒服)을 입었다 하거니와 이는 유(儒)·묵(墨) 두 학파가 서로서로의 이채를 대중 앞에 나타내려고 한데에도 그 뜻이 있었지만 또한 형식은 내용을 규정지을 수도 있다는 점에 있어서 일리가 없지도 않을 것 같다.

유복을 입은 자를 유생(儒生)이라 하였고, 묵관을 쓴 자를 묵자(墨者)라 불렀으니 각모(角帽)를 쓴 자를 오늘날 대학생이라 부르는 것과 비슷한 노릇이기도 하다.

묵자의 학이 묵관 속에 있음이 아니로되 그들은 즐겨 검은 수건을 둘렀고 공맹의 학이 유복에 있음이 아니로되 그들은 즐겨 도포를 입었던 것은 다름 아니라 세상을 건져보겠다는 그들의 의욕이—요즈음 말로는 새로운 시대를 창조하려는 그들의 의기가 하나의 상징 표식을 요구하기에 이르렀던 것이 아닐까?

학원이란 자유로운 곳이요. 학자들처럼 형식을 싫어하고 내용만을 주장삼는 무리들은 없을 것이로되 그러나 세속을 초탈한 그들 자신의 표식이 그야 묵관 유복이 아니면 어떠랴! 학자의 존엄을 위하여 또는 학도의 긍지를 위하여 필요한 일의 하나가 아니었을까!

검정 수건을 머리에 썼거나 통소매 자락을 너울거리거나 그 형식에 있어서는 시대를 따라 변할 수 있는 일이지만 우스꽝스런 그 관이며 옷에서 풍기던 그 불굴의 의기는 2000년이 지났거나 3000년이 지났거나 고풍(古風)에 대한 한 토막 향수로 돌려버리기에는 너무도 야릇한 그 무엇이 있는 것만 같다.

묵관·유복을 입고 천하를 활보하던 고대(古代)의 기풍(氣風)이 이 시대에 와서는 젊은 학도들의 야심과 기대와 의욕과 정열로써 그들의 각모(角帽)에 담아 본들 어떠랴 싶다. 각모(角帽)의 기풍 속에서 대학생의 씩씩한 새 모습을 한번 찾아보았으면 한다 그 말이다.

묵관·유복을 비웃기 전에 각모의 무기력이 너무도 안타깝게 보이지 않느냐는 말이다(전남대학보 1954.12.1).

금관(金冠)

　지금 미국에서 열리고 있는 한국미술(韓國美術) 5천 년 전(五千年 展)에서 특히 금관은 많은 외인(外人)들의 경탄과 아울러 눈길을 모으고 있는 것으로 알려지고 있다. 신라시대 경주고분 발굴의 영화를 통해서 보더라도 이 금관은 많은 다른 금붙이 장식물과 더불어 세상에 나타나 선을 보이게 되었고 그것은 신라뿐만 아니라 공주 무령왕릉(武寧王陵)에서도 그와 비슷한 왕관이 튕겨 나옴으로써 백제문화의 경이(驚異)에 또 한번 세인(世人)을 놀라게 한 기억이 아직도 새롭다.

　금관은 실로 호사의 극치가 아닐 수 없다. 서양 사람들의 왕관이 금강석(金剛石)으로 장식된 것과는 달리 이는 순수한 황금관(黃金冠)이기에 더욱 눈부시다. 금(金)으로 태어나서(?) 금관(金冠)의 금(金)이 된다면 얼마나 영광될까! 거꾸로 말하라 한다면 금(金)은 금관(金冠)의 금(金)이 됨으로써 비로소 그의 귀(貴)의 극치에 이른다고 해야 할는지 모른다. 천년고분(千年古墳) 속에 묻혔다가도 조금도 변함없이 오늘에 이르러서는 수릉만리(水陵萬里) 미주(美洲)에서 그 찬란한 광채를 발휘하고 있는 것만을 보아도 알 수 있는 일이 아니겠는가!

내가 왜 새삼스럽게 이런 이야기를 늘어놓는가 하면 요즈음 흔히 황금만능이니 배금주의니 하여 금을 가장 귀하게 여기는 것 같지만 그들은 도리어 황금을 가장 천하게 다루는 무리들이 아닌가 싶기 때문이다.

요즈음 배금주의자들은 아마도 사금을 캐는 채광자(採鑛者)에나 비길 수 있을까. 거저 금을 캐서 차곡차곡 쌓아 놓고서는 돌무덤 앞에 조석으로 허리를 굽히는 사람들이다. 그러나 그들은 사금을 정련하여 금관은 만들 줄 모른다.

금관은 나는 우리 민족의 문화적 역량의 가장 높은 봉우리라 여기고 싶다. 그러므로 사금(沙金)의 금도 그것이 민족문화의 가장 값진 문화의 창조에 쓰일 때 비로소 오늘의 금관처럼 만세불변의 귀(貴)를 누릴 수 있을 것임에 틀림이 없다.

이제 신라와 백제에 있어서의 우리 선인들이 금관에 쏟았던 그 정열을 우리는 민족문화 또한 향토문화 창달을 위하여 쏟음으로써 한 문화(韓文化)의 금자탑이라는 새로운 금관을 조성해야 할 것이다(전남일보 1980.3.12).

나무 박물관(博物館)

우리 전남지역은 기후 풍토적인 면에서 볼 때에는 아마도 온대에서 아열대로 넘어가는 아슬아슬한 선에 걸쳐 있는 데다가 대륙이 끝나면서 해양으로 이어지는 경계선 위에 놓여 있다고 할 수 있을 것이다.

소나무야 침엽수로서 남북에 걸쳐서 어디나 있으므로 말할 나위도 없지만 송죽(松竹)이라 불리는 그 대나무는 우리 담양을 중심으로 하여 알려짐으로써 더 이북으로는 올라갈수록 찾아보기 힘든 남국소산(南國所産)임은 다시 말할 나위도 없다. 저 석류도 위로 올라갈수록 살기 힘든 화초에 속하고 치자 또한 고흥 등지까지 그의 생명선이 내려가야 한다. 귤이니 탱자도 강진, 해남을 벗어지면 살기가 힘든 나무가 아닌가.

진도의 구기자니 동복 모란이니 구례 산수유니는 예로부터 한약방 사람들의 군침을 흘리게 하는 약재들이지만 왜 이 고장 특산으로 되었는지 그 연유는 아리송하다.

바다 쪽 섬으로 가면 후박나무들이 수림을 이루었고 거문도 동백림은 오동도의 동백쯤은 거들떠볼 맛이 없을 정도로 울울창창(鬱鬱蒼蒼)하다.

그렇다고 해서 충청도 감, 대추가 이 고장에서 안 되는 것도 아니요 황해도 사과나 대구 능금이 이 고장에는 안 여는 것도 아니다.

나주 배는 시방도 그 서근서근한 맛이 천하제일을 자랑할 만하지 않는가. 실로 우리 고장 전남은 천혜의 자연박물관이 아닐 수 없다.

흔히 박물관이라고 하면 오래된 돌조각이나 사기그릇쯤이나 모아 놓는 곳으로 지레 짐작해 버리지만 결코 그런 것이 아니다.

요즈음 계절적으로 나무를 심어 가꾸어야 하는 시기가 되어서인지는 모르지만 나는 가끔 박물관 앞뜰 25,000평에 나무 박물관을 만들어보았으면 하는 생각을 해 본다. 본시 시초부터 도민(道民)의 헌수(獻樹)에 의한 앞뜰이고 보면 각 지방에서 나는 고유수종의 수집 육성 또한 우리 박물관 기능의 일부가 되지 않을까 하는 뜻에서인 것이다(전남일보 1980.4.22).

하극상(下剋上)

극(剋)의 악순환(惡循環)

지금으로부터 이천 수백 년 전의 일이다. 중국 역사상의 일이기는 하지만 그때는 바야흐로 춘추 전국시대인지라 신하가 임금을 죽이고 아들이 아비를 내쫓는 풍조(風潮)가 있는 때였다. 이를 지켜본 맹자는 "오패(五覇)는 삼왕(三王)의 죄인이요, 요즘 대부(大夫)들은 요즘 제후들의 죄인이다"라고 하였으니, 이는 하극상의 풍조가 점점 극심해가는 당시의 사회를 개탄한 말이었다.

여기서 생각나는 것은 우리가 지금 겪고 있는 하극상의 사회풍조가 춘추 전국시대의 그것에 비교될 만큼 가열(苛烈)하여 이런 악순환을 웃어버릴 수만은 없는 현실에 부딪치고 있지나 않는가 하는 느낌이다. 선의(善意)의 경쟁을 넘어서 그저 남을 해치고라도 나만 살려는 풍조만이 만일 인간사회의 바탕을 이루게 된다면 그 앞날은 어떻게 될 것인가?

날로 각박해가기만 하는 인정세태(人情世態) 속에서 '믿는 도끼에 발등 찍힌다'는 속담은 하나의 어리석은 사람의 푸념처럼 되어 버렸는가. 믿는 도끼가 어디 있나!

도끼란 으레 제 발등을 찍는 것이라는 슬기를 만인에게 가르쳐야만 하는 세상이 된 것이다. 이미 인간과 인간과의 상하관계는, 아마도 주종(主從)의 상하관계뿐만 아니라 부자(父子)의 상하관계까지도 사랑으로 맺어진 것이 아니라 이해(利害)로 얽혀 있게 마련이라면 앞에서의 맹자의 말과 같이 "빼앗아 버리지 않고서는 만족하지 않는……[梁惠王 上]" 현상이 도리어 괴이할 것이 없는 것이다.

잇속에 얽혀 서로 할퀴는 세상이 되고 보면 사람이라는 머리 검은 짐승이 뜰 아래 강아지보다도 더 못 미덥고 무서워지는 것이다. 이러한 현실을 비꼬아서 '머리 검은 짐승(사람)은 기르지 말라'는 말이 있는데 이 말이 더욱 실감 나게 들린다. 사람이 강아지만도 못하다는 이 불신(不信)을 무엇에 비겨야 할는지.

악의(惡意)의 경쟁심(競爭心)이란

어느 국회의원 선거 때의 일이다. A는 다른 곳도 아닌 같은 선거구에서 일찍이 자기의 비서였던 C와 맞서서 싸워야만 했다. A와 C와의 인간관계에는 그들만이 아는 깊이와 곡절(曲折)이 있을 것으로 여겨지지만 그것은 그렇다 치고라도 그들이 적어도 정책상이나 이념상의 큰 차이점도 없이, 다만 국회의원이라는 하나의 목표를 놓고 싸운다는 그 사실 자체는 아무리 선의로 해석하고자 해도 보는 이들의 이맛살을 찌푸리게 하는 한심한 일이 아닐 수 없다.

민주주의 사회에 있어서 선의의 경쟁이란 실로 신성(神聖)한 것이니 C가 비록 A와 맞섰다고 한들 허물할 것은 못 된다. C가 A의 비서라는 지위를 버리게 된 데에는 아마도 A의 부덕(不德)이 그러한 결과를 빚어냈을는지도 모르겠다. 신이 아닌 A 역시 자기 부하에게 만족을 주었으리라고 믿기는 어려우니 말이다. 그러나 문제는 이러한 사실이 곧 하극상(下剋上)의 한 국면이 아닌가 하는 데에 있다.

남의 비서였다고 해서 국회의원이 되지 말라는 법은 없을 것이다. 그러나 왜 그는 별다른 정견이나 새로운 경륜(經綸)도 없이 그의 출마구역으로 옛날 자기가 섬기던 그 A의 구역을 택하여 그와 꼭 맞서야만 했던가? 부득이한 이유로 해서 그렇게 하지 않을 수 없었다고 하더라도 과연 그의 마음이 유쾌하였을 것인가. 유쾌했을 뿐만 아니라, 오히려 옛날의 상관과 맞섬으로써 느끼는 자기 성장의 기쁨과 아울러 승리의 자부심에 혹시나 도취(陶醉)하지는 않았을까 심히 의심스러운 일이다. 이러한 그의 감정은 결코 선의의 경쟁자와의 경쟁에서 오는 초조한 불안감보다도 옛 주인을 억누르겠다는 정복감(征服感)에 사로잡히지나 않았는가 싶다. 어쨌든 이는 민주주의를 가장한 하나의 하극상이란 치의(致疑)에서 벗어나기는 어려울 것이다.

한 회사의 사장은 전무(專務)가 두려워지고 국장은 과장이 못 미더워지고 형은 아우가 수상스럽고 아비는 아들의 눈치가 염려된다고 한다면 이보다 더 두려운 사실이 어디 있겠는가. 하극상의 풍조는 상호불신만을 가져오는 것이 아니라, 난신적자(亂臣賊子)만이 천하를 휘젓고 다니는 무서운 사회상을 빚어내게 마련인 것이다. 그리하여 주객은 전도(顚倒)되고 질서는 파괴되는 것이다.

극(剋)의 선순환(善循環)

그러나 역사상 하극상의 왕자(王子)가 적지 않은 것은 어찌된 일일까. 이조의 왕업(王業)이 위화도(威化島)의 회군으로 말미암아 이루어진 것은 역사가 우리에게 역력히 보여주는 사실이거니와 이성계(李成桂)의 왕명 불복종이 어찌 하극상이 아니라고 할 수 있겠는가. 그러나 오백 년의 왕업을 누린 이씨의 하극상을 탓하는 소리보다도 고려왕의 우매(愚昧)만을 비웃는 소리가 더함은 어찌된 일인가. 승자는 왕이 되고 패한 자는 역적이 된다는 세속적인 통례 때문일까.

중국 역사상의 고사(故事)에는 보다 더한 예가 있다. 은(殷)왕조를 세운 탕왕(湯王)과 주(周)왕조를 세운 무왕(武王)은 성왕(聖王)의 열에 오른 분들이다. 그러나 전국시대의 제선왕(齊宣王)은 이들이 모두 신하로서 주군(主君)을 시역(弑逆)한 것이 아니냐고 하며 그러고도 성왕의 열에 오르지 않았느냐고 따졌다. 제선왕의 속셈은 자기의 행동이 지나쳐서 급기야 시역의 선에까지 이르러도 이를 합리화만 잘한다면 성왕이 될 수도 있지 않느냐는 데에 있었다. 하극상의 왕자도 그가 승자일 때는 도리어 제폭구민(除暴救民)의 미덕으로 일컫게 마련인 것인가.

최근대의 일이기는 하지만 후진국가들의 정치적 불안이란 오로지 군사적 쿠데타의 악순환에서 오는 예가 많은 것을 우리는 알고 있다. 이런 일들은 모두가 민주주의적 헌정(憲政)이 제 구실을 못 하고, 권력이 성급하게 정권을 전복하는 데에서 오는 비정상적인 현상으로서 고대 왕조들의 창업이 보여준 바와 같은 제폭구민을 구호로서 내세우기는 하지만 이도 또한 외견상 하극상의 한 현상이 아닐 수 없는 것이다. 그러므로 우리는 이제 비서와 옛 주인과의 쌍립(雙立)에서 오는 하극상에서 비롯하여 천하를 손아귀에 넣으려는 왕자의 정치적 하극상에 이르기까지를 똑똑히 보고 있는 것이다.

그러면 하극상도 이성계나 탕왕(湯王)이나 무왕에게서 일컬어지는 바와 같이 하나의 미덕일 수도 있는 것일까. 그렇다. 탕왕은 걸왕(桀王)의 학정을 제거한 것이지 신하로서 왕위를 빼앗은 것이 아니요, 무왕은 주왕(紂王) 같은 잔악한 필부를 없앤 것이지, 신하로 그의 주군을 정벌한 것이 아니요, 우군도통사(右軍都統使)인 이성계가 우왕(禑王)을 내몰아 강화로 보냈다가 다시 강릉으로 옮겨 급기야 살해하기에 이른 것은 고려말의 부패로 인한 민생고를 덜기 위한 행동이었고 그가 왕이 된 것은 천명(天命)의 지시에 따랐던 것이라고 한다. 하극상도 이렇게 되면 4·19의거와 같이 결코 악덕(惡德)일 수는 없는 것이다. 그렇다면 하극상도 때로는 없을 수 없는 인간의 실천 강령의 하나일 수도 있는 것이 아닐까.

그러나 이러한 견해는 얼핏 겉으로 본 하극상이요, 그 참뜻은 아니다. 하극상의 참뜻을 더듬어 보기 위해서는 아마도 두 가지 면에서 살펴보아야 할 것이다. 이는 마치 정치에도 덕으로 다스리는 왕도(王道)와 힘으로 다스리는 패도(覇道)가 있듯이 하(下)가 상(上)의 뜻을 거스리는 경우만 하더라도 잘못을 바로잡기 위한 경우와 소위 극복을 목적으로 하는 경우가 있기 때문이다. 잘못을 바로잡기 위한 경우의 하극상은 우리가 일반적으로 통용하는바 하극상의 나쁜 어의(語意)를 변경하여서까지라도 갈채해야 할 일이다.

상극하(上剋下)에의 반항(反抗)

공자도 "사람구실을 해야 할 판에는 선생에게도 양보하지 말아야 한다[當仁不讓於師]"라고 했다. 이를 보면 비록 선생 같은 웃어른에게도 굳세게 나아가야 할 경우가 있는 것을 알 수 있다. 옳은 일을 위하여서는 누구에게도 양보하지 않는 굳은 신념과 이를 지키는 용기가 필요함을 말하여주는 것이다. 이런 경우는 흔히 겉으로는 하극상처럼 보일는지는 모르나 사실은 그것이 아니다.

이러한 씩씩한 인간이 사실은 사람다운 사람인 것이다. 이러한 사람을 의사(義士) 또는 쟁신(爭臣)이라고 한다. 이조 때 사간원(司諫院)의 간관(諫官)이 이런 유에 속할는지 모른다. 의를 위하여 불의의 군주에게 진정 충언하며 비판의 대상으로 삼는 것이 의인(義人)의 진정한 모습이다. 군왕의 불선(不善)을 바로잡기 위하여 죽음도 사양하지 않는 쟁신(爭臣)이나 간관을 많이 거느린 군주일수록 오히려 행복한 군주일 것이다.

『효경(孝經)』에 "쟁자를 가진 아비는 불의에 빠지지 않고, 천자가 쟁신 칠(七)인을 거느리면 도는 시들어도 천하는 잃지 않는다[父有爭子則 身不陷於不義, 天子有爭臣七人 雖亡道不失天下]"라고 한 것을 보면, "순종하는 것만을 옳다고 함은 계집의 도이니라[以順爲正者妾婦之道也]"고 한 말이 있듯이 순종만을 일삼는다고 해서 그것만이 항시 옳은 길은 아닌 것이다.

사실 나라가 위태롭고 사회가 어지러울수록 도리어 의를 위하여 싸우는 사람이 많아야 할 것이다. 소위 지당대신(至當大臣)들의 유유낙낙(唯唯諾諾)만을 일삼는 순종은 기울어 가는 사직(社稷)을 바로잡기는커녕 자신마저도 패망의 길로 떨어지게 된다는 사실을 우리들은 똑똑히 보았던 것이다.

혁명이란 어느 혁명이고 간에 본질적으로는 하극상의 범주를 벗어나지 못하는 것이지만, 그의 근본을 파헤치고 볼 때 의(義)·불의(不義)의 갈림길에서 그의 선악이 판가름 나는 것이다. 4·19는 밤

사이에 폭동에서 의거로 변했고, 갑오(甲午)동학란이 한때는 무질서
한 농민폭동으로 처리되었으나 요즈음은 이를 일러 민중운동이었다
고하니 저간의 소식을 일깨워 주는 산 증거라 하지 않을 수 없다.

승(勝)은 극(尅)이 아니다

상하의 질서는 또한 승순(承順)의 덕에 의하여 이루어지는 것이다.
보다 질서를 중히 여기는 군율(軍律)에 있어서 명령복종을 제일로
삼는 이유가 여기 있는 것이다. 군(軍) 사회에 있어서는 의와 불의를
따질 겨를도 없이 범상(犯上)하는 죄가 막중하다는 것을 우리는 잘
알고 있다. 그러므로 거기에는 상관의 지나친 횡포도 이를 인종(忍
從)해야만 하는 비정상적인 악풍이 없지 않으며 그렇기 때문에 숙원
(宿怨)의 발포사건 같은 것이 간혹 발생하는 것이지만, 직간(直諫)이
지나쳐서 범상(犯上)의 선까지 이르게 된다면 이는 실로 의(義) 아닌
하극상이 되기 쉬운 것이다.

그러면 여기서 우리는 서양의 명언 한 귀절을 상기해보자. 그것은
다름 아닌 "승리는 반드시 극복을 의미하는 것은 아니다"라는 것이
다. 참된 승리는 결코 남의 굴종(屈從)에서 오는 것이 아니요, 남을
정복한 결과만도 아니라는 말이다. 우리말로는 '승(勝)'이나, '극(尅)'
이 모두 '이긴다'는 것을 의미하는 것으로 되어 있지만, 승리로서의
이김은 곧 북두칠성(北斗七星)이 뭇 별 속에서 제자리를 지켜 빛나듯
뭇 무리 속에서 빛남을 의미한 것이지 결코 이리가 양떼를 쫓아 광
야를 점령하듯 홀로 천하를 휘젓는 정복자로서의 이김은 아니라는
뜻이다.

승리는 선의의 경쟁에서 오는 왕자의 길이요, 극복은 역투(力鬪)의

경쟁에서 오는 패자(覇者)의 길이다. 왕자의 길은 공존의 길이요, 패자의 길은 독존(獨存)의 길임은 잘 아는 사실이다. 힘으로의 극복은 남에게 가할 것이 아니라 실로 자기에게 가해져야 할 때가 있다. 소위 극기(克己)라는 말로 표현되는 자기 극복의 노력은 다름 아닌 자기 사욕을 극복하는 노력인 것이다. 이는 남을 정복하기보다도 더욱 어려운 자기 정복이 아닐 수 없다.

의 아닌 하극상에는 결코 극기의 자기 정복이 따르지 않는다. 자기의 사리 사욕을 극복하고 지공(至公) 대의(大義)에 사는 사람 치고 의 아닌 하극상의 잘못을 저지르는 사람이 있을 리가 없다. 극기의 대의(大義)에 사는 위인이 있어 그가 직언(直言)을 꾀하고 불의의 군주를 꾸짖는 일이 있다고 하더라도 이는 결코 하극상이랄 수는 없지 않을까. 이러한 일은 결코 범부(凡夫)로서는 흉내 낼 수 없는 일에 속하는 것이다. 실로 남을 정복하려는 욕심을 버리고 먼저 자신의 사특(邪慝)함을 극복할 용기를 가짐 직한 것이다.

또는 극(尅)의 극복(克服)은 인화(人和)에서

오동잎 하나가 땅에 떨어지는 것을 보고 가을이 왔음을 안 시인이 있거니와, 아우가 형에게 칼질을 하여 형이 살해되었다는 신문기사도 있다. 그 이유인즉 토지의 관리권을 형이 자기에게 주지 않기 때문이라 했다. 어디서 그러한 만용(蠻勇)이 나왔는지. 한때의 울분이 앞뒤를 생각지 못하게 한 것일까?

"효제의 도를 아는 사람은 윗사람에게 함부로 굴지 않는다[其爲人也孝弟 而好犯上者 鮮矣]"라는 『논어』의 한 귀절을 생각해보라. 이처럼 아우의 마음이 거칠어진 것은 그 원인이 어디로부터 온 것일까?

만일 천하의 아우가 이렇듯 형에게 칼질하는 세상이 된다면 그 종말은 어찌 될 것인가.

아들이 아비보다도 나은 것을 남들은 칭찬하고 아우가 형보다도 잘났다면 그것은 형의 시새움은 될지언정 남들은 그들 형제를 부러워할 것이다. "푸른 빛은 남빛에서 나왔지만 남빛보다도 더 푸르다[靑出於藍而靑於藍]"라는 말도 있거니와 이기는 길은 이렇듯 평화롭게 이루어질 수도 있지 않은가.

인간은 향상을 꾀하여야만 상달(上達)할 수 있는 것이다. 그럴 때마다 스스로의 앞에는 선배가 자리를 차지하고 있는 것이다. 선진과 후진(後進)이 전후군(前後軍)의 행렬처럼 앞뒤를 이루고 있다면 하극상이란 있을 수 없다. 구각(舊殼)을 뚫고 새 싹이 솟듯 성장한다면 거기에 또한 불의의 하극상이 있을 수 없는 것이다. 모름지기 하극상이란 때에 맞추어 알맞게 성장하는 대자연의 섭리 속에서는 이루어 질 리 없다. 다못 이는 비정상적인 돌연변이(突然變異)처럼 발생하는 이상(異常)현상이 아닐 수 없다.

『중용』에 "만물이 함께 자라되 서로 해치지 아니한다[萬物並育而不相害]"고 하였는데 이는 곧 천리(天理)가 아닐까. 이를 일러 만물공영(萬物共榮)의 대도(大道)라 할 수 있을 것이다. 춘하추동 사시절을 보라. 선진(先進), 후행(後行)이 서로서로 자리를 바꾸되 소리도 없고 싸움도 없지 않은가. 거기에는 오로지 송구영신(送舊迎新)의 아름다운 질서만이 만고의 지표로 되어 있을 따름이다.

동물의 사회를 보라. 그들에게도 자육(慈育)과 군생(群生)의 본능이 있다. 같은 무리끼리 서로 해치는 것을 볼 수가 없다. 그들 중에도 살모사(殺母蛇)라는 이름의 뱀이 있다고 하지만 이는 우리들이 들기만 해도 소름이 끼치는 짐승의 이름이 아닌가.

　불의의 하극상이 금수(禽獸) 이하의 행동이라는 소이(所以)가 여기에 있는 것이다. 그리고 오늘의 우리 현실에서 민주 시민이 지켜야 되는 성실한 행동의 반경(半徑)이 자기 분수를 지키는 것 이상으로 남의 처지를 생각하는 그 상하 친근의 정신에 있음은 자명해지는 것이다.

돋보기

벌써 작년 가을 일이다. 눈이 갑자기 흐려졌다. 나이 탓이라면 그만이지만 막상 흐려지는 눈을 쓱쓱 부벼도 소용이 없으니 생각이 좀 달라진다.

신문활자가 알쏭달쏭하다 누구를 탓하랴. 세상이 따라서 알쏭달쏭해지는 판이 아니냐.

신문뿐이 아니다. 전에 보았던 책, 보다가 말고 그대로 꽂아 두었던 책들, 오늘이고 내일이고 차분하면 보고 싶던 것들이 이제는 점점 안개 속으로 사라지는 판이다. 누구를 탓하랴. 미루기만 하던 죄다.

나는 아직 늙지 않았다. 억지로라도 이렇게 기를 쓰고 싶지만 눈알은 말뚱말뚱 비웃고만 있지 않느냐. 세상일에는 억지가 통하는 수도 있나 보지만 내 눈만은 그럴 상 싶지 않다.

C군은 나보다 다섯 살 아래다. 막 마흔이다. 내가 돋보기를 샀다는 이야기를 듣고 깔깔 대소(大笑)다. 네댓 해가 그리 먼가 보다. 남은 기막힌 판인데 군이 웃으니 나도 덩달아 웃을 수밖에. 그렇다. 웃

을 수밖에 없다.

　W형은 나보다 다섯 살 위다. 막 쉰이리라. 내가 돋보기를 샀다는 이야기를 듣고 싱글벙글 웃는다. 네댓 해가 그리 먼가 보다. 남은 기막힌 판인데 형이 웃으니 나도 덩달아 웃을 수밖에. 그렇다. 웃을 수밖에 없다.

　내일로 미루고 모레로 미루다가 오늘날 이 지경이 되고 보니, 마음이야 한 십 년 다 그서 보고도 싶지만 눈알이 흐려지자 머릿속까지 흐려지니 이를 어찌하랴.

　전에 노선생(老先生)이 콧등에 돋보기—그때는 거저 안경인 줄만 알았던—를 걸치고 안경 너머로 우리들을 넘어다보던 생각이 난다. 따지고 보면 선생과 우리들과는 2~30년 사이밖에 없었으련만 우리들이야 남북만리천하대세(南北萬里天下大勢)를 부르짖고 억천만년(億千萬年) 역사의 바퀴도 한 손으로 돌릴 듯이 덤비던 청춘시절이었고 노선생께서야 눈만 까막까막 시들어가는 석양볕을 아끼는 듯 안타까운 듯 우리들을 바라다 보았으리니 어느새 내 콧등 위에 돋보기를 얹어야 하게 되자 그때 그 선생의 일이 생각한다. 하염없는 인생의 일로 돌리기에는 너무도 부질없이 보내버린 세월인 것만 같다.

　있을 때 아끼라. 없어지면 아낄 것조차도 없느니라. 그렇다. 가면 그만이다. 돌이킬 길이 없는 것이 세월인가 보다.

　30년도 말고 40년이 넘는 세월 고비도 많긴 많았고 곡절도 없지는 않았다. 그러나 오늘에 내세울 것은 아무것도 없구나. 청춘은 만리 같다더니 만리가 이렇듯 허무하단 말이냐.

　그러나 나는 다시금 생각을 한번 가다듬어 본다. 벌써 늦지 않았느냐. 아니다. 아직도 좋아 아직도 멀었어. 멀었긴 무에 멀었어. 틀렸어 틀려. 아니야. 아니야. 늦지 않대도 그래. 아직도 늦지 않아. 그렇다. 늦지 않다. 아직도 늦지는 않다. 믿어 보자. 아직도 늦지 않다는 거기에 마음이 다소곳한 것을 보면 타다 남은 청춘의 정열이나마 꺼질 듯 말 듯 하는 불길이 상기나마 있는 까닭이 아닐까. 그렇다. 잿더미 속에나마 불씨가 아직도 남아 있는 까닭이기도 한가 보다.

엊그제까지도 나는 그렁저렁 지내노라는 말을 어느 때고 어느 곳에서고 두고 쓰는 문자처럼 써왔다. 이렇듯 그렁저렁이 40년이 되고 본즉 마음은 허퉁하고 앞길만 아득하다.

제가 하면 무엇을 할런가. 이렇게 자신을 비웃어 보기도 하고 아니 남들이 나를 비웃기도 할 것이고. 아니 그런 말이 나를 두고 그리 틀린 말이 아니기도 하지만 해 보고 싶은 마음 해놓고 싶은 마음 그렁저렁 세월만 보내는 사람은 되고 싶지 않는 그런 마음을 버리지 못하는 버릇이야 숨질 때까지 가져 본들 그리 큰 허물이 될 것 같지는 않다. 억지까지야 아니야 이런 억지는 기울어 가는 판에 써보는 억지라고 할 수도 있기는 하지만 막상 돋보기를 사들고 차마 쓰기는 싫고 그렇다고 해서 쓰지 않을 수도 없는 처지이매 다시금 생각을 가다듬어 이런 억지 뜻이나마 한번 가져보고 싶은 생각이 솔깃이 이는 것이다.

여름 햇볕이 지지는 듯 따가운 날씨다. 더운 기운이 뭉게뭉게 아른아른 솟는다. 나뭇잎도 유난히 반짝인다. 먼 산은 아지랑이 속에 묻히고 푸른 하늘마저 흐늘흐늘 억누를 듯이 덤벼드는 것같이 보인다. 때는 여름 자연의 정열 식어가는 가슴을 햇볕에 쪼여볼까 여름볕에 구워볼까 들로 나가보자 바다를 찾아보자 젊은이들의 세상. 정열의 세계. 그들의 세상 그들의 세계는 돋보기를 쓰고는 아무래도 살 수 없는 세상이요 세계인 것만 같다. 그렇다. 돋보기를 쓰기 전에 만리성(萬里城)을 쌓고 로마 성(城)을 이룩하고 만권장편(萬卷長篇)을 읽어두었어야 할 것이 아니었더냐(호남신문 4287.7.23).

자연과 함께하는 삶

 우렁찬 목소리와 더불어 자신의 존재를 알린 갓난아이를 부둥켜 안고 '왜 이 세상에 태어났을까'라는 어리석은 질문을 던질 어머니는 없을 것이다. 그저 한 생명이 새롭게 태어났음을 대견스럽게 여길 따름이다. '이걸 어떻게 키워야 한담.' 어머니의 마음은 마냥 무럭무럭 자라날 새 생명의 귀여운 재롱만으로 꽉 차 있게 마련이다. 거추장스런 표현이 될지 모르지만 인간이란 그가 걷고 말하고 생각할 줄 아는 '사람'이 되기 전에 먹고 숨 쉬는 하나의 생명으로 이 세상에 첫발을 내디딘다. 흔히 이를 우리는 생물학적 존재라 이르기도 한다.

 한 인간은 생물학적 존재로서 자연과 더불어 살아가야 한다. 그렇다면 자연이란 과연 무엇일까.

 동양에 있어서 우리의 선인들은 인간이란 하늘과 땅과 더불어 '하나'로서 존재하는 것으로 여겨왔다. 그러므로 인간이란 천지의 섭리를 저버리고서는 살아남지 못하리라는 교훈을 우리들에게 남겨놓았다.

그렇다면 천지자연이란 과연 어떻게 이해되어야 할 것인가.

첫째, 햇볕으로 이를 풀이해 보자. 이글이글 끓는 저 위대한 태양은 지구의 한 바퀴 자전을 통하여 밤과 낮의 조화를 이루어 놓았고 지구궤도의 공전을 통하여 365일의 춘·하·추·동 사계절로 인한 한·열·온·냉의 차등을 마련해 놓았다. 이 지구상에 생명을 타고난 만물은 인간뿐만이 아니라 한결같이 이러한 태양의 영향에서 벗어날 수 없음은 너무도 당연하다.

그럼에도 주야의 밝음과 어둠이 뒤바뀌어 밤이 없는 불야성이 마치 인류문명의 발전인 듯 착각하게 되었고, 도시의 고층 빌딩숲은 햇볕을 차단하여 쉴 새 없는 일조권의 싸움이라는 기현상이 번지고 있다.

이러한 반자연주의적 현상의 만연은 태양에만 국한되어 있는 것이 아니다. 옛날의 선인들은 자연을 땅과 물, 불과 바람으로 풀이하였다. 여기서 불을 태양이라 한다면 바람이란 공기라고 할 수 있다. 그렇다면 이 지구촌의 숨결을 좌우하는 공기의 오염은 어느 정도인가.

'응애' 하는 우렁찬 목소리와 더불어 이 세상에 태어난 갓난아이에게도 어머니의 젖꼭지에 앞서 하늘과 땅 사이에 가득 찬 이 공기부터 마시게 하지 않았던가. 그럼에도 불구하고 도시의 한복판에 놓여진 오염도의 수준이 마냥 위험 수위를 오르내린다면 도대체 우리들의 생명은 어떻게 될까.

자연의 섭리는 밤낮의 순환을 통하여 정화되게 마련이던 공기(바람)가 공장의 굴뚝과 달리는 차의 배기가스로 급기야는 오존층의 파괴라는 엄청난 재앙을 예고하고 있으니 이를 어찌하면 좋을 것인가.

다음으로 이 지구는 삼분의 이 이상이 물로 덮였고 우리 몸의 70%

이상이 물로 되어 있는 만큼 가장 중요한 자연의 선물인 물이 오염되어 믿지 못할 독으로 탈바꿈했다.

국토의 대부분을 잘라 댐이라는 저수지를 만들어 놓고 다목적 댐이라는 미명하에 우리들은 지금 살기 좋은 시설을 즐기게 된 듯 착각한다. 그러나 결국에 가서는 아차 하는 사이 한 치 둑이 터져 물난리를 겪게 된다. 과연 이런 실수를 어떻게 치유할 것인가. 더구나 금수강산에 가득 찬 정화수 같은 물이 공장의 폐수가 아니면 논고랑의 농약으로 더럽혀져 결국에 가서는 첫새벽에 물통을 지고 산중 약수터를 찾아가야만 하는 세상이 되었으니 자연의 은혜를 저버린 벌은 어떻게 받을 셈인가.

마지막으로 흙은 진정 우리들의 생명의 젖줄임에도 불구하고 토양의 진국을 빨아내기 위하여 비료를 남용하고 병충해를 막아내기 위하여 농약을 물 쓰듯 사용하여 땅은 이제 생기를 잃고 말았다. 이렇듯 인류의 반자연주의는 그 그칠 바를 모르는 위기에 직면하고 있는 것이다. 어머니의 젖줄을 되찾아 그의 맑고 달콤한 자연의 은총을 만끽해야만 살아남을 수 있으므로(월간 사람 사는 이야기 1991.11 월호).

봄 뜻

　봄은 어디로부터 오는 걸까! 문득 뜰 아래 난초가 눈에 뜨인다. 어느새 척후병처럼 바듯이 지각을 뚫고 세상을 내다본다. 아내도 반겨하고 '어마!' 소리를 지르고……. 아마도 봄의 대화는 이렇게 시작되나 보다.

　봄비가 가신 후의 날씨는 아직도 쌀쌀하건만 제철을 만난 춘정(春情)은 아랑곳없이 움직이고 있다. 봄눈이 녹은 양곡(陽谷)에는 푸성귀도 제법 자랐으리라. 봄이란 땅에서 솟는 것일까.

　"살찐 봄미나리는 임에게나 드리고저……"라 읊조린 시인의 정(情)에 봄 뜻은 깃드는 것일까! 개운한 보리국에 미각을 돋우는 계절이 되었으니 봄이란 입으로부터 오는 걸까!

　봄이란 바람결일까! 여인의 치마폭에서도 봄 뜻은 나부끼는 듯하다. 살결을 스치는 봄바람은 쏘는 듯하지만 감미롭다.

　이제 봄은 마구 다가오고 있나 보다. 봄비에 젖은 마음의 한구석에 봄 뜻은 도사리고 있는 것이다. 봄을 기다리는 겨레의 마음! 오랜 침묵을 깨고 속삭이듯 다가오는 춘정(春情)! 차가운 겨울날의 음(陰)예를 차버리는 햇볕의 따스함이 곧 춘의(春意)라는 것일까!

봄은 내게만 오는 것인가! 아니야!

만인의 마음을 설레 주는 봄 뜻은 바로 천하의 것일 게다. 겨울이 가고 나면 봄은 오고야 만다는 것쯤은 누가 모를까! 그러나 우리는 북극의 곰처럼 봄을 잊고 아니 봄을 모르고 산 지 오래다. 가난과 추위로 지쳐버린 이 땅의 백성들에게 봄 뜻은 어느 때나 그들의 마음을 어루만져 줄 것인가!

그러므로 봄 뜻은 희망이라 풀고 싶다. 푸릇푸릇 솟아오르는 그 뜻은 바로 대망을 품은 성현군자의 마음 바로 그것이기도 한 것이다. 요요(夭夭)한 일편의 눈모(嫩茅)에서일망정 우리는 불굴의 대지(大志)를 엿볼 수 있는 것이다.

개인이나 국가나 새 희망을 갖지 못한다면 급기야 퇴폐하거나 자멸할 수밖에 없다. 우리는 그럴 수가 없다.

이제 새 희망의 봄 뜻을 한 아름 안고 온 겨레의 가슴은 어제도 오늘도 부풀어 오르고만 있기 때문이다(전남매일 1967.2.26).

대지

우수가 지나고 경칩이 다가오니 대지 속에 묻혔던 만물이 다투어 지각을 뚫고 나온다. 동면에서 깨난 생명의 약동은 이로부터 비롯하나 보다.

잠시 대지(大地)의 덕(德)을 그의 상형(象形)에서 살펴보자! 그야 '지(地)'자는 좌토우야(左土右也)가 아닌가! 우야(右也)의 야(也)는 본래 사형(蛇形)의 변체(變体)인지라 이는 태고시대에 있어서의 파충류들의 전성시대를 상징한 것이므로 여기서는 잠시 이를 논외로 치더라도 좌토(左土)의 '토(土)'자에는 실로 고인의 깊은 뜻이 잠겨 있음이 엿보인다. '토(土)'자는 횡(橫)의 이자(二字)를 향상(向上)하는 일생명(一生命)이 이를 종(從)으로 관통(貫通)하고 있는 것이다. 이자(二字)는 상일하일(上一下一)로서 상일(上一)은 지면(地面)이요 하일(下一)은 지중(地中)인지라 지중에 뿌리박은 일체(一体) 생명(生命)이 향일(向日)의 줄기찬 힘으로 지면을 뚫고 이각을 나타낸 자가 바로 토(土)의 상형이 아닌가!

빙산의 일각처럼 지표에 나타난 눈(嫩)은 비록 깨알처럼 적다 하더라도 그의 뜻은 무한대로 뻗어 있음을 우리는 안다. 대지의 덕(德)은 무한대의 힘을 심장(深藏)한 데에 있는 것은 아닐까! 다시 말하면 뿌리를 감추고 있는 데에 있는 것은 아닐까! 감추어진 힘! 이를 우리는 저력이라고도 한다. 해방과 더불어 우리는 수십억 불의 외국원조를 받았음에도 불구하고 20년이 지난 오늘에야 비로소 조국 근대화를 부르짖으면서 소위 기간산업이니 국토 개발이니를 운운하고 있는 까닭은 어디에 있는 것일까! 이는 우리의 대지 위에 뿌리박고 자란 나무에서 딴 열매를 향유한 것이 아니라 남이 거저 준—다시 말하면 뿌리 없는 나무의 열매를 받아먹던 버릇이 국가의 근기(根基)를 가꾸는 데 있어서 조금도 보탬이 되지 못했던 까닭이 아닌가 하다.

우리는 모름지기 대지의 덕(德)을 사랑할 줄 알아야 하겠다. 눈에 보이지 않는 힘을 기르는 동안에는 지나친 결실을 성급하게 서둘러서도 안 된다. 대지 속에 깊숙이 뿌리박은 거목은 언젠가는 풍요한 열매를 맺게 마련이기 때문이다. 무의(巫醫)도 3대째 나지 않으면 영험(靈驗)이 없다 하거늘 우리는 어찌하여 당대발복(當代發福)만을 애써서 두는 것일까! 너무도 가난했던 탓이기도 하지만 우리는 한동안 '대지 속의 뿌리'를 가꾸는 노력에 힘써야 하지 않을까! 이는 바로 '대지의 덕'을 길러야 함을 의미하는 것이다(전남매일 1967.3.7).

경칩절

경칩(驚蟄)은 계칩(啓蟄)이라고도 하거니와, 이제 오랫동안 갇혔던 벌레들도 대지의 문을 열고 나오는 시절이라서, 그런 절후(節候)의 이름이 생긴 것으로 여겨진다. 수선(水仙)이며 난초는 이미 싹이 솟았고, 길가 아낙네들의 옷차림도 한 겹 엷어진 느낌이다.

살찐 봄미나리의 향취(香臭)는 혼자 다루기 아깝고, 보리국에 푸성귀들은 어딘가 촌티가 있어서 당기는 맛이 있다. 봄은 그래서 즐거운가 보지!

그러나 요즘 각급 학교의 입학기인지라 급제의 영광이 빛나는 뒷골목에는 봄을 잊은 낙방생들의 수가 얼마인지 모른다. 그들은 다시금 계칩(啓蟄) 아닌 칩거(蟄居)로 들어감으로써 재수생의 우수를 만끽해야 할 인생의 잔류부대가 되는 것이다.

어느 낙방생의 쪽지가 생각난다. "나를 찾지 말아 주세요." 그리고 그는 훌훌히 집을 나서버린 것이다. 그의 가출은 석존(釋尊)의 가출처럼 탈속 낭만의 길도 물론 아니다. 그렇다고 해서 부모가 밉다거나 형제가 보기 싫은 가출도 아닐 것이다. 그 어느 곳에서 어느 누가 그를 기다리고 있는 것도 아닌 것이다.

입시지옥이 언제부터 생긴 것인지는 모르지만 실로 유치원에서 대학에 이르기까지의 우리나라 전학령아동(全學齡兒童)들은 자나 깨나 이 지옥 속에서 살고 있다는 사실은 실로 호환(虎患)도 아랑곳없고 원(原)·수소탄(水素彈)보다도 더욱 소름이 끼치는 일이 아닐까! 한 동심의 가출은 바로 이 지옥에서의 탈출을 의미하는 것이다. 부모님들의 극성스런 요구는 마치 옥사장(獄司長)들의 채찍질로 느껴졌을 것이요 일류교에로의 열병은 동심의 허탈(虛脫)을 자아낸 것으로 보아야 할 것이다. 어느 나라의 사전에나 그렇지 않으면 어느 종교의 지옥사에 입시지옥이라는 단어가 있는가! 찾아봄 직하지 않는가!

서울의 어느 곳에서는 유치원의 과외공부도 있다는 기상천외의 이야기가 나돌고 있고 재수생의 100% 입학률을 과시하는 준비학원들의 광고가 판을 치는 이 봄은 우울하기만 하다. 경칩절이고 보면 이름 없는 미물까지도 춘정(春情)을 즐기는 이때에, 우리나라 어린아이들에게는 언제쯤 대지를 활보할 경칩절을 안겨 줄 것인지! 안타까울 따름이다(전남매일 1968.3.12).

철쭉이 피는 계절(季節)

　나는 4월을 좋아한다.

　내가 4월을 좋아하게 된 데에는 그럴 만한 사연이 없지 않다. 그렇다고 해서 뾰족한 사연도 아니기는 하지만……굳이 말하라 한다면 싱거운 이야기가 되어 버리겠지만 막상 이렇게 서두를 꺼내놓고 본 즉 말하지 않을 수가 없다.

　어릴 적 기억에 남아 있는 것 중의 하나에 '화전놀이'라는 것이 있다. 꽃잎을 따서 전을 부쳐먹으면서 노는 봄놀이를 말하는 것으로서 그때 그 꽃잎이란 진달래나 개나리를 두고 이른 말이요, 그중에서도 진달래 꽃잎으로 만든 부침개였으리라. 나도 고향뒷산에 올라 봄이면 거저 화전놀이 말고도 꽃잎만을 따서 야금야금 깨물던 기억이 아직도 새롭다.

　내게 이제 제2고향이 되어버린 광주 무등산을 잊지 못하는 사연 중의 하나에 중봉 철쭉이 있다. 이 철쭉은 4월 일찍이 피는 진달래와는 달리 4월의 고개를 넘어 5월로 접어들면서 피는 꽃이기는 하지만 어쨌든 피를 토하듯 붉은 두견화(杜鵑花)답게 온 산을 물들여 주는 것이다. 이때만 되면 눈에 훤한 고향의 전부이기도 한 철쭉이다. 이제는 다시 돌아와서 그 밑에서 살게 됐지만…….

내가 전에 살던 집 뜨락 한 귀퉁이에 진달래 한 그루가 있었다. 제법 키가 한 길을 훨씬 넘어서 훤칠한 모습을 갖추기는 하였지만 어딘지 모르게 다른 꽃나무들과는 달리 초라하게 느껴졌던 것은 웬일이었을까! 그의 주변에는 지나치게 영화를 자랑하는 모란이며 작약이며 영산홍에 장미까지 곁들여 있는 속이라서 그의 촌부(村夫)다운 초라한 모습을 감출 길이 없어서였을까!

산으로 가야 할 그의 발길이 잘못하여 내 집 뜰 안으로 들어온 탓이 아닐까. 짚신도 제 날이 좋다지 않던가! 진달래는 제 산으로 돌아가야 제구실을 할 것이었으리라.

4월은 그래서 좋다. 앞뒤 산 어디에서고 진달래는 우리들에게 춘3월의 첫 소식을 알려 주지 않던가! 내 집 한 그루의 그에게서 봄소식을 들으려던 나의 어리석음이여, 온 산이 4월만 되면 금수강산이 되어버리는 것을…….

나는 진정 이런 푸짐한 꽃잔치를 맛보게 된 우연한 행운의 기회는 물론 4월 초순이었다.

여기서 나는 다른 설명을 늘어 놓을 마음이 내키지 않는다. 도시로 도시로만 모여드는 사람들을 위해서 이 계절, 다시 말해서 4월로 접어들거든 들로 산으로 나가 보라 이르고 싶을 따름이다. 어디를 가나 온 산이 진달래로 덮여 있는 것이 조국강산이라 부르는 우리 땅이다.

나는 우연히, 그야말로 우연히 소위 서울로 뻗는 고속도로가 뚫리자 차를 타고 미끄러지듯 달린 일이 있다. 앞서 말한 것처럼 때는 4월 초. 끝도 갓도 없이 온통 진달래로 물결치는 강산에 나도 모르게 놀랬던(?) 기억이 새롭다.

아! 진정 호시절(好時節)이로고……

여기서 비로소 봄을 느꼈고 봄의 아름다움을 알았고 즐거운 봄에 취해 보았다.

그 후로 아마도 나는 이 4월을 잊지 못하게 되었는지도 모른다.

소위 왜정시대로 거슬러 올라가 보자. 이 4월만 되면 그들은 온통 벚꽃에 취했던 것이 아니었던가! 진해의 벚꽃이 서울로 올라가 창경 원에 이르면 이른바 그들의 벚꽃놀이는 절정에 이르렀다. 때는 바야 흐로 40년이 지났지만 아직도 우리의 4월은 벚꽃의 사월로 남아 있어 야 할 것인가. 그 청초(淸楚)한 진달래의 들잔치는 어떻게 하고……

이야기가 이쯤 되고 보면 한 마디 더 덧붙일 일이 있다. 그것은 다름 아니라 내가 몸담았다가 정년을 맞이한 대학을 맡아서 학장이 라는 자리에 앉았을 때 때마침 4월의 축제가 벌어지자 나는 잔치의 이름을 '철쭉제'라 명명한 일이 있다. 문리과대학을 상징하는 뜻에 서 진달래와 개나리의 두 꽃을 교화(校花)로 삼고 교정의 앞뒤에 심 게 한 일이 있다. 그 때문에서인지 지금도 옛 기억을 더듬을 때마다 나는 4월을 느끼고 봄을 맘속으로 되새겨 본다.

어쨌든 봄은 즐거운 것이기에 그래서 4월을 나는 좋아하게 되었 는지도 모른다.

흔히 사람들은 나이를 먹어갈수록 새삼스럽게 인생이란 무엇인가 라는 명청한 질문을 던진다. 그럴 때마다 사람들의 얼굴이 서로 다 르듯 제가끔 다른 대답들을 하지만 나는 간단하게 다음과 같이 대답하고 싶어진다.

"인생은 봄이다."

물고기는 물 속에서 살지만 물을 느끼지 못한다. 사람은 공기를 물보다도 더 마시고 살지만 공기의 공덕을 모르고 산다. 젊은 청춘 남녀들은 되레 청춘이 무엇인지를 모르고 산다. 그것은 마치 물고기가 물을 모르고, 사람이 공기를 의식하지 못하는 것과 조금도 다르지 않다.

그러나 만일 물고기가 물 밖으로 나왔다면 어떻게 될까! 물을 알게 될 뿐만이 아니라 그 물이 없이는 삶마저 잃게 된다는 사실까지도 알게 되리라는 것은 너무도 자명한 일이 아닌가. 그와 마찬가지로 인간이 살고 있다는 사실은 그가 봄의 생기(生氣)를 간직하고 있음을 의미하는 것은 아닐까!

옛사람들은 곧잘 봄과 가을을 비교하여 봄은 꽃이 피어 생장(生長)하고 가을은 열매를 맺어 수장(收藏)한다고 한다. 또 달리는 춘영추췌(春榮秋悴)라 이르기도 한다. 인생도 이와 같아서 청춘은 봄이라 생동하는 기운이 넘쳐흐르지만 노년으로 접어들면 겉마르는 나뭇잎처럼 시들어 감을 막을 길이 없다.

그러나 봄은 어디까지나 인생의 마지막 불씨인지도 모른다. 마치 물고기가 물 밖이라야 물의 고마움을 더욱 절실히 느끼듯 고희를 넘어선 나의 인생이기에 더욱 젊은 시절의 인생이 더욱더 절실한 봄으로 느껴지는지도 모른다. 마냥 청춘은 즐거운 것이라면 고희 아니라 미수에 이르러도 인생의 봄은 포기할 수 없는 것이 아닐까!

그러기에 인생은 봄이라 나는 이르고 싶어진 것이다.

어느새 이야기가 인생론으로 번지고 말았지만 봄을 즐기는 마당에서야 가을은 말할 필요가 없듯이 인생의 봄을 느낄 때는 늙음의 그림자는 거추장스럽기만 하다. 다시금 봄의 이야기로 돌리자.

엄밀하게 따지자면 철쭉과 진달래는 다 같이 철쭉과의 꽃이기는 하지만 서로 다르다. 우리들은 이들을 구별하되 참꽃 개꽃이라 하지만 진달래를 일러 참꽃이라 함은 물론이다. 개꽃은 짙은 빛깔이 화려하여 타는 듯 붉지만, 참꽃은 부드러운 분홍빛이 수수해서 좋다. 그런 연유에서인지 나는 수수한 진달래를 더욱 좋아한다.

앞서 말했듯이 내가 '철쭉제'라 이름을 지어 주었을 때 그 이유를 묻는 학생이 있었던 것으로 기억한다. 나는 그래 즉석에서 개꽃 아닌 참꽃 진달래 예찬을 몇 가지 늘어놓았던 생각이 난다.

진달래는 우리의 강토 어디에서도 수없이 자라지만 천하지 않다. 서민성(庶民性) 군생(群生)의 집단이지만 비굴하지 않으며, 몇 길 위로 뻗어 자라기도 하지만 고고할 뿐 교만하지도 않다.

그것은 곧 우리들 자신들의 모습인지도 모르기 때문에 진달래를 나는 더욱 좋아하게 되었는지도 모른다.

나는 4월이 다가올 적마다 노변(路邊)에 심어놓은 개나리가 노랗게 피어오를 때면 산속 깊숙이 멋대로 피어 있을 진달래를 생각한다. 아무도 보아주는 이 없이 피어 있겠지!

그러나 진달래와 개나리는 영원한 우리 겨레의 봄의 사자인 것이다. 영원한 봄의 젊음을 우리들에게 안겨주는 사자들이기에 철쭉이 피는 4월이 다가오면 나는 언제나 인생의 봄을 새삼 느끼곤 할 따름이다(일양 1983.4월호).

다시 봄이 오는 섭리

봄은 올해도 빠짐없이 다가오고 있다. 자연은 결코 우리들을 속이지 않는다. 아직도 산에는 잔설이 남아 있고 때로는 찬바람이 스쳐 지나가지만 봄은 어디선가 다가오고 있는 것이다. 그러기에 이때만 되면 봄을 기다리는 우리들의 마음은 항상 설레게 된다.

몇 해 전에 나는 상하(常夏)의 섬 하와이에 들른 적이 있다. 그때 나는 그 우거진 숲이며 탐스런 꽃들이 마냥 인간세상의 낙원을 방불하게 하는 것으로 느끼기는 하였지만, 따지고 보면 거기에는 진실로 봄은 없는 것은 아닌가 싶었던 것이다. 왜냐하면 거기에는 겨울이 없기 때문이다. 봄이란 실로 짓궂은 생각에서일는진 모르지만 엄동설한에 눈보라치는 추위를 잠재우고 꽁꽁 얼어붙었던 대지를 녹이면서 다가오기 때문이다.

그럼에도 불구하고 지난겨울은 유난히 따스운 날씨가 계속된 탓으로 해마다 추위를 견디지 못하고 샛노랗게 말라빠졌던 남국의 화초 치자나무의 잎은 조금도 시들지 않았을 뿐 아니라 제 푸르름을 그대로 간직한 채 월동하여 이제 새봄을 맞고 있다. 이렇듯 겨울을 잊은 듯 모르고 넘어온 앞뜰 치자에서 새삼스럽게 봄소식은 기대할 수 없고 차라리 몰아치는 설한풍을 견디다 견디다 못해 고목이 다 되어버린 치자나무 가지에서 빠듯이 피어나는 새싹과 더불어 봄의 정을 느끼느니만 못하다는 얄궂은 생각이 들기도 한다.

그러기에 봄이란 새싹과 더불어 빠듯이 피어나는 것인지도 모른다. 죽은 듯 썩어버린 고목에서 피어나는 매화처럼 봄은 회춘의 즐거움을 우리들에게 안겨주는 것이리라. 새벽녘 샛별이 유난히도 밝게 반짝이는 것도 저 칠흑같이 어두운 밤하늘을 뚫고 나온 그것이기에 더욱 빛나듯이 감미로운 봄의 정도 어쩌면 저 혹독한 겨울의 긴 긴 추위를 잠재우며 조용히 다가오기 때문에 진실로 우리는 저 봄의 고마움을 느끼게 되는 것이라 생각된다.

그런 의미에서 춘하추동은 우리들과 더불어 고락을 함께하면서 자연의 섭리의 고마움을 우리들에게 일깨워 주고 있다. 춘하추동의 변화야말로 자연의 섭리이며, 영고성쇠는 인간사의 섭리인 것이다. 그러기에 우리는 옛 성현들의 가르침에 인생은 비록 고해라 이르기도 하지만 또 한편 자연은 결코 우리들을 속이지 않는다는 사실도 잘 알고 있다. 봄 가면 여름이 오지만 겨울이 지나면 봄도 꼭 오고야 만다는 사실도 자연은 결코 속이지 않기 때문이다.

이를 일러 회춘의 섭리라 이르며 회춘의 섭리야말로 자연이 우리들에게 준 최대의 은총이 아닐 수 없다. 우리들이 살고 있는 인간세상은 결코 상하의 낙원일 수만은 없다. 차라리 차가운 겨울밤에 항시 새 봄을 기다리며 살아가야 하는 것이 우리네 세상살이라 해야 할는지 모른다. 우리는 봄이 다가올 때마다 보고 느끼는 그 회춘의 봄은 어제도 오늘도 우리들을 결코 속이지 않는다는 사실을 잘 알고 있기 때문이다. 그럼에도 불구하고 삶의 고통 속에서 회춘의 섭리를 믿지 않고 절망의 수렁에서 헤어나지 못하는 것은 무엇 때문일까!

봄이란 소리도 냄새도 없기 때문일까! 또한 빛도 형상도 없기 때문일까! 그렇다. 봄은 소리도 냄새도 없을 뿐 아니라 빛도 형상도 없다. 그러나 봄은 고난을 뚫고 이를 이겨낸 이에게만 성큼 다가와 주는 것이다.

하늘이 왜 우리들에게 병을 주고 절망을 안겨 주었을까! 짓궂게도 하늘은 회춘의 즐거움이 실로 얼마나 지극한 것인가를 우리들에게 일깨워주기 위해서인 것이다.

나는 항상 새봄이 되면 그야말로 활짝 핀 삶의 환희를 느낀다. 그 지루하던 겨울도 이제 가버리고 다시금 삶의 맛을 살갗으로 느끼기 때문이다. 그러나 그것은 결코 나만의 것일 수는 없다는 사실도 잘 알고 있다. 그것은 누구의 품에도 안겨지는 만인의 것이기 때문이다. 그러나 진실로 겨울을 뚫고 추위를 이겨낸 이에게만 비로소 성큼 다가오는 것이기에 봄은 소리도 빛도 냄새도 없다 이르는 것이 아닐까!(안녕하십니까 1987.3월호)

무등예찬(無等禮讚)

　1·4후퇴 때 목포항에서 일 년 남짓 묵은 일이 있는데 유달산(儒達山)의 산용(山容)이 아글내글한 바위더미로 생겨서 어찌도 악착스러운지 산이름답지 않은 괴상(怪相)에 절린 일이 있다. 그때 사람이란 사람과의 정만으로 사는 것이 아니라 산이건 물이건 '터'와도 정이 들어야 살 수 있다는 것을 느꼈는데 그럴수록 눈앞에 훤하게 그리워지는 것은 다름 아닌 광주의 무등산이었다.

　전에 서울서 학교 다닐 때 거의 10년이란 세월을 보냈건만 막상 서울을 떠난 후로도 남산(南山)이니 북암(北岩)이니 그다지 대수롭지 않게 잊고 말았는데 왜 무등산만은 그처럼 가슴속을 파고드는지! 어쨌든 목포항에 와서 더욱더 알뜰하게 느껴만지는 무등산이었던 것이다. 그럴수록 유달산과는 정이 떨어지고……

　그 후 다시 광주의 식객이 되었으니 이제 무등산과는 재회의 연이라고나 할까. 집터를 골라도 무등산을 조석으로 볼 수 있어야 했고 북향을 하고 길을 걷다가도 선뜻 뒤를 돌아다보고선 다시 발길을 옮겨야만 했다. 그 묵중한 무등산을 바라다보기만 하면 심중(心中)의 난(亂)이 저절로 가라앉기 때문이다.

이런 심정이 나뿐인가 하면 그렇지 않고 때에 따라 무등산이 화제에 오르기만 하면 모두가 공감이니 이는 아마도 무등의 후덕(厚德)이 인심(人心)을 사로잡는 까닭인지도 모른다. 해발 1,180미터의 높이를 가졌건만 마치 국궁(鞠躬)하는 유생(儒生)의 모습처럼 겸허(謙虛)하기 때문인가! 발아래 뭇 산들은 오히려 뾰족뾰족 하건만 자신의 모습은 언제나 나즈막하게 보인다. 그 육중한 하나의 덩치가 묵묵불언(黙黙不言) 무표정(無表情) 그대로 이어서 아마도 면벽구년선사(面壁九年禪師)의 모습이란 이런 것이 아닌가 하는 느낌을 주기도 한다.

대체 무등산은 왜 만인의 덕망(德望)을 독차지하는지! 좀 더 그 까닭을 한번 더듬어 보면 의금상경(衣錦尙絅)의 청취(淸趣)에 있다고나 할까. 비단 속옷에 얇은 삼베옷을 걸친 묘령의 청초한 여인처럼 그에게는 교태가 없다. 안개 걷힌 맑은 날씨에 연하고 부드러운 몸집을 빨가숭이처럼 그대로 내놓으면 우리 무등산은 거저 귀엽기만 하다. 아침 억센 조양(朝陽)이 눈부시게 산덩치를 뒤덮으면 아롱아롱 햇볕의 무늬가 비단결같이 빛나지만 우리 무등산의 자태는 결코 야속(野俗)하게 느껴지지 않는다. 조화된 미의 극치는 아마도 덤덤한 것인지도 모른다. 어째서 좋은지 모르나 거저거저 놓기만 한 것인지도 모른다. 금강산은 거저 12,000봉에 돌과 물뿐이란 이야기가 있지만 아마도 우리 무등산은 하나의 산덩치라고밖에 더 말할 수 없는지도 모르겠다.

이처럼 이 고을 만민의 애인(愛人)인 무등산이건만 이 고을 족속들을 자기의 품 안으로 좀처럼 유인하지는 않는가 보다. 거저 바라다보고만 사는 시민들더러 무등산 소식을 물으면 수박이 나고 차가 나고 증심사(證心寺)가 있고 원효사(元孝寺)가 있고 동란 때 공비의 소굴이었고 정도가 고작이요 더러는 충장공(忠壯公) 김덕령(金德齡) 장군(將軍)의 신화를 끼어 일장을 엮으리라 곁에 놓고 보기만 하는 이들의 이야기는 그렇다고 치고 산정(山頂)소식을 아는 이는 과연 몇이나 되는지!

정유 12월 15일 문리대(文理大) 제2차 등반(登攀)의 날 때는 동지 철이건만 청명한 날씨 산정에 올라 남북을 굽어보니 과연 쾌재로다. 직장에서 집으로 집에서 직장에로 쳇바퀴 돌던 내 생활에 어쩌다 이 날이 있었던고. 태산(泰山)에 오르매 노나라가 돈짝(?)만 하더라던 이야기도 있지만 무등산이란 구릉인 양하였더니 아마도 이 고을 태산(泰山)인가. 광주란 무등산 발목에서 옹기종기 모여사는 부락인 것을 마치 광주의 일각에 무등산이 있는 줄 착각하고 살아온 자신이 부끄럽다. 오늘에야 비로소 빙겁의 침묵 속에서 유유자적하는 무등산정(無等山頂)의 위용에 재삼 감탄하지 않을 수 없었던 것이다.

망견(望見)의 무등(無等)은 수박의 겉이요 무등산정(無等山頂)은 수박의 붉은 속이다. 이날 우리 등반대(登攀隊) 남녀학생 50여 명은 아침 8시 40분 현씨(玄氏) 제각(祭閣) 앞을 떠나 정오전에 산정에 이르렀다. 산의 중복(中腹) 화순(和順) 짤찌(?)고개를 넘어 진골재를 돌아 산정 턱밑에 이르니 물결치는 갈대의 누른 광야가 깔려 있다. 일행은 토끼처럼 뒹굴면서 들판을 수놓고 저 멀리 산정에는 기암괴석이 총립(叢立)한 그 앞에 설화(雪花)가 만발하여 때아닌 춘3월의 감흥에 일제히 환호를 부르짖었다. 무등산의 정교(精巧)와 비밀은 바로 여기에 있는 것을! 그것을 모르고 충장공 해장길로 멀다손 겁이 나서 일생을 부락 속에서 허덕이다가 고종명(考終命)하는 인생들도 허다한 세상이기도 한가 보다.

이날 일행 중 C형은 설화봉(雪花峰)의 황홀에 취하여 "생의 보람을 여기서 느끼노라"고 울듯이 덤빈다. 아마도 그의 낭만의 정열이 무등과 함께 불타기 때문이리라. 세 시간 설화봉상(雪花峰上)의 향연을 마치고 일행은 바른편 원효사 쪽 '비너스'의 계곡을 멀리 바라도 보면서 '사양릉선(斜陽陵線)'을 타고 귀로에 오르기는 하였지만 누구나 심중(心中)에 또다시 오르기를 기약하지 않는 이는 없는 듯. 이리하여 새해의 신정을 여기서 맞기로 한 것이 초4일 설중등반(雪中登攀)으로 결행된 것이다.

무술 신정 초4일 밤사이 눈이 뼘 남짓 쌓이고 아직도 함박눈이 휘날리건만 전일의 감흥이 아직도 생생하여 좌불안석 한번 작정한 결행의 이날을 그대로 구들장 위에서 보낼 수가 없었다. 뿐만 아니라 가위(可謂) 무등광(無等狂)이 된 정(鄭)·최(崔) 두형은 이틀 전에 떠나 이미 천문사(天門寺)에서 기다리고 있었고 열아홉 난 딸애가 동행의 허락에 흥이 나서 초밥이니 물통이니 법석대는 그의 처자다운 꿈을 이만 눈보라쯤으로 깨게 할 수 없는 애비의 의무에서도 이날의 행정(行程)을 그만둘 수 없었던 것이다.

그렁저렁 눈보라를 헤쳐 가면서 천문암(天門菴)에 이르니 모두들 깜짝 반긴다. 상봉(上峰)은 단념하자는 의견을 물리치고 줄기찬 행군의 결의를 만끽하면서 산상(山上)에 오르니 대관령에나 오른 듯 알프스나 정복한 듯 아마도 천상천하(天上天下) 유아독존(唯我獨尊)은 설산(雪山)이어야 하는가! 인간은 밥으로만 사는 것이 아닌 것을! 자신도 모르는 사이에 대자연의 위용 무등의 변환무쌍한 웅자에 스스로 도취하게 됨을 어찌할 수 없었다. 천군만마가 한꺼번에 쏟아지듯 마구 눈바람을 퍼다 붓지만 오히려 즐겁게만 느껴지지 무섭지가 않다. 주먹을 쥐고 소리를 치니 무등도 뗑 하고 울린다. 반신(半身)이 빠지는 눈길도 해수욕장 물결 속을 헤치듯 좌충우돌하고만 싶은 동심도 설렌다. 어릴 때 찬 눈 위에 사진을 찍던 버릇도 선생(鮮生)하여 눈 속에 얼굴을 찍어도 보고 뒹굴뒹굴 굴러도 본다. 만산(滿山)에 핀 설화(雪花)의 숲 속을 지날 때는 나뭇가지를 흔들어 우수수 떨어지는 낙화(落花)를 온몸에 뒤집어쓰고도 싶어진다. 봄꽃 가을 단풍은 안일(安逸)의 구경거리일는지는 모르되 찬겨울 설산(雪山)의 아기자기한 쾌락에 견줄 수야 있으랴 싶었다.

무등이란 결국 하룻길인 것을! 광주에 나온 지 어언 10년째 되건만 이제야 비로소 무등의 절경을 보게 되다니! 인간의 안일벽(安逸癖) 코앞만 보는 단려(短慮) 구멍 속을 헤어나지 못하는 생활의 포로, 이런 것들이 급기야 대자연과 인간과의 접촉을 가로막는 장벽인지도 모른다. 지프차의 뒷바퀴인 양 내 양각(兩脚)의 기력이 상기 싱싱한 한 춘하추동 어느 때고 맘 내키는 대로 무등 서석봉을 행하여 하룻길을 택하려니 결심을 굳게 간직해보는 이날의 설중등반(雪中登攀)이기도 하였다(전남대학보 1958.2.15).

서양의 변증법 논리 극복할 '한'사상

신화에 대한 올바른 접근태도

　신화학 안에서의 철학의 구실은 그 신화가 가진 사실성 여부를 캐내는 것보다는 차라리 그 신화가 지니고 있는 눈에 보이지 않는 진실성 여부를 알아보는 데에 있다고 하겠다. 그런 의미에서 볼 때 단군설화에 있어서도 우리는 단군설화의 사실성 여부보다는 차라리 그 설화가 안고 있는 참된 진실성을 알아보는 것이 단군설화에 대한 우리들의 철학적 접근 태도라고 해야 할는지 모른다.

　단군설화의 발생론적 배경은 삼위태백(三危太伯)을 중심으로 하여 만주와 몽고, 그리고 시베리아까지의 넓은 지대에 뻗어 있지만 그것이 중국에서 발생한 삼황오제(三皇五帝)설화와는 구조적인 면에 있어서 근본적으로 다른 양상을 보여주고 있다는 사실을 우리는 주목하지 않을 수 없다.

　첫째, 단군신화는 삼일신(三一神)의 신화인 데 반하여 삼황오제신화는 삼오황제(三五皇帝)신화라는 점에서 크게 다른 것이다.

둘째, 단군신화는 삼위일체(三位一體) 신화인 데 반하여 삼황오제
신화는 3·5의 숫자가 각각 나누어진 황제신화라는 점에서 크게 대
조를 이루고 있다.

셋째, 단군신화는 신인상(神人像)인 데 반하여 삼황오제신화는 신
인이 분리된 수인상(獸人像)이라는 사실도 주목해야 할 것이다.

넷째, 단군신화는 유목민을 주축으로 하는 산악신화인 데 반하여
삼황오제신화는 농경민을 주축으로 하는 상하신화라는 사실도 여기
서 지적하지 않을 수 없다.

이상과 같은 사실들을 놓고 두 신화를 비교해 본다면 이들은 근원
적으로 이질적인 신화라는 사실을 발견하게 될 것이다. 다시 말하면
우리의 단군신화는 중국의 삼황오제신화와는 본질적으로 다른 배경
과 아울러 구조적 특성을 간직하고 있는 신화라는 사실이다. 그러한
입장에서 우리의 철학적 접근이 시도되어야 함은 다시 말할 나위도
없다.

동학은 단군사상의 표출

먼저 이들 두 신화가 지니고 있는 수리(數理)개념을 정리해 보면
진실로 흥미 있는 결론을 얻게 된다. 한 마디로 말해서 단군신화의
3·1수리는 구심적인 귀일로 이해되고 있지만 삼황오제의 3·5수리
는 따로따로 분산되어 버리는 원심적 수리로 이해될 따름이다. 그러
므로 전자는 비논리적 수리로서 추상적이요 관념적인 수리라 한다
면, 후자는 논리적 이해가 가능한 수리로서 사실적이요 구체적인 수

리라 해야 할는지 모른다. 따라서 중국의 삼황오제설화는 역사적 현실로서 구체적으로 기록되어 있지만, 한민족의 단군설화는 지금도 하나의 유토피아적 신기루처럼 우리의 곁에서 한민족의 국조로서 존재해 있는 것이다.

이제 단군신화를 구성하고 있는 환인, 환웅, 환검의 삼신(三神)이 '하나'가 되어 유일신으로 이해된다는 사실은 결코 논리적 이해가 가능한 경지가 아님은 다시 말할 나위도 없다. 그러나 그러한 비논리적 경지일망정 단군설화는 우리들에게 이를 사실적으로 제시하면서 그의 뒷전에 잠재해 있는 진실성의 이해를 요구하고 있는 것이다. 여기에 셋을 하나로 이해해야 하는 '한'사상의 배경이 깃들여 있다고 할 수 있다.

단군설화 안에 깃들여 있는 '한'사상은 단군설화의 핵심이 되어 있음을 지적할 수가 있다. 단군교의 또 다른 이름인 대종교(大倧敎)의 교리서인 『삼일신고(三一神誥)』에서 "대종교의 교리는 3 · 1일 따름이다"라고 이른 것은 이를 두고 하는 말인 것이다.

여기에서 삼일신(三一神)은 조화(造化), 치화(治化), 교화(敎化) 등의 삼위상(三位相)으로 이해된다는 점에서 부(父), 자(子), 성(聖)의 삼위격(三位格)으로 이해되는 기독교의 삼위일체설을 방불케 한다고도 볼 수 있을지 모르지만, 단군설화에서의 삼일신의 상(像)에서는 대속(代贖)의 죽음이나 부활의 재생 같은 신인(神人)이 분리되는 사상은 끼어들 틈이 없다. 오로지 신인이 원융무애 '하나'로 존재하기 때문에 이를 종(倧)이라 이르는 것이다. 종(倧)이란 『단군고기』에서만 쓰인 오직 하나밖에 없는 한자로서 고대신인(古代神人)이라는 의미를 갖고 있음을 보아도 알 수가 있다.

그러므로 단군설화에 있어서는 3이 언제나 1로서 존재하며 1은 3에 의하여 1로서의 의미를 갖추게 된다. 이 점이 바로 삼일원리에 의한 '한'사상의 묘리인 것이다. 다시 말하면 3은 1에 의하여 그의 존재의미를 갖게 되고 1은 또한 3에 의하여 그의 존재 의미를 갖추게 됨으로써 삼일은 결코 분리하여 생각할 수 없다는 것이 삼일의 묘리가 아닐 수 없다.

이렇듯 삼자귀일(三者歸一)의 구체적 구현이 다름 아닌 "나라에 현묘한 도가 있으니 이름하여 풍류라 이르되 실상은 삼교(三敎)를 포함하였느니라"(최치원, 「난랑비서문」)는 글귀인 것이다. 이 구절을 이해함에 있어서 자칫하면 우리나라 고조선시대 이래로 조성된 고유의 풍류도라 할지라도 그것은 실상 유·불·도의 삼교를 내포하고 있을 따름이라 할는지 모르지만, 이를 삼자귀일의 묘리로써 이해한다면 사실상 유·불·도 삼교는 풍류도라는 일자 안에서 아무런 상충도 없이 '하나'로 존재하고 있음을 의미한다고 보아야 한다. 다시 말하면 삼자귀일의 묘리를 터득하지 못했으리라고 여겨지는 중국에 있어서는 유·불·도 삼교가 서로서로 밀고 당기면서 '하나'를 이루지 못하였지만, 그것이 한민족의 풍류도 안에서 '하나'를 이루게 되었음을 우리들에게 보여주는 글귀로 이해할 때 비로소 최치원의 이 비문은 생기를 얻게 될 것이다.

이렇듯 한민족설화인 단군설화에 있어서의 삼일의 묘리는 최치원의 풍류도로 전개되었음을 알 수가 있다. 이것이야말로 '한'사상의 한 줄기 맥락이라고 봐야 할 것이다. 풍류도 내에 귀일된 유·불·도 3교는 적어도 그 발상지 안에서는 각자 도생(圖生)하였고 우리나라 안에서도 각자 따로따로 발전하였지만, 적어도 한국 풍토 속에서 자

생한 많은 민족종교 안에서는 풍류도 내에서처럼 '하나'의 형태로
포섭되었다는 사실을 우리는 결코 간과해서는 안 될 것이다. 그것의
대표적인 사례가 다름 아닌 동학이라 이를 수가 있을 것이다.

어쨌든 이로써 우리는 단군설화의 삼일사상은 오직 귀일하는 '한'
사상이라 요약할 수밖에 없음을 의심할 수 없는 것이다.

'한'의 참모습은 조화와 균형

이제 단군설화의 구조적 골격을 이루고 있는 삼일의 '한'사상을
좀 더 깊이 이해하기 위해서는 중국의 역도(易道)나 서양적 변증법
과도 비교해 보는 것이 좋을 것이다. 왜냐하면 역도에 있어서의 음
양의 상대적 상반관계(相反關係)도 태극이라는 태일(太一)의 형상에
서 찾으려 하였고, 변증법에 있어서도 정·반이라는 상반된 개념을
합에 의하여 귀일시키려 하고 있음을 볼 수 있기 때문이다.

그러나 이들은 동상이몽을 꿈꾸는 삼란생(三卵生) 총아(寵兒)들임
을 알아야 할 것이다.

첫째, 중국에 있어서의 음양설은 그것이 비록 태극에서 분화된 것
이라 하더라도 그것은 결코 태극에의 귀일을 시도하려 하지 않고 또
다시 사상으로 분화되고 그것은 또다시 팔괘로 나누어지며 급기야
는 육십사괘라는 삼라만상을 낳게 되는 것이다.

그러므로 주자는 태극은 음양 양의를 낳았을뿐 그 자체는 리(理)
라 하였다. 그러므로 이일분수(理一分殊)일 따름이다. 이 점은 노자의
"도는 일(一)이요, 일(一)은 이(二)를 낳고 이(二)는 삼(三)을 낳나
니……"에서 보는 바와 같이 음·양 이기(二氣)는 또 다른 충기(冲氣)

와 더불어 삼(三)의 개념을 정리하는 데 그치고 말았다. 이로써 그들에게서는 분화된 이(二) 또는 삼(三)이 다시금 '하나'로 귀일하는 모습을 찾아볼 길이 없다.

뿐만 아니라 음양이기론(陰陽二氣論)은 후일 이원론을 낳고, 태극은 다시금 그의 근원을 무극에서 찾음으로써 적어도 중국의 음양설에서는 '한'의 흔적은 찾을 길이 막혀버리고 말았던 것이다. 오히려 그의 음양설은 또 다른 형태의 우주론의 하나인 오행설과 야합하여 실로 다기다단한 술수학을 낳고야 만 사실은 다시금 얘기할 필요도 없을 것이다.

둘째, 서양적 변증법은 그 유래가 길고, 또 그의 발전 양상이 다양하므로 여기서 한마디로 잘라 말하기는 어려우나 '한'사상과의 비교를 시도하는 뜻에서 그가 지니고 있는 정·반·합의 논리를 상고해 본다면 그들은 어디까지나 정·반의 대대(對對)관계를 골격으로 하고 있다는 점에서는 중국의 음양설적 대대관계를 방불케 한다고 볼 수 있다. 더욱이 음양설에서 우리가 주목하고자 하는 것은 그의 독음독양(獨陰獨陽)의 존재를 부인하는 장인 것이다. 그것을 거꾸로 이야기한다면 우주론적 구조는 언제나 음양이원의 대대관계로서만이 이해될 수 있는 이원론적 구조인 것이다.

그러한 이원론적 구조는 변증법에 있어서 정·반이 합으로 지양된다 하더라도 그것은 다시금 정·반의 이원적구조로 변화됨으로써 합으로서의 일원론적 존재는 관념상의 존재로 되고 마는 것이다. 이는 곧 음양설에 있어서의 독음독양의 존재를 부정하듯이 합의 존재도 부정되고 마는 셈이다. 그러므로 변증법에 있어서도 귀일의 '한'의 경지는 찾아볼 길이 없다고 해야 할 것이다.

그러므로 서구사상과 중국사상은 근본적으로 이원론적 우주론에 기초하고 있다는 사실을 다시금 상기하지 않을 수 없다.

셋째, 단군설화에 있어서의 '한'사상이 이들과 구별된다는 점에서 그 특성을 찾아내야 함은 다시 말할 나위도 없다. 한 마디로 말해서 '한'사상은 이원론의 극복에서 얻어지는 '한'의 영원한 지속에서 그의 참모습을 찾아내야 할 것이다.

'한'의 참모습은 진실로 음양론적 대립과 변증법적 갈등의 완전한 조화와 균형에서 찾아볼 수 있을 것이다. 이를 설화적인 각도에서 굳이 풀이해 본다면 범과 곰의 대립은 평화적 경쟁에 의하여 곰의 승리로 끝났고, 삼칠기일(三七忌日)의 고난극복 과정에서 모든 갈등이 해소됨으로써 단군신화 같은 조화와 균형으로 구성된 설화를 낳기에 이른 것이다. 단군설화야 말로 '한'의 이상적 설화임을 다시금 우리는 재확인할 수 있는 것이다.

변증법을 능가하는 '한'철학

이제 우리는 단군설화에서 추출된 '한'의 개념을 어떻게 이해하며, 또 이를 어떻게 규정하느냐에 따라서 '한'철학으로서의 한국철학의 본질을 이해할 수 있을 것이다. 왜냐하면 지금까지 보아온 과정에서 우리는 적어도 '한'사상이 중국의 음양론적 우주관이나 서양적 변증법과는 구별되는 특성을 지니고 있다는 사실을 알아냈기 때문이다. 그러한 의미에서 '한'사상의 특성을 몇 가지 간추려 보면 다음과 같다.

첫째, '한'은 물론 '하나'의 약칭이기는 하지만 그것은 결코 단수로서의 '하나'를 의미하는 것이 아니다. 그것은 적어도 둘 이상의 모든 수를 '하나'로 귀일시킨다는 점에서 이를 '한'이라 이를 따름이다. 그러한 의미에서 우리는 '한'을 전수적(全數的) '한'이라 부를 수 있을 것이다.

그러나 이러한 경우에 있어서의 '한'은 음양론에 있어서처럼 순수적(順數的)인 것이 아니라 아마도 역수적(逆數的)이라고 해야 할 것이다.

다시 말하면 역도(易道)에 있어서 태극은 음양으로 나누어지는—순수적인 셈을 하게 되지만, '한'사상에 있어서는 '하나'를 둘, 또는 그 이상의 수까지 거슬러 올라감으로써만이 이해되기 때문에 우리는 이를 가리켜 역수적 '한'이라 부를 수 있을 것이다.

이렇듯 '한'은 둘 이상의 모든 수로부터 역수적 방법에 의하여 이해되는 전수적 '한'이지만, 그것은 결코 둘 이상의 모든 수로부터 유리된 존재가 아니라 도리어 모든 수가 그 안에서 스스럼없이 조화와 균형을 이루고 있는 전수로서의 '한'이라는 사실을 알아야 할 것이다.

단군설화에 있어서 환웅이 무리 3,000과 풍백·우사·운사 등 세 신하를 거느리고 신시를 다스리는 모습은 '하나'가 아닐 수 없다. 여기서 우리는 단수로서의 환웅 '한' 사람을 보는 것이 아니라 그 안에서 무리 3,000과 세 신하를 거느리는 전수로 서로의 환웅의 모습을 확인하게 된다. 무리 3,000과 삼신(三神)의 역수로서 이해되는 환웅이기 때문에 우리는 그를 신웅(神雄)으로 떠받드는 것이다. 여기에 대조화를 이룬 '한'의 참모습이 깃들여 있음을 알아야 할 것이다.

둘째, '한'은 결코 서수적(序數的)인 '하나'가 아니라 거기에는 무한수적(無限數的)인 의미가 내포되어 있음을 알아야 할 것이다. 대수적(對數的)인 둘이 '하나'를 이루었을 때 무한수적인 생명이 창조되는 것이다. 그러한 의미에서의 '한'은 창조적 무한수로서의 '한'이라 이르지 않을 수 없다.

여기서 무한수의 무한은 결코 '없음'의 무(無)가 아니라 묘유(妙有)로서의 무한인 것이다. 그러므로 이를 달리 말한다면 영원무궁이라고나 할까. 아니면 영겁이라 할 수 있는 끝이 없이 긴 미래를 가리키는 것이라 해야 할 것이다.

단군설화에서 신웅(神雄)은 웅녀와 결합하여 단군을 낳는다. 신웅과 웅녀와는 서로 남남으로서의 대수관계이지만 결합하여 '하나'가 됨으로써 단군을 낳게 되니 이를 일러 우리는 창조적 생명의 탄생이라 이르지 않을 수 없다. 여기서 비로소 대수관계에서 얻어지는 무한수적인 '한'의 참모습을 발견하게 된다.

무한수적인 '한'의 개념 안에는 창조적인 개념이 내포되어 있을 뿐만 아니라 거기에는 역사적 유전(流轉)의 개념도 함께 내포되어 있는 것으로 이해되어야 한다. 그러나 그것은 중국의 그것처럼 상극법칙에 따른 역사 유전이 아니요 변증법적인 역사과정에서처럼 갈등과 투쟁에 의한 역사유전이 아니라 상생과 조화에 의한 영원한 역사유전이라는 사실에 유의하여야 할 것이다. 단군설화에 있어서의 대조화의 모습은 이를 단적으로 우리들에게 보여주고 있다.

셋째, '한'은 유한수적 시공(時空)의 개념에 구애받지 않는 존재자로서 존재한다고 할 수 있다. 이를 일러 우리는 어쩌면 절대수로서의 '한'이라 해야 할는지 모른다.

시간은 과거·현재·미래의 삼세(三世)로 나누어지고 공간은 상하·전후·좌우의 육합(六合)으로 이루어지지만, '한'은 삼세와 육합의 권외에 초연히 존재한다. 어쩌면 이는 불변수라 이름으로써 무한수적인 수를 방불하게 하기도 하지만 무한수는 그 안에 변수적인 성격이 내포되어 있다는 점에서 구별된다고 할 수 있다.

단군설화에 있어서의 환인과 환웅과의 부자관계에서 우리는 이를 확인할 수 있다. 환인과 환웅의 친화는 이인이면서도 영원한 '하나'인 것이다. 이들의 부자관계는 절대적인 불변의 천륜이 아닐 수 없다. 이들의 관계는 어떠한 시공의 변화에도 초연한 절대수로서의 '한'의 구현이 아닐 수 없다.

이상에서 보아온 바와 같이 단군 신화를 구성하고 있는 삼일신사상은 삼일수의 묘리를 형성하고 '한'철학을 낳게 한 배경을 이루고 있다. 이에서 연원한 '한'철학은 멀리 서구적인 변증법뿐만 아니라 가까운 중국의 음양론과도 다른 형태의 우주관을 갖추기에 이르렀던 것이다.

그러므로 단군신화야말로 한민족의 창의적인 '한'철학의 모태가 아닐 수 없다.

신바람 나는 신(神)과 인(人)의 합일

삼국시대로 접어들면서 삼일의 묘리는 현묘지도(玄妙之道)로서의 풍류도로 정립됨으로써 유·불·도 3교를 '하나'로 만들었다. 이는 '한'철학의 기층구조적 성과라 이르지 않을 수 없다.

통일신라시대로 접어들 무렵에 태어난 원효(元曉)는 불교도라 이르기보다는 차라리 '한'철학에 투철했던 화랑도(풍류도)의 한 학도였다고 보는 것이 옳을지 모른다. 왜냐하면 그의 화쟁(和諍)의 논리는 이원적 화엄교리를 귀일의 묘리로 정리했기 때문이다. 그리하여 그의 귀일의 '한'철학은 급기야 삼국통일의 정신적 지침으로 받아들여졌다는 사실도 우리는 결코 간과해서는 안 될 것이다.

원효 이후 한국의 불교는 선(禪), 교(敎) 일치를 주축으로 하여 발전했다는 사실도 우리는 결코 간과해서는 안 될 것이다. 왜냐하면 선과 교는 이원적 관계이지만 선교일치의 노력은 귀일사상이 그의 기층구조를 형성하고 있기 때문이다. 그것은 바로 '한'철학의 명맥이라 이르지 않을 수 없다.

조선조로 접어들면서 송학(宋學)은 이기이원론(理氣二元論)이 그의 주축을 형성함으로써 중국적인 이원론적 사유양식에서 벗어나지 못하였다. 그러나 그런 중에서도 율곡의 이기이이일원론(理氣二而一元論)과 다산의 신형묘합론(神形妙合論)과 같은 견해는 '한'철학의 입장에서 주목하지 않을 수 없다. 왜냐하면 다산의 묘합론은 현묘지도로서의 화랑도에 있어서의 영육겸전론(靈肉兼全論)을 방불하게 하는 것이 아닐 수 없기 때문이다.

이렇듯 '한'철학의 명맥은 단군 설화에서 연원하여 오늘에 이르기까지 철학·종교·윤리 등에 걸쳐서 면면히 이어오고 있다. 뿐만 아니라 그의 원초적 명맥은 한민족문화 전반에 걸쳐서 그의 기층구조를 형성하고 있는 것이다. 한 마디로 말해서 한문화의 기층은 신과 인간과도 '하나'로써 의식주로 발전하고, 나아가서는 사람과 사람과도 항상 '우리'로서 '하나'를 이루고 있는 것이다.

그리고 더 나아가서는 지금까지 분단되어 있는 남과 북도 '하나'가 될 수 있는 철학으로까지 발전할 때 비로소 '한'철학은 현대한국인의 생활 속에서 그 생명력을 간직하게 될 것이다(광장 1985.10).

권두논단

—5·18에 있어서 해원상생(解冤相生)의 길은 무엇인가

다시 되뇌고 싶지 않은 5·18이 또다시 돌아왔다. 그나마도 금년으로 어느새 강산도 변한다는 10주년을 맞이한 셈이다. 강산이 변했으면 인심도 변해야 하고 인심이 변하면 그 지긋지긋한 한도 풀려야 하련만 아직도 5·18의 한은 이글이글 끓고만 있으니 이 일을 어찌해야 할 것인가.

한이 맺히면 오월에도 서리가 내린다는데 광주의 서리는 언제나 녹아날 것인가. 10년이 내일 모렌데도 녹아날 기미가 보이지 않으니 이 일을 어찌해야 할 것인가.

5·18이라는 마의 숫자는 우리 광주와 무슨 악연이 그리도 길기에 가실 줄을 모르는 것일까. 5·18과 같은 환희의 숫자로 바꿀 수는 없는 것일까. 5·18의 해방은 언제 맞게 될 수 있을 것인지 까마득하기만 하니 이 일 어찌해야 할 것인가.

인류의 역사는 곰곰이 따지고 보면 한의 역사라 해야 할는지 모른다. 그럼에도 불구하고 오만한 승자의 말발굽 아래 짓밟힌 채 영원

히 그 한을 풀지 못한 원혼은 그 얼마나 많았던가, 우리 광주의 한도 그리 될까 싶어 안타까운 마음 가눌 길이 없으니 이 일을 어찌해야 할 것인가.

한은 풀어야 한다. 그럼에도 불구하고 광주의 한은 풀리지 않고 오늘에 이르렀다. 왜 광주의 한은 이처럼 풀리지 않는 것인가. 흔히 결자해지(結者解之)라 하였거늘 결자가 풀어주지 않는 까닭일까. 아니면 한의 응어리가 너무도 엄청나서 풀리지 않기 때문일까. 이도 저도 안 되면 이제 아무라도 불러다 놓고 꾸며야 할 것만 같다.

어느 병 치고 그것을 고치자면 그 근본원인을 알아야 함은 너무도 당연한 이야기다. 무당이라도 불러다 놓고 풀어야 할 응어리라면 그도 역시 그 병의 원인이 어디에 있는가를 알지 않고서는 풀 수 없음을 너무도 당연한 이야기가 아닐 수 없다. 그럼에도 불구하고 우리는 그의 근본을 치유하려 하지 않을 뿐 아니라 대중요법마저도 제대로 다스려지지 못하고 있는 것은 아닐까. 그런 상황 속에서 광주의 한이 풀릴 줄 안다면 그것은 마치 나무에 올라 물고기를 잡자는 어리석음에 진배없지 않나 싶다.

광주(光州) 속앓이의 뿌리

그렇다면 광주의 속앓이일 뿐 아니라 우리 겨레의 숨통을 짓누르고 있는 광주민주화운동으로 뒤늦게나마 불리게 된 5·18의 한은 결코 그 원인과 결과가 단순하지 않음을 우리는 잘 알고 있다. 그러므로 흥정은 붙여야 하고 싸움은 말려야 하는 것이라면 병은 고쳐야하고 한도 풀어야 할진대 이제라도 늦지 않았으니 이제 우리는 그 병원의 소재를 알기 위해서라도 그의 종합진단에 따른 이해에의 접근이 무엇보다도 먼저 선행되어야 하리라고 믿는다.

다른 모든 상황판단을 위한 수단과 마찬가지로 이 시대에 있어서의 5. 18의 이해도 도도한 역사적 흐름 속에서 성취된 그의 정치·경제·윤리, 나아가서는 철학과 종교적 측면에서의 분석에 의하여 비로소 종합적 진단이 내려지는 것은 아닐까. 우리는 광주를 이해하되 결코 코끼리의 코나 귀나 다리만을 만지작거리는 우를 범하지 않기 위해서라도 이들의 총체적 아니면 문화적 접근이 절실하게 필요함을 통감하게 된다.

이 지역은 본의 아니게 누구의 입에서 나왔는지도 모르는 푸대접이란 달갑지 않은 누명을 뒤집어쓴 채 살아오고 있다, 정말 푸대접을 받고 살아오는 것인지 아니면 그런 사실이 없는데도 불구하고 허튼 소리를 듣는 것인지는 알 길이 없다. 어쨌든 아니 땐 굴뚝에서 연기 나랴는 심정으로 본다면 아예 근거 없는 소리만도 아닌 것으로 느껴지는 것이 바로 이 지역 사람들의 심정이 아닌가 싶다.

"정(政)은 바름이다[政者 正也]"라는 옛말이 생각이 난다. 정치는 네모반듯하게 해야 한다. 그 말은 거꾸로 말한다면 정치란 불공평해서는 안 된다는 것이 아닐까. 그럼에도 불구하고 불공정한 정치현상으로 말미암아 어느 지역에서는 활기찬 웃음소리가 담 너머까지 터져 나오는 반면에 어느 지역에서는 한숨소리가 땅이 꺼지도록 가슴 속을 후벼낸다면 잘하는 정치라 할 수 있겠는가. 인사문제가 어떻고, 취직률이 어떻고 하는 자질구레한 이야기를 여기서 새삼스럽게 꺼내고 싶지는 않다. 여태까지 '하나'로 살아온 우리들이 언제부터 이렇듯 푸대접으로 갈라서게 되었을까. 이제 이 불공정한 정치현상이 바로잡아지지 않고서는 근본적인 치유는 기대하기 어려운 중증에 걸려 있음을 아는 자 몇이나 될까.

이 지역에 있어서의 경제적 불균형에 대하여서는 소위 도민 소득의 순위로 보아서 해방전의 상위권에서 최하위로 전락한 사실은 너무도 명확하여 아무도 숨길 수 없음은 다시 말할 나위도 없다. 여기서 우리는 결코 가난함을 부끄럽게 여기지 않는다. 자못 굶더라도 다 함께 굶고 잔치, 나들이를 가더라도 다 함께 가자는 것이다. 민산(民産)의 요체는 소득의 균등에 있음은 두말할 것도 없이 균오민(均吾民)정책의 제1과가 아닌가.

뒤늦게나마 이러한 소득불균형이 가져오는 상호 간의 위화감을 덜기 위하여 신문지상에는 화려한 보도자료가 쏟아져 나오고 있지만 아직까지는 가시적인 성과를 기대하지 못하는 상황인지라 이 지역의 허기증은 가실 길이 없다. 배는 불러야 실감이 난다. 헛배만 불려놓고 실속이 없다면 그것은 아예 듣도 보도 않았던 것만 못하지 않을까. 요즈음 와서 떠들썩하게 서두르고 있는 푸짐한 서남해안의 개발도 계획보다는 실속이 있어야 함은 다시 말할 나위도 없다.

'한'으로 따진다면 광주의 '한'은 이러한 정치 또는 경제라는 일시적이요, 피상적인 현상에 깃들여 있는 것이 아니라 어쩌면 보다 더 깊숙이 광주의 마음속에 파묻혀 있는 것인지도 모른다.

왜 폭도인가

광주는 5·18의 그날 남을 죽이거나 남의 것을 빼앗은 일은 추호도 없다. 그럼에도 불구하고 왜 폭도라 불렸을까. 너무도 억울한 광주의 마음을 알아주는 이 없다면 5·18의 한을 어떻게 풀라는 말인가.

6·25의 민족상잔의 쓰라린 역사적 상처를 안고서도 우리는 자나 깨나 '하나'가 되어야 한다는 민족적 지상명령을 우리들은 저버릴 수 없지 않는가. 6·25의 그날로부터 비롯한 참담한 주검들은 얼마나 많은 원한을 이 강산 굽이굽이마다 뿌려 놓았던가. 백만의 생명을 앗아갔고 십만의 외군의 시체를 이 땅에 묻은 그 쓰라린 원한마저도 통일을 위하여서는 씻은듯이 잊어야 할 이 시점에서 잊기로 든다면 5·18의 몇 백, 몇 천의 희생쯤이야 새 발의 피라 해야 할는지도 모른다. 그럼에도 불구하고 왜 광주는 끈질기게도 그 한을 잊지 못해 몸부림치는 것일까. 그것은 너무도 광주의 순결했던 그 마음을 몰라주기 때문이 아닐까. 한 마디에 천냥 빚도 갚는다는데 광주를 위하여 따뜻한 말 한 마디 없다고 여겨지는 광주의 마음이 안타까울 따름인 것이다.

이제 우리는 '하나'가 되어야 할 역사적 시점에 와 있음을 모르는 바 아니다. 그러기 위하여서는 푸닥거리를 해서라도 모든 원한을 풀어야 한다는 것쯤이야 뉘라서 모를 리도 없다. 그것은 어쩌면 정치적이기에 앞서 철학적이요, 종교적인 과제라 해야 할는지 모른다.

역사는 저 강물처럼 쉬지 않고 흐르고만 있으며 결코 역류하지도 않는 것이 역사의 흐름이 아니겠는가. 불자가 아니더라도 역사의 시간은 우리들에게 과거와 현재와 미래가 있음을 일깨워준다.

우리는 8·15해방의 기쁨도 이미 지난 과거로 묻어버린 지 오래고 6·25의 그 참담했던 상처로 아물도록 있어야 할 때를 맞고 있다. 그것은 민족의 하나됨을 증거하기 위한 민족적 양심 때문임은 다시 말할 나위도 없다. 우리 광주의 마음도 이 역사적 흐름 속에서 역류할 수는 없다. 이제 남북이 '하나'되어야 한다는 지상명령에 따르기 위해서는 내 가까운 이웃부터 서로 따뜻한 마음을 주고받는 사이가 되어야 함을 모르는 바도 아니다. 그러기 위해서는 6·25의 상처를 과거 속에 묻어버리듯이 5·18의 원통함도 과거 속으로 장송해버려야 할 날이 코앞에 다가와 있는지도 모른다.

잃어버린 윤리성 회복돼야

이제 현재는 우리가 바라거나 바라지 않거나 간에 6·25의 그것이 그러했듯이 5·18도 이제 차츰차츰 스스로의 현재의 위치를 다가오는 새 시대를 위하여 과거로 옮겨 앉지 않을 수 없도록 되는 것은 아닐까. 종교인들은 이를 일러 새로운 시대는 투쟁의 상극(相剋)시대에서 화합의 상생(相生)시대로의 전환이라 하지만 어쨌든 이러한 어려운 표현은 별문제로 치더라도 역사의 흐름은 우리들에게 새로운 변화를 기대하고 있는 것만은 웬만큼은 피부로 느껴지는 것이 사실이다. 그렇다면 이러한 역사적 변환기의 요구에 부응하기 위하여서는 우리들은 이에 어떻게 대응하여야 할 것인가.

이를 위해서는 정치적 정의와 경제적 균등이 선행되어야 할는지 모르지만 이에는 반드시 윤리적 관계와 종교적 이해와 철학적 신념이 뒷받침되지 않고서는 '하나'에의 길은 좀처럼 트일 수 없지 않을까 싶은 것이다.

윤리적 관계란 무엇을 가리켜서 하는 말인가. 좀 어려운 말로 표현하자면 윤리란 본래 '나와 너와의 관계'를 의미하는 것이다. '나와 너와의 관계'를 깍듯이 이해한다면 그것은 윤리적이라 할 수 있지만 이에 반한다면 그것은 비윤리적이 아닐 수 없다. 6·25가 터진 것도 그 이면에는 윤리적이라기보다는 비윤리적 상념이 깔려 있었기 때문임은 다시 말할 나위도 없다. 그들이 우리를 더불어 함께 살아야 할 이웃으로 생각했다면 어떻게 남침할 수가 있었겠는가. 그러므로 우리는 지금이라도 남북이 하나가 되기 위해서는 잃어버린 윤리성의 회복이 무엇보다도 먼저 소생되어야 할 것임은 다시 말할 나위도 없다. 5·18의 저 참담한 진압작전의 비윤리성을 탓하는 까닭도 여기에 있다. 이에 우리들의 새 역사는 새롭게 더불어 살아야 하는 상생(相生)시대를 희구하는 소이도 바로 여기에 있는 것이다.

다음으로는 종교적 이해를 들지 않을 수 없다. 윤리란 나타난 세계라 한다면 종교적 심성은 보이지 않는 인간의 마음의 세계라 해야 할는지 모른다. 그러한 의미에서 인간의 마음이 바르게 되지 않는 한 인류의 이상세계는 하나의 모래 위에 세워진 누각에 지나지 않을 것이다. 그러므로 상호 간의 이해는 어디까지나 보이지 않은 마음의 이해 없이는 한낱 거짓이나 꾸밈새일 따름이다.

'한'이란 위에서도 누차 언급한 바 있듯이 좀처럼 풀기 어려운 응어리인 것이다. 우리 겨레의 민족사에 한맺힌 응어리는 지금도 풀길이 없지 않은가. 아직도 광주에 있어서의 현재형의 응어리를 풀지 못하는 이유도 여기에 있다. 그러므로 한 시대의 응어리를 풀자면 적어도 종교적 사랑으로 감싸주는 진실된 이해가 있지 않고서는 결코 이루어질 수 없음을 알아야 할 것이다. 광주의 한이 경제적 보상이나 제도적인 명예회복만으로 풀리지 않는 소이가 여기에 있는 것이다.

이제 서로 마음을 터놓아야 한다. 서로서로의 잘잘못을 고백하고 진실된 마음으로 만나야 한다. 여기에 종교적 심성의 진실성이 요구되는 소이가 깃들어 있다고 보아야 할 것이다.

광주(光州)의 한(恨), 예술 통해 승화

마지막으로 우리의 민족과 겨레는 하나의 신념을 가져야 한다는 사실을 일깨우지 않을 수 없다. 계급사상이 침투되면 민족은 하나가 될 수 없고 노사 간의 분쟁이 심화되어도 민족통일의 길은 멀어질 수밖에 없다.

자고로 우리 민족은 '하나'에의 지향성을 간직하며 커왔다. 그것을 일러 한철학이라 이르거니와 표제의 해원상생의 길도 따지고 보면 한철학의 구현이 아닐 수 없다.

실로 해원이란 말은 쉬워도 그의 실천은 결코 손쉽다 이를 수 없음은 다시 말할 나위도 없다. 한은 남이 풀어주어야 하는 것이 아니라 내가 스스로 풀어야 하기 때문에 더욱 어려운 것인지도 모른다. 여기에는 모든 것을 참고 견디어내야 하며 미움도 사랑으로 바꾸어야 하며 관용의 미덕마저도 거기에 곁들여져야 하기 때문이다. 결국 해원이라 해야 할는지 모른다.

5·18도 이제 10년째를 맞이하여 정치적 기념행사에서 문화적 기념행사에로의 전환을 예고하고 있다. 이제 5·18의 원한 어린 추억도 시로 읊어지고 소설로 쓰일 뿐 아니라 노래와 춤으로 승화되어 가고 있다. 그림과 조각으로도 남게 됨은 물론이다.

한의 예술화는 우리 선인들의 장기의 하나다. 청자의 푸름 속에

한 맺힌 설움을 담고 판소리의 가락 속에서 기막힌 한을 풀기도 하였다. 이제 5·18의 한도 그러한 길을 걸을 참인가. 그러나 우리는 5·18의 한은 잊지 않으리라. 그러나 인류와 민족의 삶을 위하여서는 서슴없이 풀 날을 기다릴 따름이다(전교학신문 1990.5.16).

생활의 주변에서

항도편신(港都片信)

C형(兄)!

저희들이 항도(港都) 이곳에 온 지도 어느덧 한 달이 훨씬 지났습니다. 되놈들의 발길에 짓밟히지나 않나 하는 실없는 착각(錯覺)에 불이야 불이야 떠나오던 무렵 일을 생각하면 서글프기도 하고 한낱 부끄러운 생각도 없지 않았습니다. 그러나 연약한 아내의 말을 빌리지 않더라도 놈들이 한번 진탕을 치고 간 뒤로 공산당(共産黨)이라면 지긋지긋해서 다시 놈들의 휘하(揮下)에 짓밟힐 바엔 차라리 한낱 유민(遊民)의 이 길이 죽음보다 낫다는 것이었습니다. 사실 우리들에게는 본의(本意) 아닌 기간(期間)이었지만 놈들의 행패(行悖)를 겪은 두 달 동안의 체험(體驗)이란 너무도 생생(生生)하고 아직도 국위(國威) 미달(未達)의 벽지(僻地)에선 피에 주린 애혈귀(愛血鬼)의 무리들이 살인(殺人) 방화(放火) 약탈(掠奪)을 지행(恣行)하고 있는 현실(現實)을 뼈에 저리도록 몸서리치고 있던 판이라, 그만 남(南)으로의 남하유민(南下遊民)의 대열(隊列)에 끼어 이 길을 떠나기로 결심(決心)

하였던 것입니다. 요즈음 K시에서 그대로 버티신 어른들이 우리들의 경솔(輕率)을 조롱한다는 말도 들었습니다마는 나는 차라리 이 민족적(民族的) 일대(一大) 수난기(受難期)에 이들 유민(遊民)의 대오(隊伍)에 끼여 그네들과 호흡(呼吸)을 같이하며 운명(運命)을 같이할 각오(覺悟)를 다시금 새로이 간직하게 된 것은 오히려 행복(幸福)으로 생각하고 싶습니다. 찾아볼 아무도 없고 맞아줄 이 또한 없이 오고 가는 무리들이지만 오직 조국재건(祖國再建)의 희망(希望)만이 그들의 가슴속에 어리고 그들의 동자(瞳子)에서 빛날 뿐인 것을 형(兄)은 잘 알으시리라. 떠나자 가자, 그러나 다시 회군중래(回軍重來) 개선(凱旋)의 날이 멀지 않을 것을 굳이 믿고 떠나는 이 길이어니 깃들여 살던 내 고장이 만일 북적(北狄) 호만(胡蠻)의 화(禍)를 면(免)치 못했을진대 고토(故土) 향려(鄉廬)의 변모(變貌)를 다시 어찌 대(對)할 것이며 향우(鄉友) 노약(老弱)의 성음(聲音)을 다시 어디서 들을 수 있을까. 당화(唐禍)를 피(避)하여 부소산(扶蘇山) 기슭 낙화암 위에 모여들던 3,000궁녀의 무리들과 같이 파도치는 다도해의 섬 기슭을 찾아 물밀 듯 내려오는 1천만 피난민의 가슴 깊이 아로새긴 비통의 피눈물을 어디다 씻어야 옳단 말인가. 그러나 우리들은 이 고난의 길을 자부(自負)하고 나선 무리들인 것입니다. "참자 견디자 희망에 살자. 명일(明日)을 위해서 명랑(明朗)하게 살자." 이것만이 우리들의 오늘의 구호이며 민족적 지상명령에 순종하는 단 하나의 길이라고 생각하는 것입니다. 항도 M시의 거리는 이들 피난민(避難民)의 거센 호흡(呼吸) 속에서 비분(悲憤)과 희망의 교차(交叉) 위에 어쩐지 바쁘고 어수선합니다. 다도해(多島海)의 물결은 그대로 잔잔하건만 오가는 배 소식(消息)만이 마음을 설레게 합니다. 큰 배 작은 배 돛을 감고 돛을 풀고 그러는 사이에 항도의 해는 지고 다도해의 달은 솟는가 합니다.

C형!

항도 M시의 거리도 정(情)들일 탓인 것을 나는 알았습니다. 지나치는 나그네의 눈에는 어육(魚肉)의 거리요. 아늑한 K시에서 굴러온 길손들에게는 훤소(喧騷)한 거리로밖에 볼 수 없는 이 거리도 해가 지고 달이 뜨는 사이에 어쩐지 차츰차츰 정(情)다워집니다. K시, 제가 살던 고장은 철(鐵)둑 너머 수원지(水源池) 바로 밑 반(半) 남아 숲 속에 가리워진 산장(山莊)이었지요. 도심지대(都心地帶)에서 멀리 떨어진 저희 집에 언젠가 놀러 오셨을 적에 뻐꾸기가 산(山) 너머로 사라지자 괜히 향수(鄕愁)에 잠기던 일이 생각납니다. 구슬이 댕그르르 떨어지는 것 같은 꾀꼬리 소리 후두둑 찍찍. 날아가는 꿩서방 요즈음의 안후(安候)가 궁금합니다. 그러나 앞 바다 건너 큰 섬 작은 섬을 휘돌아 대한(大寒)철 찬바람을 타고 창공(蒼空)을 휘저으며 너울거리는 갈매기들을 볼 때 새로운 벗을 얻은 기쁨이 또한 일지 않을 수 없습니다. 산골 처자(處子) 꾀꼬리는 깊숙한 숲 속에 감추어진 채 영원(永遠)한 정절(貞節)을 지키고 있지만 바다의 낭군(郎君) 갈매기는 태평양(太平洋)의 물결이 어디로 흐르건 내사 모른다는 듯 유연(悠然)한 그 모습은 과연(果然) 장부(丈夫)의 기풍(氣風)이 있습니다. 법석대는 M시의 거리에서 지내는 우리들에게 갈매기 그대가 없었던들 외로운 향수(鄕愁)의 심회(心懷)를 의탁(依托)할 바 없었을 것입니다. 만인(萬人)의 행로배(行路輩)보다 한 사람의 진실(眞實)한 벗이 우리에게는 얼마나 그립고 아쉬운지 아는 사람은 알고 모르는 사람은 모를 일입니다. 불의(不意)에 굴러 내려온 남국(南國)의 포구(浦

□), M시도 정(情)들일 탓이요, 장부(丈夫) 갈매기를 만나 사심(私心) 없는 교류(交遊)를 즐길 수도 있는 고장인 것을!

C형(兄)!

한동안 북적대던 포구의 선창도 인제는 제자리를 잡아 고깃배 나무배 젓독배 김배들이 들고 또 나고, 나고 또 들고 있습니다. 길거리를 거니는 시민(市民)들의 발걸음도 개운해 보이고 군화 소리도 조용히 사뿐사뿐 거니는 우리 군경(軍警)의 유연(悠然)한 모습은 어딘지 믿음직해 보입니다. 구정(舊正)을 치르고 입춘(立春)도 지난 이즈막의 M시는 신춘화기(新春和氣)도 새로이 아롱지기 시작합니다. 아! 참 새해의 희망을 한 아름 싣고 항도의 여명(黎明)은 오늘도 또 내일(來日)도 밝아옵니다. 유리(遊離)의 이 길에 피호(避胡) 피화(避禍)의 무리들 앞에 싹트는 희망이 없다면 차라리 다도해의 물결에 휩쓸려 바윗돌에나 부닥쳐버리는 것이 얼마나 다행(多幸)한 일일는지 모를 것입니다. 그러나 조국재건(祖國再建)의 굳센 희망(希望)을 안고 백두산(白頭山) 상상봉(上上峰)에 태극기(太極旗)를 꽂고 삼천만(三千萬) 온 겨레가 환호(歡呼)에 날뛸 그 날을 그릴 때 어찌 맷맷한 죽음의 길을 자취(自取)할 거야 있겠소. 전진(戰塵)을 피(避)하여 내려온 우리들이요 일선장병(一線將兵)들의 후고(後顧)를 덜기 위해서 떠나온 우리들이니 이 강산(江山) 이 강토(疆土) 어느 곳엔들 가지 못할 배 아니거든 항도 M시에 와서 색다른 인정(人情) 세태(世態)에 부닥쳐가며 한 칸 초호(草芦)에 육칠수권졸(六七數眷卒)들을 몰아넣고 죽식(鬻食)을 끓일 줄이야! 그러나.

C형(兄)!

나는 항도 M시의 산중(山中) 야색(野色)은 K시보다 외롭지 않은 것을 알았습니다. 덕불고(德不孤)라 필유린(必有隣)이외다. 갈매기 날고 달이 뜨는 M시를 누가 어염(魚鹽)의 시(市)라며 짜고 비리기만 하다고 하더이까. 외로울 때 벗을 만나고 고난(苦難) 속에서 희망을 찾게 되는 기쁨이 또한 유난합니다. 힘차게 살자! 싸워 나가자! 이겨 나가자! 항도 M시여! 우리들의 보금자리여! 갈매기 뜨는 다도해의 포구(浦口)여! 최후(最後) 승리(勝利)가 용솟음치는 이 거리를 나는 유리(遊離)의 신세를 한탄하려 하지 않습니다. 새 것을 이룩하고 새롭게 살아가려는 기쁨 속에서 우렁찬 새 힘을 길러보려 합니다. 나는 아직 회정(回程)하려 하지 않으렵니다. 고향산천(故鄕山川)이 왜 아니 그리우며 안돈(安敦)의 기운(氣運)이 다시 회복(回復)된 내 고장의 최근(最近) 소식(消息)도 들었습니다만 나는 오히려 회정(回程)의 안일(安逸)보다 진중(陣中) 시련(試鍊)의 길을 택(擇)하고 싶은 야릇한 생각에서 아직은 K시 어른들의 조롱의 대상(對象)이 되고 싶지 않습니다. 우수(雨水)지나 경칩(驚蟄)도 멀잖아 새싹 새잎이 피고 돋을 때 승리(勝利)와 평화의 싹도 돋을 것입니다. 승리(勝利)의 횃불을 밝히는 날 대한민국(大韓民國) 만세(萬歲)도 우렁차게 보무당당(步武堂堂) 개선(凱旋)의 날까지 길이 안녕(安寧)히……

여정만리(旅程萬里) 1
— 시카고 기상(機上)에서

C형!

여기는 멕시코시에서 시카고로 가는 기상입니다. 약 4시간 행정(行程)이라기에 무료한 시간을 메우기 위하여 이 글을 씁니다. 백두산 높이 2,800m(?)에 가까운 멕시코 수도인 멕시코시의 면적은 약 경기도의 절반가량의 넓은 평야로서 옛날 남하(南下) 인디언이 여기에 터를 잡을 때는 호수 안에 고도였다고 합니다. 전설적인 설화가 있기는 합니다마는 어쨌든 오랜 세월은 이미 이 호수를 다 메우고 오늘에는 1,000여 만의 인구를 가진 현대식 대도시로 발전하고 있습니다. 그러나 우리의 서울처럼, 아니 그보다 더한 교통체증에 걸려 있는 것은 어쩔 수 없이 치러야 하는 현대병인가 싶습니다. 이번 길에 멕시코 대학을 주마간산격으로나마 스쳐 지난 것을 크게 보람 있음을 느낍니다. UNAM이라는 약호로 불리는 이 대학은 학생 약 25만명을 옹(擁)하고 있다 하며 공부는 무료요, 육료(育料)도 기당 6$ 정도라니 재수생에 골머리를 앓고 있는 우리의 처지와는 너무나 대조적이 아닐 수 없더군요. 그러나 졸업자의 수는 훨씬 적어서(숫자를 파악할 겨를이 없습니다) 그들의 대학 졸업의 의욕은 또한 우리나라 대학생에 미급하다 합니다. 언필칭 빈부의 차가 격심하다는 나라에서 이처럼 거대한 1위 대학에 투자하는 교육비는 문맹(30%)퇴치까지 곁들여서 총예산의 30%라 하니 부럽기도 하지만 그것은 국방비 지출이 근소(5% 정도)한 데에서 오는 천혜의 혜택이 부럽기도 합니다.

C형!

내가 멕시코에 올 때까지는 그야말로 100% 백지이었던 것이 이제는 다음과 같이 교훈적 결론을 지어 보았습니다. 원주민이 몽고족의 후예라는 입장에서 우리와는 동서로 분기된 처지이지만 그들이 가졌던 외침 세력은 다 같이 둘이었던 것으로 믿어지는군요. 멕시코의 원주민—아스테카 및 잉카 문화족—은 서반아에게 정복되어 완전히 벽지로 쫓겨나 대부분 혼혈을 이룬 오늘의 멕시코족이 형성되었고 다음은 멕시코 전쟁에 의하여 미국의 침탈을 받아 오늘에 이르고 있으니 오늘의 그들의 고유문화란 잔존적인 상징 문화라 할 수 있고 대부분 서반아 문화가 오늘날 그들의 문화의 주축을 이루었다고 보입니다. 이것을 우리의 역사와 비교할 때 일차적인 외침이 란왜구에 의한 것으로써 (임진왜란) 이는 서반아의 멕시코 외침에 비유할 수 있으니 우리는 이 위기를 충무공의 위업에 의하여 방어되었으니 타산지석으로 실로 아슬아슬함을 느끼게 하더군요. 두번째는 호란으로써 이는 미국 멕시코 정복에 비유할 수 있지만 이도 또한 우리는 우리의 전통을 보존하는 슬기를 잃지 않았음이 대견스럽기 한이 없습니다. 우리도 만일 왜란이 서반아의 침략처럼 되었다면 우리의 오늘은 그들의 잉카 문화처럼 우리의 생활 속에서가 아니라 박물관 속의 문화가 되지 않았으리라고 아무도 보증할 수 없을 것이외다. 그러나 혼성 문화족으로서의 그들의 재출발이 미주라는 거상 앞에서 생존을 위한 발돋움은 비록 수삼일의 여행자에게도 피부로 느끼게 하더이다.

C형!

이건 귀국 후 친지들과 자리에서 구술할까 하였으나 붓을 놓자니 털어놓고 싶군요. 그것은 그들의 치부요, 자신의 창피이기도 해서였습니다(전남매일 1976.8.21).

여정만리(旅程萬里) 2

—멕시코에 첫발

C형!

지난달 29일 밤 10시 넘어 떠난 비행기가 나성(羅城)에 다시 29일 밤 닿는다는 기이한 시차의 하루를 겪고서 비로소 미주라는 낯선 곳에 왔지만 팔만의 교포와 더불어 날을 보내고 보니 정녕 서울과 나성은 수원이나 인천에나 온 듯 생소하지 않더이다. 그러다가 이제 막상 8월 2일에 멕시코행 비행기를 타자 온통 멕시코 말(사실은 서반아어)투성이인데다가 털보에 거무스레한 촌부며, 눈이 휜칠한 동양풍의 미녀들의 상냥한 모습에서 비로소 이취(異趣)를 느끼기 시작하였습니다. 나성에서 멕시코시까지 기차로는 36시간이라지만 비행기로 4시간이라 하니 마치 광주에서 서울행 고속버스 탄 기분이더이다.

때로는 주야가 바뀌었고 거리로는 수륙 수만 리에 왔건만 도무지 지옥의 밑바닥에 와 있는 실감이 나지 않으니 탈(?)인가 하나이다.

각설(却說). 미주의 멕시코, 구주의 이태리, 아주의 한국은 이종 형제쯤 된다는 얼치기 떠돌이 말이 있는데 그런 점에서 볼 때 좁은 거리에서의 자동차의 물결이라거나 미주에서는 눈을 씻고 보자 해도 눈에 뜨이지 않는 슈샤인 보이들이 등 뒤를 졸졸 따른다거나 하는 따위가 비슷하려니와 이웃 미주에 대하여 오랜 전통문화를 자랑하는 폼이 이만저만이 아니어서 우리들이 근자에 이웃 일본에 대하여 5천 년의 문화를 자랑하는 것과 어쩌면 그렇게도 같을까도 생각이 들더이다. 그들의 빈부의 격차도 비슷하면서…….

3일부터 8일까지 열리는 이곳 동양학자 대회(약칭)에는 각지에서 약 2천여 명이 집결하여 이제 막 진행 중이어서 모이면 와글와글 장속같이 시끄럽고 나누면 어느 구석에 묻힌 지 찾을 길이 없는지라 아직 소식 전할 단계가 아닌가 하나이다. 더러 이야깃거리가 있더라도 그것은 뒤로 미루어야겠습니다.

C형!

이곳 날씨는 해발 천여 미터의 고지이어서 조석으로는 서늘하고 오후에는 저녁밥 때 시곗바늘처럼 때맞추어 스콜이 오는데 일과인 양 토민들은 우산도 쓰지 않는 것 같습니다.

오는 비지만 금방 걷힐 것인데 우산이 하관(何關)이리오 하는 듯하더이다. 여장 속의 우비도 무색하게 아마도 이곳을 떠나게 될까 싶습니다. 하늘은 푸르고 맑아 고국의 아름다운 하늘빛을 여기서 보는 듯 또다시 이국풍취는 가셔버리는군요.

하지만 한 가지 느낀 것은 이곳은 인디언의 토착 문화와 서반아계의 대륙 문화가 이곳 문화의 양대 지주로써 대통령 초연이 있었던 Tepotzotlan의 대가람의 규모의 장엄함과 조각의 정밀함에 있어서는 그들의 조성백년(造成百年)의 적공에 감탄하지 않을 수 없더이다.

그러기에 그들이 미주인들을 전통문화가 없다고 깔보는 까닭이 짐작이 가더이다. 구주를 두루 살핀 바 있는 동행 중에 한 사람도 '이렇듯 웅대한 작품'은 '천상천하(天上天下) 유일품(唯一品)'이라니 한 권 화첩을 사들고 돌아오면서 비로소 진정 멕시코에 와 있구나 함을 느꼈나이다(전남매일 1976.8.4).

유가만필(遊歌漫筆)

—여정만리(旅程萬里)에서 돌아와

　미주에서의 여행은 친지들 도움으로 어려움이 없는 안이한 그것
이었지만 구주에서의 그것은 사고무친의 그것이었던 것이 도리어
신지개척(新地開拓) 여행착오 등 의외의 재미도 있었나이다. 종합컨
대 대체로 세 가지 형태의 외유가 있겠더군요. 하나는 김찬삼식(金燦
三式)으로서 예인망처럼 바닥을 훑는 자로서 역이나 터미널에서 잠
자고 식사는 셀프서비스 스낵 코너에서 때우며 서민들 속으로 파고
드는 따위요, 다른 하나는 부귀를 등에 지고 고급 호텔에서 렌터카
로 누비며 쇼핑센터며 귀금속상을 더투는 식의 상층권 여행이니 이
는 찬삼식과 양극을 이루는 자라 할 수 있을 거예요. 그러나 우리는
그 어느 식도 흉내 낼 수 없는 처지임을 자각한 나머지 그 중간자를
택하여 구두쇠 작전을 세웠으니 이르되 부득이한 경우를 제외하고
는 택시를 타지 말고 보행 위주로 하되 타야 할 경우에는 지하철이
나 버스를 이용할 것, 하루 식사는 한 끼만 잘 먹되 다른 끼니는 스
낵집이나 빵을 이용할 것, 호텔을 중류 이하로 할 것, 안내는 안내도

를 활용할 것 등의 헌법을 마련했더니 궁즉통(窮則通)이라 '부록큰'
이나마 말도 제법 자신이 생기다 보니 의외로 이번 만유행(漫遊行)이
순조로웠음을 다시 한번 천총(天寵) 앞에 감사드리고 싶은 심정이외
다. 비거비래(飛去飛來)한 여정은 다음과 같았나이다. 런던—파리—
암스테르담—헤이그—스톡홀름—뮌헨—나폴리—봄베이—소련—제네
바—취리히 그리고 테헤란— 콜롬보 반곡(盤谷) 향항(香港)은 도중
경유였었구요.

C형!

대체로 이번 만유(漫遊)는 글자 그대로 만유였기에 어느 유학생이
나 또는 기행문을 쓰기 위한 기자의 위치와는 다르다는 사실에서 어
느 하나도 깊이 다룰 수 있지는 못할망정 북으로 정말(丁抹)에서 남
으로는 이태리까지 보았고 영국에서 불국 독일 단서(端西) 등을 횡
단하고 보니 설령 수박 겉 핥기일망정 일가견이 생긴 느낌이외다.
그것은 바로 총람(總覽)의 그것일 수밖에는 없기는 하지만!

첫째, 구주에 있어서의 왕조의 흥망은 그들이 남긴 유허 잔적 속
에 남아 있지만—특히 봄베이 유허에서 기마문화의 일단을 보는 따
위— 뿌리 깊은 기독교문화는 그들의 정신세계의 심층부를 구축하
고 있음을 절감하게 하더이다. 동방에 있어서의 유불도 삼교의 문화
와 대응하고도 오히려 여력이 있음 직한 거상을 본 느낌이외다. 서
구문화를 뉘라서 물질 문명이라 할까. 그것은 아마도 미주를 거쳐온
그것일 따름이요, 그의 근원적 연천은 우리의 고대 문화와 더불어
쌍벽을 이루기에 넉넉하리라 느꼈나이다.

둘째, 이번 여정에 정말(丁抹) 화란(和蘭) 서서(瑞西) 등 중소국을
들르게 된 것은 내 나름대로 계산이 있어서였기는 하지만 어쨌든 국

민생활의 한정은 결코 대국의 독점이 아니라는 사실을 보게 된 것은 이번 여로의 부수입 치고는 너무도 보람됨을 느낍니다. 뉘라서 코펜하겐을 Sex-Exhibition의 고장이라 평하리. 진정 그런 냄새는 찾을 길이 없고—파고들면 없지는 않을는지 모르지만—오히려 노인들의 천국이요 안락처임을 과객의 피부로 느끼게 할 때 진정 효를 구두선처럼 여기는 우리들 자신이 도리어 부끄러움을 느꼈나이다. 더욱이 이태리 사람들은 생전 사후 우리네 유교국을 뺨칠 정도로 부모에게 극진함을 여러 사례로 알게 되었을 때 세상을 널리 보아야 함을 알게 되었나이다.

셋째로 자연 풍광에 대하여 한마디 말해 볼까요. 단서의 호수와 알프스의 웅자를 손꼽지만 대체로 서구 산야는 대리석으로 뭉쳐 있는 듯하여 그들의 석조 문화—조각 석조 건물—의 풍부한 자료는 되었을 망정—멕시코도 그 규를 같이하고 있음—우리네 화강암의 아기자기한 조형에는 미급함을 보았나이다.

실로 수림과 호수는 부럽기 한량없고 객창의 여수(旅愁)를 달래주기에 넉넉하지만 우리 강산의 무궁무진한 수석(水石)의 천태만상을 그들이 어찌 따를 수 있으랴 싶더이다. 12일에 귀국, 18일에 도봉산에 올라 하루를 청유(淸遊)한즉 새삼 느끼면서 '이 땅에 태어났음'을 감사하며 무등산경의 정취를 그리면서 붓을 놓습니다. 제아무리 천하를 두루 돌아보아도 내 조국만큼 아름답고 수려한 산천은 없더이다. 진정 이번 길의 소득은 이 한마디뿐인가 하나이다.

씀씀이가 더 어렵다

18세기 영국에서 비롯한 산업혁명의 물결은 우리들에게도 들이닥쳐 사회전반에 눈부신 변화를 가져오고 있다. 한동안 가난에 찌들렸던 국민소득이 이제 5,000 $ 선도 옛이야기가 되어 가고 있으니 그러고 보면 빈부의 개념도 달라질 수밖에 없다.

소위 사회학자들이 말하고 있는 하나의 통념은 이제 도덕사회는 차츰 이익사회로의 변화를 가져온다고 지적해주고 있다. 이러한 변화는 산업사회에로의 변화과정에 있어서 수반되는 하나의 부산물이기는 하지만 따지고 보면 그리 달갑잖은 결과를 가져온다는 점에서 우리는 경각심을 가지고 이 변화를 지켜보지 않을 수 없다. 소위 안빈낙도(安貧樂道)의 동양적 기풍 속에서 축적된 산업사회의 부(富)는 놀라운 위세를 떨치며 우리들의 사회적 기반을 뒤흔들어 놓고 있다. 이어서 유래한 '유전가사귀(有錢可使鬼)'라는 경구도 실감이 난다. 그러나 문제가 되는 것은 이익사회에로의 전이과정에 있어서의 도덕사회의 파괴는 실로 예기치 않은 재화를 우리들에게 안겨주고 있다는 사실을 잊어서는 안 될 것이다.

결코 빈곤이 미덕일 수는 없지만 그렇다고 해서 뉘라서 부의 축적만이 그대로 선이라고 장담할 수 있을 것인가. 그러므로 동양의 현인 맹자는 이르기를 "부귀란 결코 인생의 세 가지 즐거움 속에 낄 수 없다"고 잘라 말하지 않았던가. 실로 부란 도덕적 기반 위에서 쌓아 올린 부가 아니면 어쩌면 도리어 재앙의 불씨가 되기도 한다는 사실에 유념하지 않을 수 없다.

유가의 경전의 하나인 대학이라는 책을 보면 "덕은 근본이요, 재물은 말단이다[德本財末]"라 하였으니 이는 도덕적 기반 위에서 쌓아 올린 재물이어야 함을 암시하여주는 자가 아닐 수 없다. 그러한 논법으로 따진다면 지금 우리가 살고 있는 이처럼 이익만을 추구하는 이익사회는 동양적 도덕사회를 파괴하는 어쩌면 주객이 전도된 사회라 이르지 않을 수 없다. 윗글에서 계속하여 이르기를 "도덕사회가 파괴되면 백성들은 서로 다투어 약탈을 서슴지 않는다"고 하였으니 2000여 년 전 성현의 말씀은 해가 바뀌어도 결코 헛되지 않음을 깨닫게 한다. 그렇다면 우리는 부와 도덕을 어떻게 조화하여야 할 것인가. 기왕 내친 김에 대학경전에서 한 구절 더 인용하면 다음과 같다. "재물이 모이면 백성은 흩어지고 재물이 흩어지면 백성들이 모이느니라.[財聚則民散 財散則民聚]" 이는 부의 축적으로서의 재물의 속성을 파헤친 명구가 아닐 수 없다. 재물이란 축적해야 하는 속성을 간직하고 있다. 그러나 만일 축적할 줄만 알고 이를 흩어 쓸 줄을 모른다면 과연 그 결과는 어떻게 될 것인가. 여기에 '재용(財用)'의 묘리가 스며 있는지도 모른다. 그런 의미에서 볼 때 축적된 부는 그것을 쌓아 올리기보다는 차라리 그것을 어떻게 써야 할 것인가가 더 어려울는지 모른다.

이제 잠시 우리들의 주변을 살펴보자. 소위 국민소득의 향상과 더불어 국부민유(國富民裕)의 새로운 사회가 건설된다는 사실은 바람직하다 할지라도 그 결과로써 얻어진 부의 향유가 불균형하다면 어떻게 될 것인가. 다시 말하면 빈부의 격차가 벌어짐으로써 부익부 빈익빈의 격차가 한없이 벌어진다면 그에 따른 결과는 어떻게 될 것인가. 그러므로 이에 빈부의 격차를 줄이는 소위 균민(均民)정책이 이루어져야 할 당위성이 도사리고 있는 것이다. 소위 우리들의 주변에서 날로 그 기세를 떨치면서 사그라질 줄 모르는 과소비의 풍조는 어디서 유래하는 것일까. 그것은 두말할 것도 없이 소위 축적된 부의 흐름을 잘못 잡은 계층의 소행이 아닐 수 없다. 다시 말하면 부란 가난한 자와의 균형을 위하여 소화되어야 함에도 불구하고 자기 자신의 호화로운 생활을 자랑하기 위하여 소비된다면 민심은 날로 흐트러질 따름임은 다시 말할 나위도 없다. 그렇다면 이러한 민심을 수습할 수 있는 길은 어디에 있을까! 여기서 나는 문경유착(文經癒着)이라는 새로운 단어를 만들어본다. 소위 정경유착이라는 단어는 유행하고 있지만 문경유착이란 들어보지 못한 생소한 개념일는지 모른다. 굳이 구별하여 본다면 정경유착이란 기업경영에 의한 자본재의 축적을 위하여 정치자금의 헌납행위 등으로 나타나지만 문경유착이란 우리들의 문화를 계발하기 위하여 투자하는 일종의 문화적 소비행위를 지칭하는 자가 아닐 수 없다. 이를 좀 더 구체적으로 말하라 한다면 문경유착이라는 개념은 크게 두 가지 측면에서 이를 살펴보는 것이 좋을 듯하다. 하나는 내적 입장이요, 다른 하나는 외적 입장이라고 할 수 있다. 국민소득의 견인적 역할을 담당한 기업의 경영인의 입장에서는 무엇보다도 먼저 기업시설의 정비 확충에만 신경을 쓰게 되겠지만 만일 내적인 구성원들의 복지시설이나 나아가서는 문화 활동에 등한하다면 그 결과는 어떠한 방향으로 치달을까! 그러한 근시안적 경영관리의 결과는 한 기업의 가족적 융화를 깰 뿐 아니라 원시적 안목으로 볼 때 그것이 바로 기업성장의 걸림돌이 된다는 사실을 알아야 할 것이다. 이러한 내적 요인과는 달리 외적 입장에서의 문경유착의 개념은 흔히 기업이윤의 사회환원이라는 이름으로도 불리는 자로서 그의 구체적 내용은 실로 다양한 방법이 있을 것이다. 우리나라 기업발전의 초창기에 있어서는 대체로 장학재단의 설립을 들 수가 있다. 장학재단에서 좀 더 확충하면 소위 교육 재단의 설립에 의한 중(中)·고(高), 나아가서는 대학교육에 기업의 여력을 쏟는 경향이 짙다. 그리 흔한 사례는 아니라 하더라도 더러는 의료재단을 설립하여 빈민구호에 나서는 사회사업도 있으며 고아원이나 양로원의 설립도 이러한 구호사업의 사례로 칠 수가 있을 것이다. 그러나 좀 더 발전된 문화사업으로서는 학술연구를 주목적으로 하는 문화재단에 대한 투자를 여기서 상기하지 않을 수 없다. 학술연구로서는 각자 기업경영을 뒷받침하기 위한 연구는 물론이거니와 한 걸음 더 나아가서는 각자가 지니고 있는 전통문화와 더불어 인류문화의 발전에 기여할 수 있는 학술진흥에 기업이 공헌할 수 있게 될 때 비로소 '정경유착' 아닌 '문경유착'의 실을 거둘 수 있을 것이다(광주·전남경영계 1992.3).

제3의 풍신수길(豊臣秀吉)

　요즈음 TV에서 방영하는 '임진왜란'의 시청률이 꽤 높은 것으로 나타나는 것을 보면 이미 400년 가까운 세월이 흘렀지만, 오늘에 사는 모든 국민들의 가슴속에는 아직도 풀리지 않는 멍울이 남아 있기 때문이 아닌가 여겨진다. 그러나 우리는 임란 당시 이순신 장군의 승리와 더불어 육전에 있어서도 애국 충렬들의 눈부신 분전과 승전에 감격하는 데 그칠 것이 아니라, 그 후 4세기가 지난 오늘의 일본을 보는 시각에 있어서도 무엇인가 달라지는 데가 있어야 하지 않을까 여겨진다.

　언제부터인지는 정확하게 알 수는 없지만 오랜 역사의 기록을 통해서 왜구는 우리의 변경을 침공하다가 급기야 대거 군사침략을 시도한 것이 임진왜란이요, 이를 주도한 괴수가 다름 아닌 풍신수길이라는 사실은 삼척동자도 다 아는 사실이다. 때문에 더 이상 이러쿵저러쿵 이야기를 할 필요도 없겠지만, 우리의 입장에서는 만고의 적괴(賊魁)라 불러야 할 이 풍신수길이 그 후 300년 만에 일본에 있어서는 소위 명치유신의 공신들에 의하여 대륙진출—침략을 그들은 진출이라 기록하여 교과서 파동을 일으킨 기억이 새롭다—의 영웅으로 떠받들고 '태합기(太閤記)'라는 가부키(歌舞伎)를 만들어 소위 정한론(征韓論)의 사상적 근거를 만들었다는 사실을 아는 사람이 우리 국민 중에 몇이나 될까.

그들이 적괴 풍신수길을 태합(太閤)—수길의 벼슬이름—이라 하여 높이 추켜세우면서 영웅시함으로써 덕천막부(德川幕府) 300년 조선 통신사의 은공은 씻은 듯이 잊어버릴 수 있는 나라가 다름 아닌 일본인 것이다. 그 후 풍신수길의 제2화신인 이등박문(伊藤博文)이 나와 비록 그가 안중근 의사의 일갈(一喝)에 쓰러지기는 했지만, 정치적 침략을 강행했던 것이니, 비록 그들은 물러갔지만 제2침략으로서 우리는 그들의 역사적 죄악을 잊을 수 없음은 너무도 당연하다.

그러나 이제 또다시 제3의 물결이 야금야금 우리들을 먹어 삼키려 하건만, 건망증에 젖은 우리의 긴 악몽은 아직도 깨어날 줄을 모른다. 그것은 다름 아닌 '경제적 침략'이라는 사실을 우리는 경각심을 가지고 직시하지 않으면 안 될 것이다(조선일보 1986.2.12).

고려청자

안상(案上)에 일점의 자기(磁器)도 가져보지 못한 위인이 요지(窯址)를 발굴한다. 고려청자를 논한다는 그 자체부터가 우스꽝스런 일인지 모른다. 그러나 남에게서 듣고 남의 것이나마 보아오는 사이에 그의 우아한 풍취에 심취하였던 것이니 이는 마치 석굴암의 보살을 우리의 훈장처럼 자랑하고 싶은 심정과도 통하는 것이요, 몽견금강산(夢見金剛山)일 망정 그리운 임인 양 그리워하는 촌부(村婦)의 그런 정회(情懷)와도 통하는 그것인가도 싶다.

그럼에도 불구하고 함석헌 옹은 고려자기는 '국민이상(國民理想)의 죽음'이요 '민중의 애수'라 한 것을 보면 그의 빛깔을 저주하는 듯한 감마저 느낄 수 있지만 이는 너무 지나친 것이 아닌가 싶다. 고려인은 슬픔 속에서 예술을 창조하였으니 애(哀)가 애(哀)에 그친 것이 아니라 '애이불상(哀而不傷)'의 경지에까지 끌어올린 것이다. 말이 났으니 말이지 공자도 "물가에 징경이는 암수 서로 노니도다. 아리따운 새악씨는 님의 좋은 짝이로다[關關雎鳩 在河之洲 窈窕淑女 君

子好逑]"라 한 '관저(關雎)'장의 시를 평하여 "즐기되 음탕하지 않고 슬퍼하되 몸을 상하지 않는다[樂而不淫 哀而不傷]"라 하지 않았는가. 이는 곧 고려민중의 예술적 정취인 것이요, 중절(中節)의 힘인 것이요, 진흙을 빚어 청자(靑瓷)를 만들어 내는 그들의 멋이기도 한 것이다.

이러한 조상의 멋을 찾아보자는 일에 허물이 있을 까닭이 없다. 생활이 급급한데 그런 것을 찾아 무엇하랴 하는 단려(短慮)는 서글프다. 그런 것은 귀족적 취미에 영합하는 배부른 작란(作亂)이라 한다면 차라리 구시에다 코를 묻고만 사는 돈공(豚公)들의 생활로 전락해버리는 것이 속 편할는지도 모른다. 그러나 아마도 사람은 먹고만 사는 동물은 아니라는 것쯤은 치아(稚兒)의 상식이 아니겠는가! 금반(今般) 순천에서 열린 제10회 과학전람회(도교위주최)에서 일개(一個) 초등학교 교사들(함평국민학교)의 공동작업에 의하여 만들어진 고려청자가 최고상을 획득하기에 이르렀다는 사실은 그의 심사의 말석(末席)에 참석했던 나로서는 실로 흔쾌한 정을 금할 길이 없다. 그의 작품이 비록 아직도 진경(眞境)에 이르기까지는 많은 고비를 넘겨야 하겠지만 그것이 비록 모조(模造)이기는 하지만 진경에 육박하는 빛깔이며 때깔을 만들어낸 그들의 노력을 높이 평가하고 치하하지 않을 수 없었던 것은 심사에 임한 전원의 뜻이었던 것이다. 청자가 다시금 우리의 손에 의하여 빛날 날을 기대하여 마지않는다(전남매일 1964.8.18).

이을호

고문으로 머리와 마음 다쳐
갇혀 있거나
나온 뒤에도
제정신 갖출 수 없었다

정신신경 치료조차 체념하면
혼자 산골에 처박혀 있어야 했다

알아들을 수 없는 말
종잡을 수 없는 말
그리고
한밤중의 돌발행위

빼어난 머리인데

그만 시대의 야만에 다쳐버려
정상으로 돌아오는 날이
다음 해
다음 해 어느 날일까

왕버들눈 탐스러운 봄기운에도
그의 철학이 뱉는 말은

영 야릇할 때

나는 이제 내가 아니다 나는 누구?

원시반종(原始反終)

이미 맥추(麥秋)도 끝이 나고 모내기가 한창인 여름철로 접어들고 있다. 백만 섬의 보리를 가꾸기 위하여 빈틈없이 몰아세우던 일이 엊그제 같은데 이제 또 우리는 모내기에 일손이 바쁘게 되었다. 이렇듯 되풀이되는 사이에 우리 농촌은 살이 찌는 것일까!

언제 씨를 뿌린 일도 없는 제자리에 채송화가 떼로 자라더니 한두 송이 꽃이 피기 시작한다. 아침 햇볕을 받아서 피었다가는 낮이 되면 어느새 시들고 마는 가냘픈 채송화다. 그러기에 반일화(半日花)라던가! 화무십일홍(花無十日紅)도 반일화의 앞에 서는 장수화(長壽花)의 이야기일는지 모른다. 봄 가고 여름이 오는 것은 으레 있는 철바꿈이려니와 이제 조석(朝夕)을 넘지 못하는 한 송이의 꽃 앞에 우리는 내일의 무엇을 기대할 수 있을 것인가.

글이란 말을 옮긴 것이요, 말이란 뜻을 새김질한 것이거니와 이제 뜻도 다했으니 말이 막히고 말이 막히었으니 글이 나올 턱이 없다. 이제 바뀌어 새로운 임자들이 나올 때가 되었으니 피었다 지는 한

송이 꽃처럼 소리 없이 물러서야 할까보다. 이제 우리는 내일의 그들에게 기대할밖에 없다.

아마도 모든 것은 처음이 있고 끝이 있어서 하나의 매듭이 되는 것인지도 모른다. 어쩌면 매듭이란 하나의 끝이면서 동시에 하나의 시작이 된다는 점에서는 그것이 바로 성장의 표징이 된다고나 할까? 이제 끝없는 성장에 있어서는 도리어 이러한 매듭이 더욱 아쉬운 것인지도 모른다.

사람이 살아간다는 것도 따지고 보면 시작과 끝의 반복인지도 모른다. 나는 이제 어디에 서 있는 것일까? 시작일까! 끝일까!

채송화는 여름에서 가을에 걸쳐서 새로운 봉오리가 끝없이 피고 지는 꽃이기에 반일화(半日花) 말고 반년초(半年草)의 이름이 있다. 그의 끝없는 '원시반종(原始反終)'은 풍요한 군방도(群芳圖) 안에서는 찾을 수 없을는지 모른다. 사시(四時)의 반종(反終)이거나 일타화(一朵花)의 종시(終始)거나 그것은 끝을 디딤돌로 딛고 선 새로운 시작이 아닐까! 이에 오늘의 끝은 내일의 시작이기에 기대를 걸어보는 것이다(전남매일 1972.6.27).

나그네

하늘을 이불로 삼고 땅을 요로 삼는 위인들이야 천지가 제집 방
안에 들어 있으니 어디를 가나 내 집이 아니겠는가.

그러나 인생을 역려(逆旅)로 여긴 이도 있으니 그는 평생토록 나
그네 신세로 사는 셈이다.

광주와 전주 사이는 몇 킬로나 되는가, 그런 것은 물론 필요도 없
고 다못 전남북이라는 세 글자 안에 들어있는 두 고을임에는 틀림이
없다. 아마도 팔도 강산 시절에 있어서는 전라도 안에서 형제처럼
어깨를 나란히 자라던 마을이었을 게다.

그러던 것이 언제부터 남북으로 불리게 되었을까. 전라도가 좌우
도로 갈렸던 시절도 있기는 하지만 경상·충청 등이 남북으로 갈릴
때 전라도 그때 눈물을 흘렸는지 웃음을 지었는지는 알 길이 없으나
어쨌든 갈린 것만은 엄연한 사실인 것이다.

그들의 사이에는 갈재라는 산더미가 가로질러 있다.

내가 책보를 끼고 광주에서 전주로 가는 날이면 언제나 이 재를

뚫고 달리는 기차가 굴속으로 기어 들어가야만 하는 것이다. 날이 훤히 새듯 밝아오면 곧장 기차는 장성에서 빠져나 정읍으로 내닫는 것이다. 얼마잖아 만경들이 눈앞에 깔리면 그때야 전북 냄새가 훅훅 풍기기 시작한다.

강의를 마치고 다가동 B여관에 가방을 던져놓고 활개펴 대(大)자로 누워버리면 진정 타향에 왔군 하는 실감이 진실에 젖어 온다. 누군가 말벗은 하나도 없다. 불쑥 일어나 의자에도 앉아본다. 전화번호를 적어둔 수첩의 뒷장을 뒤적여 보기도 한다. 그만두자. 일찍 자는 게 좋지. 그것은 또 내일을 위해서……

나는 분명히 집 떠난 나그네다. 전주 나그네일시 분명하다.

이렇듯 광주와 전주 사이를 아니 전주와 광주 사이라고 해도 좋지. 왔다갔다 아니 갔다 왔다라고 해 두자. 어쨌든 그러쿵 저러쿵 하는 사이에 이제는 으레 내 집 드나드는 기분이오 달리 말해서 타향 같잖아진다.

사실 서울이란 데는 중학시절부터 들랑거렸으니 풍을 치자면 억만 번은 다녔을는지 모른다. 그러나 남대문 턱을 밟기가 바쁘게 떠날 생각부터 앞서는 까닭은? 그것은 나그네라는 것 이전에 이미 이방에나 온 것 같은 느낌 때문일까!

아마도 포근히 감싸주는 정감이 없기 때문일까! 그러나 전주에 와서는 무엇인가 아쉽다. 떠날 때는 때로는 허전하기조차 하다. 다시 또 오려나 하는 그 날이 있기에 그 누군가를 찾는 일로 그만두고 떠나버리는 것일까!

우리는 흔히 호남이란 말을 쓰기도 하거니와 때로는 자주 듣고도 있다. 이것은 영남이니 기호(畿湖)니 하는 말들과 대조되는 것이다.

호남이란 호강(湖江)이남이라기도 하고 김제 땅 벽골제(碧骨提) 이남이라는 설도 이고 또 달리는 제천의 의림제(義林提) 이남이라는 설까지 있기는 하지만 어쨌든 김제 평야 이남의 갯가는 온통 호남지방이 아닐 수 없다. 그러면 그 안에서 바둑판 위의 바둘처럼 옹기종기 깔려 있는 마을들은 그게 모두 호남 마을일시 분명하다.

그렇다면 내가 광주에서 전주로 와서는 하루 이틀 제법 나그네 기분을 냈다손 치더라도 그것은 고작 해야 이웃동네 마을 갔다 온 품수밖에 되지 않는 것인지도 모른다. 그것은 장자(莊子)가 이른바 척안(斥鷃), 매미와 어린 비둘기가 이 나무에서 저 나무로 옮겨 앉은 것에 지나지 않는 것인지도 모른다. 대붕(大鵬)은 어느새 구만리를 퍼드득 날르고 있건만…… (「소요유(逍遙遊)」).

이렇듯 나그네를 따지고 보면 2층 서재에 홀로 앉아 있노라면 때로는 장해고도에 홀로 우뚝 앉아 있는 듯한 정침을 느끼는 때가 있다. 이는 진정 인생이란 우주 안에 나그네이기 때문인지도 모른다. 그러나 내 홀로 이웃마을 전주 B여관의 몇 호실엔가에서 혼자 천장의 넓이를 셈하고 있을 때는 그것은 아마도 내 집 건넌방에서 잠시 안방의 북새를 피하여 쉬고 있는 셈이 될는지도 모른다. 그렇다면 갈재는 건넌방 문턱이란 말인가. 그럴지도 모르지! 하기야 전주는 광주의 건넌방이고 아니면 광주가 전주의 건넌방인지도 모르지. 아마도 내 집 건넌방을 여인숙으로 알 놈팽이는 없겠지(전북대신문 1970.10.16).

의이자손(宜爾子孫)

　　대학(大學)에 몸을 두고 보면 많은 책을 읽게 될 줄 알지만 그 강의의 여유(餘裕, Leisure)가 너무 많은 탓인지 한 가지 제목(題目, Subject)에 얽매여서인지 어쨌든 폭(幅)넓은 독서(讀書)를 못하게 되는지도 모른다. 그처럼 읽고 싶은 책 중에도 시(詩)의 성전(聖典)이라 부르는 시경(詩經)은 고금시인(古今詩人)이 애송(愛誦)하던 책이요, 또 애송(愛誦)하여야 하는 책이고 보면 언젠가 한가(閑暇)히 통독(通讀)하고 싶은 책의 하나다. 그러므로 공자(孔子)도 그가 삼백오 편(三百五篇)의 시경(詩經) 편집을 끝낸 후에 "시 삼백 편은 하나다, 한마디로 하면 생각에 사특함이 없는 것이다[詩三百＿ 一言以蔽之曰思無邪]"(『논어』, 「爲政」)라 하였거니와 이는 그의 시정신(詩精神)의 순결을 단적으로 일깨운 말이기도 한 것이다.

　　요즈음 간혹 전에 읽던 시경구(詩經句) 중에서 한 구절 문득 생각나는 구(句)가 있다. 「종사장(螽斯章)」의 "네 자손이 번성함이 마땅하도다[宜爾子孫＿ 振振兮]," "네 자손이 계속됨이 마땅하도다[宜爾子

孫_ 繩繩兮]” 등의 구(句)로써 주(註)에 왈(曰) “한번에 99마리의 새 끼를 낳는데[一生九十九子]”의 자손(子孫)이 화집(和集)하야 상호간(相互間)의 복록(福祿)을 즐기는 모습을 읊은 자라 하였고 더구나 “후비 (后妃)가 중첩(衆妾)을 투기(妬忌)하지 않은 결과로 그처럼 많은 자손 (子孫)들이 운집(雲集)하게 된 것”을 주가(註家)는 말하고 있다.

이러한 정황(情況)은 고대(古代) 유교(儒敎)의 일부다처(一夫多妻)의 대가족주의(大家族主義)의 일면(一面)을 보여준 자라 현대인의 감정 으로는 그리 달갑잖은 일이기는 하지만 시인(詩人)의 느낌은 그러한 윤리적인 면에 있는 것이 아니라 아롱이다롱이의 많은 자손(子孫)들 이 각자의 생(生)을 즐기는 데 있는지도 모른다.

우리 대학에도 이 수년래(數年來) 실로 자손만당(子孫滿堂)의 즐거 운 현상이 나타나고 있으니 그것은 다름 아니라 ‘연구(硏究)하는 대 학(大學)’에 연구소가 앞을 다투어 총생(叢生)한 사실이다. 임해(臨海), 농산어촌(農山漁村), 외국어(外國語) 그리고 호남문화(湖南文化)의 사연 구소(四硏究所)는 사형제(四兄弟)처럼 탄생하였고 그 후로 공업기술(工 業技術)문제, 법률문화(法律文化), 호남경제(湖南經濟), 미국문화(美國文 化), 농어촌의학(農漁村醫學) 등의 연구소가 “저 메뚜기 떼 날아올라 한 곳으로 모이는구나[螽斯羽 揖揖兮]”의 상황을 보이고 있음은 우리 대학의 앞날을 위해 경하(慶賀)하여 마지않는 현상이 아닐 수 없다.

그러나 여기서 아마도 기우에 속할는지 모르나 그처럼 많은 ‘대학 (大學)의 자손(子孫)’들이 어떻게 길러지고 있는지, 또는 어떻게 길러 내야 할는지 하는 문제다. 이들은 모두 출생(出生)과 더불어 작명(作 名)이 되었고 작명(作名)과 더불어 문패(門牌, 看板)도 어디엔가 걸어 놓고 있기는 하련만 자못 그의 양적(量的)인 다자손(多子孫)을 자랑할뿐 아직은 이렇다 할 행동(行動, 業績)은 알 길이 없다.

생각건대 의이자손(宜爾子孫)이라 자손들은 마땅히 부모의 애육(愛育)을 기다려 비로소 성장하는 것이 아닐까!

대학의 연구소는 결코 고아(孤兒)는 아니요, 또한 고아(孤兒)일 수도 없는 것이다. 속담(俗談)에 "우는 아이 젖 준다"는 말이 적어도 대학자모(大學慈母)의 편애(偏愛)로 통하는 말이 되어서도 안 될 것이다. "열 손가락을 깨물면 안 아픈 손가락이 있으랴!" 했거니와 우리 대학의 구형제(九兄弟) 연구소는 가을 기러기처럼 오순도순 사이좋게 용봉(龍鳳)의 상공(上空)을 안행(雁行)하여야 할 것이다.

모름지기 거액(巨額)의 연구비(研究費)가 비록 그의 원천(源泉)은 다를망정 몇 가지 형태(形態)로 대학가(大學街)에 뿌려지고 있는 것은 사실이오, 그로 인(因)하여 교수(敎授)들의 연구의욕(研究意慾)을 돋우어 주는데 적잖게 기여(寄與)하고 있기는 하지만 아직 진진군자(振振君子)인 연구소는 점잖은 탓인지 그들에게 이렇다 할 배려(配慮)가 있는지의 여부(與否)는 알 길이 없다. 최소한 그의 연구활동(研究活動)이 '말'(강연 혹은 심포지엄)로나 '글'(논문집)로써 그들이 (연구소) 살고 있음을 세상에 알리도록 해주어야 하지 않을까 하는 것은 결코 나만의 느낌이 아닐 게다(전남대학보 1957.5.4).

사랑아…… 어디로 갔느냐

악귀(惡鬼)도 이웃인 세상

시골에 묻혀 살면서 서울 소식을 들을 양이면 서울양반들은 어디 무서워서 어떻게 사나 싶어진다. 20대 청소년들의 노상 떼강도는 그래도 약과인지 모른다. 코흘리개 어린것이 무슨 죄가 있다고 잡아다가 죽이고서도 버젓이 신혼여행을 떠나는 악귀가 내 이웃이라니, 어디 소름이 끼쳐서 살 수 있겠는가 말이다.

어쩌자고 세상은 이처럼 뒤범벅이 되어 가는지 알 수 없는 노릇이다. 그나마도 아직 이런 악운이 시골까지는 번지지 않았음을 다행으로 여기고 자위할밖에…….

어쨌든 좋건 싫건 간에 우리의 주변상황은 물량적으로 날로 풍요로워지고 편리해져서 살기 좋은 세상이 되어 가고 있음에는 틀림이 없다. 그럼에도 불구하고 왜 사람의 탈을 쓴 악귀는 날로 내로라 하며 번창해가고만 있는 것일까. 그 책임을 누구에게 물어야 할 것인가.

벌써 시효가 지난 이야기일는지 모르지만 KAL기 사건의 범인 마유미(본명 김현희)가 재갈을 물린 채 비행기의 트랩을 내리던 모습은 스산한 분위기에 싸여 우리들의 감정을 착잡하게 만들었다.

어쩌면 저처럼 연약한 여인이 그처럼 어마어마한 사건을 저질렀을까. 차라리 뿔 돋친 악마의 모습으로 우리들 앞에 나타났으면 체념이라도 했으련만 그녀의 모습은 우리들과 똑같은 사람 그대로가 아니던가.

왜 그녀로 하여금 피도 눈물도 없는 악마가 되게 하였을까.

그러나 그로부터 얼마가 지난 후 소위 기자회견석상에서의 그녀의 모습은 하나의 가냘픈 여자에 지나지 않음을 우리들에게 보여주었던 것이다. 그녀가 울먹이며 눈물을 삼키던 모습은 우리들의 감정을 또 한번 착잡하게 만들어 놓았다.

나는 그때 그녀가 저지른 그 엄청난 죄는 어느 나라 국법도 용서할 수 없지만 그녀의 가슴속에서 우러난 이 회한의 눈물로 아마도 신(神)은 따뜻이 용서하리라는 생각을 해 보았다.

책임(責任)의 반(半)은 우리 몫

왠 사람을 이처럼 악마와 천사의 모습을 한 몸에 지닐 수 있도록 만들어 놓았을까. 어쩌면 악마가 되고 어쩌면 천사가 되는 것일까. 동토처럼 꽁꽁 얼어붙었던 마유미의 가슴을 봄눈처럼 녹여낸 그 눈물은 어디로부터 비롯된 것일까.

아니 김현희의 눈물이 어찌 우리의 아들인 20대 떼강도의 가슴속엔들 없을 리 없고 어린애를 유괴한 저 흉악범도 우리와 똑같은 사람이라는 사실을 우리는 외면해서는 안 될 것이다.

그것은 꼭 그들에게만 잘못의 책임이 있는 것이 아니라 그들로 하여금 그렇게 되게 한 책임의 반은 우리가 다 함께 져야 하지 않을까 생각해 본다.

금년 겨울은 비교적 따뜻한 겨울이었지만 어느덧 입춘절이 되고 보면 봄을 기다리는 마음은 너나 할 것 없이 한결 설레게 마련이다. 동토를 녹여주는 자연의 섭리는 봄소식과 더불어 이처럼 우리들을 마냥 즐겁게 해주는 것이다.

그러나 진정 봄은 어디로부터 오는 것일까. 따스한 하늘의 햇볕 없이도 그리고 촉촉이 내려주는 봄비가 적셔주지 않아도 대지의 봄은 풀려나올 수 있을 것인가. 하늘의 내리사랑(햇볕) 없이 대지의 가슴속에 묻혀 있는 봄(눈물)은 결코 싹틀 수 없지 않을까 싶은 것이다.

어찌된 셈인지 저 풍요로운 것과는 정반대로 따뜻한 인간의 정은 날로 시들어만 가는 삭막한 세상이 되어 가고 있다. 그것은 어쩌면 사랑의 부재, 또는 사랑의 결핍 현상이라고 불러야 할는지 모른다.

벌써 공자니 석가니 기독이니 하는 세 성인이 이 세상에 태어나 한결같이 우리 인류 생존의 덕목으로 사랑의 덕을 의친 지 2천여 년이 지났음에도 불구하고 이제는 그 사랑의 어휘마저 변질이 돼 TV의 영상과 더불어 남녀의 밀애만을 가리키게 되었으니 이제 우리들은 그들(세 성인) 앞에 죄인이 되어 버린 셈이다.

지도층의 이기심(利己心) 탓

이제부터라도 결코 늦지 않다고 본다. 사랑이란 주고받는 그 달콤

한 것이 아니라 주기만 해야 하는, 어쩌면 뼈를 깎는 아픔과 함께 저 가슴속 깊이 스며 있는 한 방울의 눈물이라도 끌어올릴 수 있는 인정의 내리사랑이라 해야 할는지 모른다.

그럼에도 불구하고 날로 편리하고 화사한 현대 문명의 즐거움을 만끽하면서도 아파트의 문고리를 세 겹 네 겹으로 잠가야 하고, 활보해야 할 길거리를 마음놓고 거닐 수 없게 되는 까닭은 어디에 있는 것일까. 다시 되풀이하거니와 그것은 사랑을 주어야 할 사람(지도층)들이 오히려 사랑을 받으려고 하는 데서 오는 역기능으로서의 '내리사랑'의 결핍현상 때문이 아닌가 싶은 것이다(조선일보 1988.2.6).

영산강(榮山江) 문화

한때 TV 지역 드라마의 주제로 쓰인 '영산강(榮山江)'은 그 유구한 역사의 흐름 속에서 지금도 말없이 흐르고 있다. 도공(陶工)의 아내로 '영산강'과 더불어 애환을 함께한 탤런트 김란영(金蘭榮)의 죽음은 유달리 이 지역사람들의 가슴을 아프게 하였다.

지난해에 하구언(河口堰)이라는 말로 영산강은 또 한번 이름을 날리게 되었다. 이 언은 목포항(木浦港)의 어구에서 영산강의 줄기를 가로질러 막은 댐으로 상전(桑田)이 벽해(碧海)가 된 수리(水利)뿐만 아니라 그 방대한 댐은 관광 명소로서도 돋보이는 시설이 되었다.

그런데 자고로 인류문화란 강하(江河)와 밀접한 관계가 있음을 우리는 잘 알고 있다. 애급문화와 나일강이라거나 중국문화와 황하수(黃河水)라거나 하는 관계에서 볼 수 있듯이, 이 고장 전남의 문화와 영산강과는 또한 어떠한 관계가 있는 것일까.

이제 주암(住岩)댐이라는 이름으로 3개군 9개면 49개리가 수몰되는 방대한 공사가 지금 진행되고 있다. 상전이 벽해가 될 뿐 아니라 어쩌면 천지가 개벽하는 대변화를 가져오는 공사가 아닐 수 없다. 그런데 문제는 여기에 그치는 것이 아니라 이로 인하여 수많은 문화재들이 물속에 잠기게 된다는 사실이다.

그들의 실태는 아직 조사의 단계에 있고 관계자들은 이의 보존을 위하여 노심초사하고 있는 줄로 알고는 있지만, 행여나 소홀하게 다루어짐으로써 길이길이 천추에 한을 남기게 되지나 않을까 하는 조바심은 좀처럼 가시지 않는다.

지난가을, 개간 도중에 불거진 옹관(甕棺)의 발굴에서 귀중한 유물들을 찾아냈고 주거지의 처녀발굴에서도 의외로 많은 수확을 거두었다. 그러나 또 한편 얼마나 많은 귀중한 유적—유물들이 파헤쳐지고 묻혀지고 또 버려지고 있는 것일까.

영산강은 지금도 말없이 흐르고 있다. 우리들이 알고 싶은 영산강 문화는 언제 그 찬란한 모습을 우리들 앞에 드러낼 것인가(조선일보 1986.2.19).

버려진 탑(塔)들

오늘은 내 직장인 박물관과 관계되는 푸념이나 한 토막 늘어놓아 볼까 싶다. 박물관이란 본시 한 지역사회 또는 국가를 배경으로 하여 많은 문화재들을 수집 전시하는 곳으로, 거기에는 연구교육 기능도 뒤따르고 있음은 물론이다. 그러나 수집기능은 모든 기능에 우선하며, 수집 없이 어찌 전시나 연구 그리고 교육이 이루어질 수 있겠는가. 그럼에도 불구하고 수집기능은 예산상의 애로는 둘째로 치더라도 소위 현지주의(現地主義)라는 장벽에 부딪혀 항상 좌절되는 경우가 많다.

적어도 문화재의 현지주의는 그 문화재가 존재했던 시기의 역사적 배경이 그대로 남아 있을 때는 결코 그때 그 자리를 떠날 수가 없음을 의미하지만, 만일 오랜 세월이 흘러 모든 것들이 다 변해버렸는데도 불구하고 어찌 하다가 홀로 남아 있게 된 문화재까지도 꼭 제자리를 지켜야 하는 것일까. 우리 고장에는 많은 석조물(石造物)들이 논두렁이나 산비탈이나 돌담 모퉁이에 외롭게 서 있다. 그럼에도 불구하고 소위 현지주의의 환상 때문에 좀처럼 옮겨볼 생각은 엄두도 내보지 못하고 있는 것이 오늘의 실정이다.

아전인수(我田引水)라 할는지 모르지만 아무도 지켜보는 이도 없고, 이를 가꾸는 사람도 없이 여기저기 흩어져 있는 석탑(石塔)이나 돌구유나 부도나 석인상(石人像)이나 석실분(石室墳), 지석묘(支石墓)와 같은 유물들은 모조리 우리 박물관으로 옮겨다 놓고 손쉽게 많은 사람들이 감상하며 우리 선조들의 체취에 젖어볼 수 있는 기회를 마련해 준다면 얼마나 좋을까 생각해 본다.

그러나 이처럼 전시효과로 보거나 교육적인 입장에서나 현실적으로 필요한 수집기능이 제대로 이루어지지 못하는 근본적인 원인은 다른 데 있는 것이 아니라 이상론에 가까운 현지주의 때문임은 다시 말할 나위도 없다.

현지주의란 적어도 그의 역사적 배경이 온전하게 살아 있을 때를 제외하고는 오히려 자리를 옮겨 만인의 사랑을 함께 받도록 함으로써 내 고장 박물관의 기능을 더욱 빛나게 해 주어야만 비로소 참다운 가치에 이를 수 있을 것이다(조선일보 1986.3.26).

구공탄

태재(太宰)가 자공(子貢)더러 "선생은 성인인가! 어쩌면 그렇게도 잔재주가 많으신가!"라고 했다는 말을 듣고 공자(孔子)는 "태재가 어찌 나를 알까? 나는 어려서 미천(微賤)했기 때문에 이 일 저 일 많이 했지"(『논어』「자한」)라고 술회했다. 맹자(孟子)에 의하면 공자는 일찍이 위리(委吏)라는 벼슬을 산 일이 있는데(「만장(萬章)」) 위리(委吏)란 요즈음 면서기(面書記)로서 양곡관리계(糧穀管理係)쯤 될 듯하다.

잔재주(多能)는 군자(君子)의 금물(禁物)로써 다능(多能)은 대체(大体)를 그르치기 쉽기 때문인지도 모른다. 그러기에 태재(太宰)는 공자의 다능(多能)을 못마땅하게 여긴 끝에 "성인(聖人)이라면서 웬 잔재주가 그리 많노" 하면서 이를 비꼬았던 것이다.

애들은 거의 외지(外地)로 보내놓고 단출한 내외(內外)가 넓다란 집을 지키고 있는 새에 밥하는 아이마저 부모의 부름에 응하여 훌훌히 떠나버리니 우리 내외는 인생(人生)의 내리막길에서 문제는 실로 범상치 않아졌다. 노처(老妻)라 부르기에는 아직 빠르고 본인이 들으면 서운하게 여길는지 모르지만 어쨌든 아내가 손수 지어주는 세끼의 밥을 얻어먹자니 그대로 앉아 있기에는 너무도 염치없는 사람이 될까 하여 무엇인가 거들어 주어야만 하는 것이 요즈음의 실정이다.

비를 들고 마당을 쓸라 하면 그것쯤이야 손바닥만 한 마당이니 손바닥 뒤집기보다도 쉽지만 아예 못 배운 기술에 딱한 것이 구공탄(九孔炭) 다루기다. 구멍이 아홉인지 열인지 그 구멍의 수를 알 까닭이 없고 옛날 그렇게 부르던 구공탄의 구멍을 맞추기가 그렇게 어려운 것일까? 공자는 어려서 미천했기에 잔재주가 많으셨지만 이제 우리는 늙어가면서 잔재주를 배워야 살아갈 수 있는 것일까.

언젠가는 누구나 다 늙을 것이요, 늙으면 오직 가는 길은 한길밖에 없는 것이지만 이제 소위 대단위(大單位)의 가족제도(家族制度)는 무너져가고 있으니 늙음의 외로움이 구공탄 구멍마다 서리는 것 같다.

맹자는 늙은이는 "고기 밥에 비단옷을 즐긴다"라고 했거니와 구공탄 집게를 집지 않고서도 살 수 있는 '늙은이의 삶'이 아쉽기만 하다(전남매일 1972.5.25).

정말체조(丁抹体操)와 더불어

—일인들의 북새 속에서 지고 샌 시절

50대

스무 살 때 고등보통학교(高等普通學校)—지금의 중·고등학교(中高等學校)를 합한 것 같은 제도—를 갓 나와 가지고 담배를 피우기 시작했다. 요즈음 담배는 양담배가 아니면 국산이지만 그때는 양담배는 볼 수 없고 해태·비지은·마코·조일(朝日)·송풍(松風)·수도(數島) 등 5, 6종이 있었는데 골고루 서랍에 넣고 마구 피워보던 기억이 난다. 고통(高通)시절에야 언감생심(焉敢生心) 선생 앞에서 담배를 삐쭉이나 했으랴만 위 학교에를 간즉 교수와 맞담배를 피우게 되니 제법 어른 의식(意識)을 갖게 된 야릇한 기억도 생생하다.

요즈음 공학(共學)이라면 일인(日人)들과의 공학(共學)을 뜻했다. 수적(數的)으로 단연 압도적(壓倒的)인 그들 틈바구니에 끼어서 비비대던 추억(追憶)이 오늘따라 새롭구나! 어느 땐가는 그놈들과 떼싸움이 벌어져 밤잠도 제대로 못 잔 일도 있다. 시비곡직(是非曲直) 간에 이놈들은 경찰력((警察力)까지 동원하기 때문이다. 자유가 있었다면 담배 피우는 자유가 있었다고 할지! 요즈음 대학생들은 무엇이 부자유스러워서 그처럼 맥 빠져 보이는지 모르겠다.

스물넷에 학교를 나왔으니 기다리는 곳 없이 우선 학교를 나온 셈이다. 사생활에 대한 기록은 워낙 싱거운 위인이라 차라리 남의 것을 꾸어다가 쓰고 싶을 정도다. 춘추(春秋)로 친구끼리 술잔이나 먹어가면서 무위도식(無爲徒食)하던 이야기쯤 아마도 정수동(鄭壽銅) 김립이나 요즈음 수주(樹州)님의 명정(酩酊)정도나 되면 모를까 어디 내놓을 것이 있어야지! 억지로 쓰자니 울화통만 터진다. 편집자는 무엇 때문에 쉰둥이더러 20대에 잃어버린 청춘(靑春)의 기록을 쓰라고 하는지! 고문에 가까운 요구에 응한 셈이니 오늘의 20대 친구들은 나 같은 쉰둥이가 되었을 때 풍부한 재료를 간직하도록 하라는 부탁이나 해둘까. 헛되이 지난 후에 쉰에 땅을 두들겨도 허공(虛空)만 울리게 될 따름이란 말이다.

그래도 한 가지 쓰고 싶은 일은 학교를 갓 나온 후에 서울에서 머뭇거리고 있을 무렵에 1주일간 정말체조(丁抹体操)의 강습을 받은 일이 있었다.

이 1주일이 나의 20대 후반의 운명을 결정지을 줄이야 누가 뜻했으랴! 그때 맨 처음 동기는 자신을 위한 것이었다. 평소 몸이 약한 편인데다가 다른 운동은 전벽이었기 때문에 그런거나 배워서 혼자 몸단속을 해 보자는 것이었을 따름이다. 그런 것이 발전하여 이듬해에 고향에 와서는 조기회(早起會) 정말체조(丁抹体操) 지도(指導)의 책임을 지고 15, 6의 애들로부터 4, 50의 노장(老壯)에 이르기까지 지도하게 되었던 것이니 이것이 나중에는 체육단(體育團)으로 발전하여 백림(伯林)올림픽 대회의 마라톤 선배 남승룡(南昇龍) 선생의 초청(招請) 등의 행사도 마련하여 고향 청년들의 의기를 높이는 데 일익을 담당하기에 이르렀던 것이다.

그 당시는 일제하에 합법적이라도 우리끼리의 단체 조직이란 있을 수 없었던 것이다. 그러나 체육단체란 명목 하에 조직된 청년단체이니만큼—그야 더욱 우리끼리만의 모임이니만큼—불문율로 일인(日人)의 가입을 불허(不許)하고 관리의 가입도 경원(敬遠)하고 보니 민족적 성격이 유유상종(類類相從)인 이 모임에서 소곤거리고 가다가 터지기도 하지 않을 수 없었다. 더욱이 단장(團長)은 삼일선배(三一先輩)인 위계후(魏啓厚) 선생(先生)이었음에랴! 그리하여 나는 이 단체(團體)와 더불어 4년간 지내다가 스물여덟 살 9월부터 스물 아홉을 지내 서른 살 때 2월까지 영어생활(囹圄生活)로 나의 20대를 마친 것을 회고컨대 정말체조(丁抹体操) 1주간 강습이 나의 20대 후반의 운명을 결정지었다는 것이 결코 지나친 말이 아님을 알 것이다. 그러나 나는 일년유반(一年有半)의 영어생활(囹圄生活)에서 죽음과의 대결을 체험했고 오늘도 잊지 않고 아침 조양(朝陽)과 더불어 정말체조의 기본율동(基本律動)에 손발을 놀릴 때면 이 율동은 아마도 나의 마지막 숨과 운명을 같이하려니 느껴지며 지난날의 청춘 시절을 이 율동 속에서 더듬어 보기도 한다.

이것마저 내게 없었다면 나의 20대의 기록은 멍청이들의 백지답안처럼 백지 위에다가 커다란 ○이나 하나 그려서 편집자에게 줄 수밖에 없었을 것이다(전남대학신문 제55호 단기4292.5.5).

개땅쇠

전라도(全羅道) 사람에 대한 애칭에 '개땅쇠'라는 말이 있는 것은 나같이 전라도에서 나서 시방도 전라도에서 살고 있는 진짜 '개땅쇠'보다도 서울에 계신 서울 양반들이 더 잘 알고 있으리라고 여겨진다. 왜냐하면 이 '개땅쇠'라는 말은 필자가 서울 유학시절에 서울서 들었지 내 고향에서는 한번도 들어본 일이 없기 때문이다.

그러나 경상도(慶尙道) 사람의 애칭에 '문둥아'라는 말이 있는 것으로 알고 있는데 이 말은 그들이 서로 만날 때마다 그야말로 정다운 사이라면 '야! 문둥아'라고 외치는 것을 보면 이는 스스로 자인하는 애칭이라고 볼 수밖에 없다. 경상도 사람들은 모두 '문둥아'인지 아닌지는 알 수 없으되 아마도 그들이 말하는 '문둥아'는 '천형(天刑)의 문둥이'가 아니라 선비들이 많이 사는 고장이고 보면 아마도 그들이 말하는 '문동아(文童兒)'의 와전으로 보는 것이 점잖은 해석이 될는지 모른다.

소위 서울 사람을 애칭할 때는 그저 '깍정이'라 하지 않고 으레

'서울 깍정이'라고 해서 서울이라는 제한수식어(制限修飾語)가 붙는 것으로 보면 다른 곳 '깍정이'보다는 다른 데가 있는 깍정인지도 모를 일이다. 오늘의 서울 인구는 400만을 오르내릴 것으로 볼 때 그 수가 모두 깍정일 수도 없으려니와 팔도(八道)에서 모여든 '서울'이고 보면 깍정이라는 애칭은 이제는 이미 김빠진 것으로 보아야 할 것 같다.

그건 그렇다 치고 '개땅쇠', '문둥아', '깍정이'의 삼대(三大)(?) 애칭을 놓고 볼 때 그중에서도 '개땅쇠'의 칭호가 제일 좋은 것 같은 것은 내 자신이 '개땅쇠'인 까닭만일까. 그 이유의 하나로서는 '문둥아'는 자칫하다가는 '문둥이'로 오해를 받기 쉽고 '깍정이'는 '인색한 자'라는 뜻 외에도 '젊은 딴군'이라는 그리 반갑지 않은 인상을 풍기지만 '개땅쇠'는 '개땅에서 사는 사람'이라는 평범한 뜻 외에는 아무런 오해도 받을 점이라고는 없기 때문이다.

개땅쇠들이야말로 바닷가에서 사는 평범한 인간들에 지나지 않는 것이다.

그런데 이렇듯 '개땅쇠'들이 살고 있는 이 고장에 가뭄이 이태째 들었다. 서울 인구와 맞먹는 400만 도민의 절반인 200만이라는 이 재민의 생령(生靈)들이 지금도 하늘이 준 시련을 겪고 있는 것이다. 그들이 타고난 땅이 개땅이기에 '개땅쇠'라 불리기는 하지만 하늘의 은혜마저 이 개땅을 외면하라는 법은 없을 것 같다.

아니나 다를까, 사람들은 우리 개땅쇠를 버리지 않고 있음을 감사한다. 거기에는 물론 서울 깍정이가 깍정이답지 않게 개땅쇠를 도와주고 있으며 경상도 '문둥아'는 문둥아(文童兒)답게 개땅쇠들의 살림을 위하여 걱정해 주고 있음을 우리는 잘 알고 있다(1968.10.6).

서사(書舍) 여화(餘話)

—판소리

　판소리를 들어야만 화필(畵筆)이 손에 잡힌다는 C화백을 문득 만났더니 대뜸 "도대체 세상은 어떻게 돌아가는 거요. 글세 내 것 좋은 줄은 모르고 남의 것만 좋다니 말이야. 아 원 기가 차서……."

　"비분강개는 잠시 재우고 차근차근 얘기를 해야 알게 아니야."

　"자, 들어보오. 지난번 멕시코에서 우리나라 고전(古典) 무용이 우리의 체면을 세워주었잖아. 정열적(情熱的)인 춤의 고장이기도 한 거기서 청아한 우리의 멋을 보여준 사실을 알아야 할 게 아니야."

　"누가 모른대?"

　"또 우스운 노릇은 우리네가 언제부터 오페라 족(族)이 되었노. 하늘을 찌르는 입장료(入場料)를 내가면서 몰려드니 말이지. 소위 외국 오페라를 얼마나 알아서 그러는지 난 모르겠어."

　"수준(水準)이 그만큼 높아진 게지."

　"그렇다면이야 오죽이나 좋아. 남이 장엘 가니 나도 장엘 간다는 얘기가 아니기를 바라지만 어디 그런가. 진짜 오페라는 그야말로 우리네 판소리라는 사실을 모르고 있으니 딱하지 않나."

"그건 나도 동감이야. 아마도 우리의 판소리는 오페라의 극치(極致)일는지 몰라. 그런데도 판소리의 본고장인 호남(湖南)에서조차도 이젠 판소리는 귀를 씻고도 들을 수가 없게 됐으니 탈 났어."

"바로 그거야. 내가 하고픈 얘기도 바로 그 점이거든."

"자, 내 얘기도 좀 들어봐. 아무리 좋은 예술(藝術)도 그것이 대중화(大衆化)되지 않는 한 시들게 마련인데, 이제 판소리뿐만이 아니라 우리의 소위 민속적인 예술문화(藝術文化)는 구두선(口頭禪)의 우상(偶像)처럼 떠받들 뿐 대중화의 길은 온통 가시덤불 속에 묻혀 있는 줄을 당무자들은 모르고 있단 말이야."

"그렇다면 큰일 아니야. 구체적으로 말해봐요."

"들어보나마나 맹랑한 얘기지. 법적으로 요정(料亭) 아닌 음식점(飲食店)에서는 일체의 가무음곡(歌舞音曲)을 금한다는 한 줄의 법조문 때문에 멕시코에서의 고전(古典) 무용도, 우리의 민속가창(民俗歌唱)들도 모두 발붙일 곳을 잃고 말았거든. 여기에는 정녕코 어느 마녀(魔女)의 흉계(凶計)가 들어 있거나 선의(善意)로 해석하자면 성려(聖慮)를 가린 한 장의 장막 때문인지도 몰라. 적어도 호남일대(湖南一帶)에서는 어디를 가든지 법적으로 허용된 요정(料亭)은 한 군데도 없으니, 이제 우리의 노래와 춤은 그대로 두면 질식하거나 고사(枯死)할밖에 다른 수가 없게 됐다는 거야."

"자학적(自虐的)인 표현일는지 모르나 우리들은 시방 얼이 빠져 있는 것 같아. 그처럼 우리 고유(固有)의 예술문화(藝術文化)를 꽁꽁 묶어놓은 그 법(法)도 아랑곳없이 환락가에서의 밴드는 불야성(不夜城)의 왕자(王者)인 양 군림(君臨)하고 있는데 우리네 북장구는 목로 술집 뒷방, 한구석에서 행여나 감시관(監試官)의 눈에 띌세라 벌벌 떨고 있으니 도대체 주체의식(主體意識)이니 자주정신(自主精神)이니 하는 것은 어디로 갔노.”

"나도 모르겠어!"(1986.12.6)

내 고향 영광

내가 살던 고향은 꽃피던 산골이라 하지만 나더러 말하라 한다면 그것은 어쩌면 '맛'의 고향이라 해야 할른지 모른다.

망망대해 칠산 앞바다가 조기의 어장(漁場)임을 모르는 사람은 아마 없을 것이다. 산란기가 된 어군(魚群)이 5월 곡우절(穀雨節)이 되면 때마침 북상하는 길에 칠산바다에서 산란하게 된다. 이 목을 짚어 기름진 조기를 잡아 적시적소(適時適所)에서 말리면 '영광굴비'가 된다.

고향을 떠난 지 어언(於焉) 40년의 세월이 흘렀지만 철만 되면 굴비맛을 잊을 길이 없다.

나는 읍내(邑內)토박이가 되어서 바다와는 연(緣)이 없이 자랐지만 성장(成長) 과정에서 법성 홍전(弘展)의 바다를 알게 되었고 백수(白岫) 염전(鹽田)의 긴 해안선(海岸線)이 육지와 바다를 갈라놓고 있음을 알게 되었다.

서칠면(西七面)이라 불리는 이 고장 백수(白岫) 염전(鹽田)벌은 우리 영광의 곡창(穀倉)으로서 불갑장에서 뿜어내는 젖줄이 기름진 이 땅을 적시어준다. 뿐만 아니라 이 해안선(海岸線)은 어획(漁獲)도 다양(多樣)하고 풍부하여 우리들의 아침 입맛을 돋우어 주고 있다.

동이 틀 무렵이면 밤새 그물이나 낚시에 걸린 고기가 새벽 저잣거리를 풍성(豊盛)하게 해주고 있었던 일을 기억한다. 특히 가을 서리 아침에 외치는 뱅어장사의 목청은 식도락(食道樂)꾼들의 선잠을 깨게 한다. 광주에 나온 후로도 나는 가을철만 되면 이 뱅어 생각에 두고두고 마음을 설레곤 했다. 역시 고향이란 맛이 고향인지도 모른다.

아무튼 우리 영광(靈光)은 어염시량(魚鹽柴糧)이 풍부한 고을로 이름나 있다. 그것은 불갑산(佛甲山)의 시초(柴草)와 서칠면(西七面)의 양식(糧食)과 칠산(七山) 바다의 어획(漁獲)과 해안선(海岸線)을 메우는 염전(鹽田)이 있기 때문인지도 모른다.

그러나 영광은 이러한 맛과 풍요로운 생활의 고장임을 자랑하기에 앞서 어쩌면 멋과 풍류의 고장이라 일러야 할는지 모른다.

읍이라 해 보았자 손바닥만 한 분지(盆地)로서 3면이 산으로 둘러싸여 있고 서쪽이 법성 쪽으로 되어 있는 어쩌면 '꽃피던 산골'이라 해야 할는지 모른다. 이 산골짜기에 터를 잡아 살던 선인(先人)들은 풀 한 포기 나무 한 그루도 거저 보아 넘기지 않은 것 같다. 어찌 나무와 풀뿐이랴, 달과 바람도 그냥 스쳐 넘기지 않았던 것이다.

그러한 낭만적인 풍경(風景)이 지금쯤은 얼마나 남아 있을까. 다음에 전승되어 오는 영광팔경(靈光八景)을 한번 외워보자.

휴암의 개인 달　　　鵂岩霽月
내곡의 서리 맞은 단풍　內谷霜風
고현의 나무꾼 피리　　古峴樵笛
관정의 높은 소나무　　冠亭高松

성산의 푸른 대나무	城山翠竹
우산에 지는 해	牛山落照
학다리 주점 주변 깃발	鶴橋酒旗
서쪽 제방 안개와 버들	西堤煙柳.

영광뿐만 아니라 근대화의 물결과 더불어 대부분의 읍거지(邑居地)들이 도시화(都市化)되어 버렸기 때문에 그들이 가졌던 자연풍경은 점차 그 빛을 잃어버리고 말았지만 팔경을 눈여겨 읽을 때마다 나는 깊은 향수(鄕愁)에 젖는다.

옛 글에 "산천(山川)은 의구(依舊)한데 인걸(人傑)은 간 곳 없네"라 하였지만 이제 나는 "인걸(人傑)도 간 곳 없고 산천(山川)마저 간 곳 없네" 자탄하지 않을 수 없다.

그래도 법성(法聖)의 십이경(十二景)은 아직도 그의 여운(餘韻)이 서려 있음을 느끼게 한다. 그것은 보다 더 폭넓은 배경을 가지고 있으며 도시화(都市化)의 침해(侵害)가 그리 깊지 않기 때문이라 해야 할는지 모른다.

선진귀범(仙津歸帆), 옥녀조운(玉女朝雲), 마촌초가(馬村樵歌), 응암어적(應岩漁笛), 시랑모연(侍郎暮煙), 정도낙안(鼎島落雁), 선암모종(仙庵暮鐘), 동령추월(東嶺秋月), 후산단풍(後山丹楓), 통치낙조(通峙落照), 칠산어화(七山漁火), 구수청람(九岫晴嵐) (이상 십이경)

요즈음 법성(法聖) 홍농(弘農)은 원자로의 시설로 해내외(海內外)에 그의 이름이 널리 알려져 가고 있거니와 가마미의 해수욕장(海水浴場)은 어떻게 되어 가고 있는지 궁금하다.

본시 법성이란 이름은 본래 불교와 관련된 이름으로 불법승(佛法僧) 삼보(三寶)의 하나인 법의 성인이 처음으로 도래(渡來)한 지점(地

點)이 곧 이곳이기 때문에 법성이라 명명했다는 것이다. 그것은 멀리 불갑산(佛甲山)의 산명과도 상응(相應)하는 자로서 풀이된다.

한때 법성포(法聖浦)는 포구로서 명성(名聲)을 떨쳤고 "법성포로 돈 실러 가세"라는 노래가 퍼질 만큼 풍성했던 한때가 있었지만 서남해안의 융기현상(隆起現象) 때문에 요즈음은 뱃길이 뜸해지는 추세에 놓여 있다.

이러한 오랜 세월(歲月)을 두고 일어나는 자연현상(自然現象) 때문에 구수산(九岫山) 꼭대기에서 굴껍질을 따내게 되고 읍내(邑內) 팔경(八景)의 하나인 학교주기(鶴橋酒旗)의 학다리 목에 옛날 배가 닿았다는 전설(傳說)을 남기고 있다.

뿐만 아니라 칠산어화(七山漁火)로 조기잡이와 뗄 수 없는 해중칠산(海中七山)이 바로 미래왕(未來王)으로서 도래(渡來)할 왕씨천년(王氏千年) 도읍(都邑)터라는 전설이 구전되어 오는 것도 먼 훗날의 융기현상(隆起現象)의 결과를 예시(豫示)하는 자라 해야 할는지 모른다.

천년수에 자신이 있는 사람이 있으면 여기에 기(旗)를 꽂아두는 것이 좋을는지 모른다. 후일 점유권(占有權)의 증거가 있어야 할는지 모르기 때문이다.

각설(却說), 영광을 흔히 옥당(玉堂)고을이라 하고 또 옥당(玉堂)고을임을 자랑하기도 하고 더러는 이로써 크게 긍지(矜持)를 느끼기도 한다. 그러나 왜 옥당(玉堂)고을이라 지칭하는지 분명하지 않다.

옥당(玉堂)이란 본래 홍문관(弘文館)의 별칭으로서 홍문관(弘文館)은 삼사(三司)의 하나인데 궁중(宮中)의 경서(經書) 및 사서(史書)를 관장하고 문서를 처리하며 또는 왕의 자문에 응하였다. 이에 모두 문관으로 임용(任用)하고 경연(經筵)의 관직을 겸하였으며 홍문관(弘

文館)의 부제학(副提學), 교리(校理), 수찬(修選), 부수찬(副修選) 등을 총칭한 자라 한다. 한 마디로 말해서 학문이 넉넉한 문관을 일러 옥당(玉堂)이라 하였고 그러한 옥당(玉堂)이 다스리던 고을이라 하였으니 이는 다른 어느 고을보다도 문학(文學)의 수준이 높았던 고을임을 의미했던 것인지도 모른다.

그것은 어떠한 경위(經緯)나 곡절(曲折)에 의하여 얻어진 이름인지는 분명하지 않다 하더라도 그러한 이름은 싫지 않을 뿐만이 아니라 자랑스런 이름으로 치부해도 좋을 것이다. 그러나 오늘에 있어서도 그러한 이름과 명실상부(名實相符)하고 있는지의 여부는 우리들 스스로 자성(自省)해야 할 문제점으로 남는다.

그러한 의미에서도 옥당(玉堂)골 영광(靈光)에서는 많은 명현달사(名賢達士)가 배출했으리라고 여겨지지만 시의에 맞추어 한 분의 문신(文臣)을 여기에 기록한다면 강항(姜沆)을 상기하지 않을 수 없다.

그는 정유재란(丁酉再亂) 때 염소당 머리에서 포로(捕虜)가 되었다가 4년 만에 풀려나오기는 하였지만 그는 일본(日本) 체류 중(滯留中) 일본(日本) 주자학(朱子學)의 창시자(創始者) 후지와라 세이카(藤原醒窩)에게 퇴계학(退溪學)을 전수(傳授)한 공(功)으로 국내외(國內外)의 추앙(推仰)을 받고 있으며 그때의 기록으로서 『간양록(看羊錄)』을 남겨 놓고 있다.

마지막 서술에서 빼놓을 수 없는 것은 불갑사(佛甲寺)의 복원(復元)이다. 공비(共匪)로 폐허가 되었던 불갑산의 산림도 다시금 옛 모습을 되찾고 있으며 그 안에서 천연기념물(天然記念物) 112호인 참식나무도 울창한 숲을 이루어가고 있음은 우리의 자랑이 아닐 수 없다(광주일보 1984.9.29).

만물병육

　오월(五月)의 녹음(綠陰)은 천하 가득히 그의 무성(茂盛)을 자랑한
다. 만물(萬物)이 멋대로 뻗어나는 성장(成長)의 계절(季節)이다. 철따
라 계절(季節)의 마음 혹은 계절(季節)의 느낌이라는 것이 있을진대
봄꽃이 춘심(春心)을 설렌다고 한다면 이마작 푸른 숲은 평화(平和)
의 안온(安穩)을 우리들에게 가져다주는 듯하다. 보라! 청록(靑綠)의
일색(一色)으로 감싸인 백수천(百數千)의 초목(草木)들이 그들의 가지
와 줄기는 비록 서로 착종(錯綜)되어 있다손 치더라도 어느 일엽(一
葉) 일지(一支)인들 꺾이고 부러진 자가 있는가! 하늘로 뻗는 그들의
푸른 마음은 결코 남을 해(害)하지 않는다. 아마도 억만(億萬)으로 헤
아림 직한 진진한 눈엽(嫩葉)의 하나하나일 망정 그들 스스로의 아
름다움을 간직하지 않은 자 없음을 보여주고 있다. 옛 글에 "만물병
육이불상해(萬物並育而不相害)"(『중용』)라 하였는 데 이는 만물(萬物)
은 함께 자라되 남을 해(害)하지 않음을 뜻한 것이다. 오월(五月)의
총생(叢生)들은 진정 우리들에게 무엇인가 일깨워주고 있는 것이다.

우리들은 무엇 때문에 생존경쟁(生存競爭)을 해야 하는가! 왜 우리는 Fair play로서의 경쟁(競爭)이 아니라 약육강식(弱肉强食)의 사도(邪道)를 도입(導入)하여 모해(謀害)와 보복(報復)으로서 살벌(殺伐)을 돋우어야 하는가! 이 길이 바로 인간생활(人間生活)의 정도(正道)일 수 있는 것일까! 자연현상(自然現象)이 우리들에게 보여주는 상징적(象徵的) 시사 가운데 반근착절(盤根錯節)이란 말도 있다. 이는 얽히고설킨 간난(艱難)의 험로를 뜻하는 자로서 그의 뒤헝클어진 추한 모습은 실로 만물병육의 평화로운 양상과는 상반되는 자가 아닐 수 없다. 인간약해(人間若海)란 이에서 연유하였고 피세(彼世)의 지옥도 그들을 위하여 준비된 곳인지 모른다. 요즈음 우리들의 주변에서는 협동(Cooperation)과 봉사(Service)라는 시민사회의 새로운 술어가 귀가 아프게 들려온다. 이는 구세대로 일컫는 가족집단에서의 효제 논리에 갈음하는 새로운 도덕규범으로서 제창되는 자임에는 틀림이 없다. 이는 정녕 오월의 녹음이 상징하는 만물병육의 평화로운 사회를 건설하기 위한 높은 차원의 부르짖음으로 이해한다. 이제 우리 대학에서는 6월의 축전을 위하여 총력을 기울이고 있는 느낌이다. 각양각색의 행사가 다채로운 Program을 짜고 있는 것으로 알고 있다. 여기에는 각 단대 독자적인 계획도 있으려니와 대학 전체의 전시강연의 행사도 마련될 것으로도 알 수 있다. 뿐만 아니라 학생들의 각 Club들이 또한 무엇인가를 모색하고 또 준비하고 있을 것이다. 마치 꿈의 현실인 양 일대성사이기를 기대하지 않을 수 없다. 그러나 우리는 여기서 다시금 원점에 서서 좌우를 한번 살펴보자! 대자연은 결코 우리들을 속이지 않는다. 우리들은 각자가 스스로의 최선을 다하는 길을 배우자! 그러므로 해서 나도 자라고 남도 자라게 하는 길을 걷도록 하여야 한다. 남을 짓밟는 자는 스스로 짓밟히고 만다. 남과 엉글어지는 자는 자기의 목이 또한 남의 손에 의하여 옭아매게 된다는 사실을 알아야 할 것이다. 이에 우리 대학은 유월의 성전을 위하여 모든 활동기관이 총동원한 느낌이다. 여기에는 결코 반근착절의 고난이 있을 수 없다. 만물병육의 대도가 우리들의 앞길을 열어주고 있을 것을 믿어 의심하지 않는다. 협동과 봉사야말로 만물이 병육하는 녹음의 윤리인 동시에 용봉Festival의 기본정신이 되어야 할 것이다(전남대학보 1967.2.1).

내가 찾아본 여름철 강산

　　우리 조국은 강과 산으로 수놓아 있기 때문에 금수강산(錦繡江山)
이라 부른다. 북천(北天)에 백두산이 솟아 있으니 남해에 한라산이
잠겼나 봐. 그 사이에 금강 설악이 웅자를 이루었고 황해도 구월산
엔 신화가 서려 있다. 지리산과 가야산은 지호지간(指呼之間)인가!
우륵(于勒)의 탄금성이 상기도 들리는 듯. 계룡산의 천년신비는 캐낼
길이 묘연하다. 그뿐인가! 오대산하 속리산도 상산의 점철에서 뺄
수 없는 명산인걸…….

　　압록강수가 서해로 뻗어 흐를 제 두만강수는 동해로 빠진다. 배산
이 겨레의 상징이라면 양강은 민족의 혈루로 아롱져 있다. 대동강변
이야 고조선의 요람이어늘 한강수는 백제건국과 더불어 근세에 이
르는 우리의 Nile강인가! 낙동강주에는 이미 박래(舶來)의 기적이 일
고 있는데 영산강의 꿈은 언제 이루어질까! 그뿐인가! 북에서는 청
천강과 임진강을 잊을 수 없고 남에서는 금강과 섬진강의 이름을 뺄
수 없지 않은가!

이렇듯 팔도강산은 전에 서복(徐福)이 동남동녀 3,000을 거느리고 불로초를 찾아 헤매던 동해의 삼신산이 떠 있던 고장이요 황진만장(黃塵萬丈)과 강하의 범람에 넋을 잃은 대륙인들이 "원생고려국(願生高麗國)하야 일견금강산(一見金剛山)"을 몽매간에 그리던 고장이 바로 우리의 조국강산인 것이다.

말이 났으니 말이지 금강산의 사칭(四稱)을 아는가? 춘금강, 하봉래, 추풍악, 동개골이 곧 그것이다. 나는 시방도 춘금강일회(春金剛一回) 하봉래이회(夏蓬萊二回)의 탐승을 기록한 행운아임을 자부한다. 추동의 산용을 이북에 남겨둔 채 춘풍추우(春風秋雨) 이십여성상의 세월은 지루하기만 하다.

계묘년(1963) 여름에 나는 아내를 데리고 설악산행을 단행하였다. 그것은 그런대로 사연이 있다. 금강에서 모정을 설악에서 풀어보자는 게 그 하나. 아니나 다를까! 이 두메는 관동의 절경으로서 여금강(女金剛) 남설악(男雪嶽)이라 하여 얼추 우아와 웅장의 대조를 이루고 있는 것이다. 아직 설악이 금강처럼 널리 알려지지 못한 것은 길이 트이지 못한 탓이랄 수밖에 없다. 그렇지 않다면 그 계류와 폭포와 여울과 늪과 수석과 산세가 어찌 금강에 뒤지랴마는 오늘날까지 버려둔 것은—내설악 말이다—오직 개발의 미흡때문이 아닐 수 없다.

오랜 학교생활 끝에 하나의 계획이 이 설악으로부터 비롯하게 된 것이 그 둘째. 다시 말해서 일년 일회의 여름철 소요유. 이는 가족동반의 선유(船遊) 아닌 선유(仙遊). 그렇다. 봉래방장은 선인이 놀던 곳이다. 아뿔사! 금강도 하봉래라 하니 선인도 여름을 즐기는가 보다. 우화이등천(羽化而登天)하는 선인도 아내를 동반했는지의 여부는 알 길이 없으나 나는 여름 한철은 명실공히 부부동반하여 조국강산에 족적을 아로새겨 보기로 한 것이다. 그의 첫 case가 광주에서 서울을 지나 진부령 고개를 훌렁 넘어 외설악의 신흥사에까지 이르렀던 것이다. 때는 장마 뒤라 그런지 산용도 깨끗하고 수량도 풍부하여 그야말로 '요산요수(樂山樂水)'의 즐거움에 도취하고 말았던 것이다. 귀로에는 낙산사에 들러 새벽종의 은은한 여음에 젖어보기도 하고 경포대에 올라 금석의 감에 잠겨보기도 하였다. 바라다 보이는 해수욕장에는 호텔도 있고 텐트도 즐비하나 시끄럽기만 하다.

다음 갑진년(1964) 여름은 속리산 법주사. 나의 5개년 계획 아닌 종신계획의 제2차년도에 해당한다. 장군봉에 올라 호연의 가상을 만끽하잤더니 노처—막 50이 되었으니—는 숨가빠 한다. 피차의 호흡이 여기서 엇갈리고 보니 산을 따르자니 아내가 헐떡이고 아내를 따르자니 장군대가 울렁거린다는 격. 소금강의 칭이 있으니 그의 경승은 이미 탈속의 경지를 사랑할 만하다.

3차년도인 거년 을사년은 대가야의 해인사에서 시작하여 최장거리 코스를 기록하였으니 대구를 거쳐 토함산 석굴암에 올랐더니 불국사는 덤으로 보게 되고 부산의 해운대에서 은혼(銀婚)의 일박을 호강으로 치렀더니 회로에 양산 통동사 어구에서 마차를 탄 맛이 신기롭다. 서울 남산의 케이블카는 타볼 염사가 나지 않더니 송도의 해상 케이블카는 짜릿하고 시원하다. 이렇듯 자연미 위에 인공의 가미도 때로는 어울리나 보다.

이리하여 금년 여름은 어디로 갈까 해답은 간단하다. 안 간 고장을 찾아서다. 그럼 어딜까! 지리산이냐, 계룡산이냐, 아니면 제주 한라산일까! 다시 돌아서 설악의 재탕일까! 산수간을 즐기는 광객(狂客) 치고는 괴짜도 많다. 해마다 설악을 한 번씩 들러야만 일손이 잡힌다는 친구 말이다. 지난 계사년 초행 때의 일이다. 등산 도중 9회 순방객을 만난 일이 있기 때문이다. 사실 말이지 '맛'본 사람이 '맛'을 알고 또 찾는 법이다. 금강이 그렇더니 설악의 유혹이 또한 그렇다. 설악과의 재회의 연연한 심정은 다녀온 사람일수록 더욱 그렇거늘 이는 아마도 나만의 일이 아닐 것이다.

근래 나에게는 사계 중에 여름철 복이 유독 트였나 봐. 하계 학술 조사는 임도 보고 뽕도 따는 격.

우리나라 금강에 남해풍광을 빼놓을 수가 없다. 이를 다도해의 풍경이라 하는데, 서해의 흑산 홍도는 해금강을 능가하는 절묘의 무릉도원이라는 소식을 듣고도 아직 나에게는 미지의 신비경이다. 방향을 동으로 돌리면 망망한 해중에 세 섬이 옹기종기 모였는데, 이름하여 거문도라 부른다. 여수에서 매일 운항하는 객선에 오르면 7~8시간의 항로. 재작년(1964) 제1회 조사단이 첫발을 디딘 곳이다. 만산의 동백은 여름에 피지 않는 게 한이다. 강선대(降仙臺)의 일식(一息)은 해양성 아취의 바로 그것이요, 광란노도의 포효는 실로 금강 설악에서의 아기자기한 맛과는 다르다.

우리나라 서해안은 곳곳마다 절호의 해수욕장이 있다. 동해안은 경사의 도가 꺽지지만 서해안은 평탄한 사장을 이루고 있으니 말이다. 천리포니 만리포니 이름조차 광막하니 여름의 우리 바다는 삼천만은 말고 그의 반반의 마음을 한 번쯤을 흔들어 놓고야 만다. 그러나 그 많은 바다를 즐기는 사람들 중에서도 단 하나의 예외가 될망정 나는 산을 택하고 싶은 것이다. 훤소(喧騷)한 바다의 광란보다도 계간(溪澗)의 정적이 내가 찾아본 여름철 조국강산의 진수이기 때문이다. 유명 무명 크고 작은 소금강이 바둑판처럼 깔려 있는 우리 강산. 봄은 꽃의 산이요, 가을은 단풍의 밭. 그리고 여름의 그 청아한 풍취는 아는 이만이 아는가 봐.

    동으로 돌아드니
    금강설악 짝을 이루고

    서해로 뻗는 강하
    천만경을 적시나니

    조국의 기름진 땅일랑
    내사 고이 가꾸리.

고고(孤高)의 일생(一生)

—소청(少青) 조희관 님은 가셨는가

들음들음 신양이 불편하시다는 소문을 듣고 목포에 들렀을 때가 올 봄 3월이었는데 그때가 바로 수술 직후라서 예후가 몹시 걱정이 되었다. 동란 후 흰 털이 부쩍 늘기는 하였지만 평소에 그리 걱정할 정도의 건강은 아니었는데 이리 될 줄은 꿈에도 생각잖던 일이다.

고향에 계실 때가 조석으로 만나던 처지지만 해방 후인가 보다. 1년 앞서 고향을 뜨신 후 목포항도여중 교장으로 계셨기 때문에 자주 뵈옵지 못하다가 1·4후퇴의 기연으로 1년 남짓 그림자처럼 뒤를 따른 일이 인제 와서는 조사거리로 남게 되니 무상타 할까 허망타 할까. 마음의 허전함을 메울 길이 없다. 막상 시국의 안정을 얻어 나는 다시 무등산 밑으로 되돌아오게 되었는데 그때 소청님은 내 손을 꼭 붙잡고 "자네마저 가려는가!" 하면서 어린애처럼 눈물을 성글성글하시던 모습이 이제 새삼스럽게 되살아난다. 지나치게 정적이신 님의 모습이외다.

학생시절부터 문학소년으로서의 인상을 우리들의 머릿속에 다시

박아 주었지만 그의 문명을 경향 간에 날리기는 해방 후의 일이리라.『갈매기』・『전우』를 주간하고『철없는 사람들』・『샘』 등을 내신 것이 오로지 동란 후의 일이니 이때는 소청님에 있어서 오로지 고난의 시기이었음에는 틀림이 없다.

동란 후로부터 오늘에 이르기까지 소청님은 교육계의 재진출을 체념하고 오로지 문화활동이란 고난의 길을 자취(自取)하셨으니 이로 인한 그의 촉수(促壽)야 가족이 서럽고 측근은 원통하고 벗들은 섭섭하겠지만 남긴 업적은 그랬기에 남은 것이 아닐까! 재인(才人)에게는 왜 천수(天壽)를 주지 않는지, 명수(命數)란 정말 알 수 없는 일이다.

1・4후퇴란 겨울이 아니더냐! 나야 피난민이니 거적을 치고 방 한 칸에서 우굴우굴 지낸들 어색할 것이 없지만.

『갈매기』・『전우』의 주간님 댁이 그때 내 집만도 못하여 처자들이 길거리로 나앉게 된 때도 있다. "당하면 별수 없느니라"라는 말은 구경꾼들의 입버릇이겠지만 모든 유혹을 물리치고 자기가 선택한 한 길을 위하여 꾸준히 걸어간다는 것은 범연한 사람으로서는 못하는 일이다. '문'의 뒷받침이 없이 우리 겨레 우리나라는 건질 수 없다는 하나의 굳은 신념 없이 절푼 없는 문화사업을 혼자서 자담할 수 있겠는가! 이는 내 스스로 우리 소청님의 체취를 맡아가면서 지났기에 큰 소리로 말할 수 있는 일이다. 여기에 우리 소청님의 고고한 풍미가 있었느니라. 나쁘게 말하면 우리 소청님은 고집쟁이였다. 그처럼 부드러운 말씨 그처럼 연한 글을 쓰시는 분이언만 또는 가다가 소녀처럼 생긋 웃기도 잘하시는 그에게 벽창호 같은 고집이 있어 "좀 더 세상과 타협을 하면 저렇듯 고생은 안 하실 분인데……"의 말을 하게끔 되니 그도 그럴 것이 '쌀 닷 말'에 무릎을 꿇지 않는 오류선생(五柳先生)의 기개가 그로 하여금 그렇게 하였을 법도 하다. 모두가 아끼고 서운한 속에서 갈 길을 재촉하신 소청님의 모습은 이처럼 깨끗하였느니라. 어쨌든 이번 소청님의 길은 너무 빨랐다. 좀 더 살았어야 할 일이다. 소청님을 위해서는 창창한 고생길일는지 모르지만 우리들을 위하여 좀 더 살아주었어야 할 일이다. "악착같이 살자"는 말을 나는 몹시 싫어하지만 나는 소청님은 왜 악착같이 살아주지 못했는가! 진정 생의 패배자라고 하기는 싫다. 모든 다정다감한 시인이나 철인들의 상례적인 '자학'의식이 우리 소청님에게도 있지나 않았는가! 임종에 가까울 무렵 "약도 싫다. 입원도 싫다" 하였다는 말을 나는 들었는데 이는 곱게 주검의 길을 택하신 모습에 고개가 수그러지게는 하지만 혼자 살다 혼자 가는 세상은 아닌 것을! 거기에도 또 고집을 부리시지 않았는가! 몹시도 가족을 아끼고 어린애를 귀여워하고 꽃을 사랑하고 벌레 한 마리도 차마 발길로 문지르지 못하는 그가 어찌하여 자기를 그처럼 손쉽게 버리는지! 세상이 소청을 버렸는가! 소청이 세상을 버렸는가!

그러나 소청님이여! 고이 잠드소서!

이제 나도 눈물을 거두겠나이다. 언젠가 날더러 "글이란 자주 쓰는 게 좋아"하시던 말씀 마치 소학생에게 "글공부를 부지런히 해야 해" 하듯이 타일러주시던 말씀 아직도 귀에 역력합니다.

이제 님은 마디마디 우리들의 가슴속에 살아 계시나이다. 소청님은 정말 영 가시었는가?(호남신문 4291.9.14)

선생은 시대의 귀감이셨습니다

—고(故) 목정(牧丁) 최한영(崔漢泳) 선생 영전에

　　항상 젊기만 하기기에 좀 더 오래오래 사실 줄만 알았더니 문득 떠나셨다는 비보를 듣자오니 역시 이승은 무상한가 봅니다. 이제 막상 지난날을 돌이켜본즉 3.1운동에 선봉에 서셨던 일만을 빼놓고는 우리 목정 선생만큼 티 없는 일생은 보내신 분도 그리 흔하지 않을 것입니다. 90평생의 약력을 살펴보더라도 3.1지사만으로 일관한 생애를 뉘라서 감히 흠잡을 수 있으리까.

　　선생에게서는 관작도 아랑곳없고 부의 축적도 부러울 것이 없음에도 불구하고 선생의 꿋꿋한 기상은 송백부조(松柏不凋)의 늠름한 모습을 항상 우리들 앞에 과시하시었습니다.

　　평소 우리 광주에서는 애국지사로서 원로의 품위를 지켜오시었으나 우리 목정 선생께서는 남다른 멋을 지니고 계셨다는 사실을 아는 이는 그리 흔하지 않을 것입니다. 그것은 선생의 서도와 궁도에 관한 뛰어난 경지를 아는 이가 그리 흔하지 않기 때문입니다.

　　선생의 서도는 흔히 우리들이 이야기하는 국전파가 아니라 이름도 성도 내세우려 하지 않는 선비의 서도라는 점에서 더욱 친근미를 돋우어 줍니다. 국전파들의 화려한 산해진미보다는 우리 목정 선생의 구수한 서풍은 마치 서민의 양장국 같은 맛을 풍겨주곤 합니다. 언젠가 기분 내키실 때 써주신 '유천희해(遊天戱海)'는 인제 와서는 길이 간직해야 할 가보 제1호가 되었습니다.

들잡건대 엊그제까지도 선생께서는 관덕정(觀德亭) 출입을 하루도 거르지 않고 나다니셨다는 이야기를 듣고 있습니다. 언제부터 쏘시기 시작하신 활인지는 과문하여 알 길이 없사오나 80도 훨씬 넘기시고 90의 문턱을 바라보시던 그 어느 날 몰기(五矢五中)하신 성적을 자랑하시던 모습이 눈에 환하게 떠오릅니다. 그 과녁은 누구를 향한 과녁이었을까. 다시 물을 길 없이 떠나버리셨지만 그것이야말로 불의와 부정이 아니었을까. 궁도는 칙궁지도(飭躬之道)라 하거늘 우리 목정 선생께서는 오로지 궁도를 통하여 올바른 길만을 걸어오셨던 것입니다. 서도를 통한 삶의 멋과 궁도를 통한 정의의 길은 목정 선생께서 이승에 남겨주신 영원한 선물로 길이 간직하겠나이다. 고이 잠드소서.

노처(老妻)의 투병(鬪病)

아무 탈 없이 50년 가까이 함께 살았다면 결코 짧은 세월이 아니다. 듣건대 외국사람들은 50년이 되면 금혼례라 하여 우리나라 사람들의 마치 60회혼례처럼 치르는 모양이지만 우리 두 늙은이도 어느덧 얼추 3년만 지나면 금혼식에 들뜰 나이가 되었다. 그 사이에 딸이고 아들이고 간에 6남매를 두었으니 옛날 같으면 결코 많은 축에 들지는 않지만, 요즈음 둘만 낳자는 세상이고 보면 둘의 세 곱이나 되니 적지 않은 수효다. 어쨌든 잘잘못간에 먹이고 입히고 가르치고 시집·장가 보내는 사이에 50년의 세월은 덧없이 흘러가 버렸는지도 모른다.

그간 반세기의 적지 않은 사연들은 다 그만두고라도 한 가지 신기한 것은 도대체 그와 나와의 모든 관계상황에 있어서는 거의 하나도 빠짐없이 같은 데라고는 하나도 없는데도 불구하고 용하게도 오늘날까지 살아왔다는 사실이다. 그 사람은 토끼띠라 그런지 성질이 급한 편이어서 나같이 '물고 떼는 소'—그가 지어준 별명이다—를 만났으니 망령이지 그렇지 않고 만일 똑같은 두 토끼끼리 만났다면 금혼식은커녕 은혼식도 전에 이미 판결이 났을는지도 모른다.

그뿐만이 아니라 먹는 식성에 있어서도 그렇다. 어려서 고생하던 시절의 이야기를 핑계 삼기는 하지만 핑계 없는 무덤 없다는 속담도 있으니 그것은 그렇다 치고 어쨌든 보리밥이란 이야기만 들어도 그는 질색이다. 보리밥뿐만이 아니라 온통 잡곡밥이야기라고만 하면 머리를 설레설레 흔들어 버리는 쌀밥주의자—미식주의자—인 것이다.

그런데 나는 그 미식이 싫은 것이다. 흰 눈처럼 희고 또 비단결같이 보드라운 그 쌀밥이 그리 달갑잖으니 천성이 그렇다면 천성 치고는 알 수 없는 천성인지도 모른다. 왜냐고 묻는다면 나는 싱거워서 어디 먹을 맛이 있느냐고 대답한다. 이러한 내 대답은 그 잡곡밥의—콩밥, 팥밥, 조밥, 보리밥 등등—구수한 맛, 다시 말하자면 씹으면 씹을수록 꿀맛으로 되어 가는 그 맛을 모른다면 알아들을 턱이 없다. 게다가 한 술 더 떠서 말한다면 잡곡밥의 그 영양학상 진가를 알고 보면 쌀밥이란 돈을 싸서 준다 해도 먹잘 것이 없는 흰밥에 지나지 않음에 있어서랴!

그렇다고 해서 오늘날까지 살아오면서 적어도 한 지붕 밑에 있을 때는 어느 날 치고 한 밥상에서 밥을 먹지 않는 끼니는 없었으니 신기할 노릇이다.

그나마도 어느 끼니에 나온 밥이 흰밥이건 잡곡밥이건 간에 서로 따져본 적도 없다. 보리밥이라 해서 그가 불평을 늘어놓는 법도 없었거니와 흰밥이라고 해서 숟갈을 던져버린 적도 없다. 서로 묵계나 한 것처럼 말없이 먹어 치우고서는 자리를 털고 일어나 버리는 것이다.

그러기에 천생연분이라는 것인지 그는 항상 말버릇처럼 궁합이야기를 곧잘 한다. 지금도 그렇지만 우리 때만 하더라도 소위 궁합이 차지하는 비중이란 절대적이었다. 남녀가 서로 만나서 서로 장래를 약속하는 사랑의 속삭임보다도 어느 누구의 유명한 사주쟁이의 말이 보다 더 권위 있는 설득력을 지녔던 시절에 있어서 우리 부부도 결코 예외일 수 없었다. 그가 궁합을 믿는 것은 불가에서 석가모니불을 믿는 것이나 예수교에서 그리스도를 믿는 것이나 진배없는 신앙인지도 모른다. 그도 그럴 것이 그 밥상에서의 말없는 조화를 보라! 그러한 양극적 식성도 아무런 불평 없이 조화를 이루고 있지 않은가! 천생배필의 궁합이 아니고서야 그렇게 될 리가 없지 않은가. 한번 믿어봄 직도 한 것인지도 모른다.

그녀가 시집온 직후로부터 한 가지 병이 있는 것을 알게 되었다. 찬물만 손에 대면 아랫배가 살살 아파 오는 병이다. 그것도 한달 30일에 29일은 그렇다고 스스로 자백하는 판이라 낸들 어찌할 수 없는 그녀의 병이었다. 시집오기 전 처녀의 병 치고는 내놓고 자랑할 병이 못 되어서였는지 모르지만 병이란 자랑해야 한다고 불문율을 내게 와서야 털어놓았던 것이다. 그렇지 않다고 한들 한 지붕 밑에서 어찌 숨길 수 있을 것인가!

그러한 냉수병을 지니고 있어서 그런지 몸집은 날씬한 편이 지나쳐서 수척한 편이어서 살보다도 뼈로 지탱하는 정도였기에 그녀는 항상 살 한 번 쪄보는 것이 소원이라는 푸념을 나는 날에 날마다 들어야만 했던 젊은 시절이었다.

그러나 다행했던 것은 그녀의 그 냉병은 생각보다도 일찍 그것도 거뜬히 낫고 말았다. 그랬기 때문에 4대 독자의 집안에 시집왔던 그녀는 속된 표현을 빌리자면 남녀 간에 어린애도 쑥쑥 잘 낳았다.

집안도 그다지 옹색하지 않았기 때문에 태평세월 걱정이라고는 없어졌기 때문이었는지 모르지만 아마도 30이 넘어서부터이었는지—짐작건대 단산 이후로 짐작이 간다—차츰차츰 살이 붙기 시작하더니 이제는 제법 사장 부인이 된 듯이 틀이 잡힌 그것도 살찐 귀부인(?)이 되었으니 정말 자식들이야 그 옛날 제 엄마의 그 날씬했던 모습은 짐작도 못함은 너무도 당연하다. 나로서는 마치 두 여인을 만난 것과 같은 착각에 사로잡힌다 한들 이상할 것이 없을는지 모른다.

이렇듯 순풍에 돛을 단 듯 순조롭게 살아온 천생연분의 두 내외라고 자타가 공인한 우리들 사이에 때아닌 돌풍이 불어왔으니 저 고혈압에 의한 중풍 증세가 그녀를 엄습하였던 것이다. 때를 기록해 두자. 1978년 1월 중순의 그 어느 날. 그러나 아주 쓰러진 것은 4월달.

의사는 최후의 신고를 내렸고 가족들은 마지막 치상 준비를 하고 있을 무렵에 기적이 그녀를 구원해주었다. 최후수단으로서의 침과 한약으로 그녀는 기사회생하였다. 40일 만에 혼자 걸어서—물론 완전한 걸음은 아니었지만—퇴원하여 집안치료로 옮아졌다고 그때부터 그녀의 투병은 서서히 시작되었다고 해야 할 것이다.

그 후 1년이 지난 79년 1월에 다시금 재발하여 한번 더 입원했고 또 한번의 기적이 그를 구원하여 다시금 재생의 투병을 계속하고 있다.

이제 막 3년째로 접어든 그녀의 투병 생활 중에 변화가 있었다면 그가 지녔던, 어쩌면 천성에 가까운 토끼가 없어져 버린 사실이다.

그처럼 급했고 급한 성질에는 언제나 뒤따르는 그 신경질이 없어져 버린 것이다. 말하자면 인생을 스스로 조용히 맞아들이고 있는 듯한 체념인 것이다.

작년 여름에 그녀의 제의로 두 사람의 수의—죽을 때 입고 가는 옷 — 를 장만했다. 그녀는 아마도 이 두 벌의 옷을 웨딩드레스처럼 나란히 입고 한날한시에 같이 떠났으면 생각해 보기도 했을는지 모른다. 그러나 그것은 결코 신의 뜻 두 사람 중 누군가가 먼저 떠나기 마련이다.

괴상도 하지! 두 늙은이들은 서로 이르기를 먼저 가는 사람이 복이란다. 그것을 누가 알랴! 혼자 남는 외로움보다는 남아 있는 그대의 보살핌 속에서 고이 잠드는 것이 보다 더 복된 자신을 느껴보는 것인지도 모른다.

그러나 누가 먼저 건 그것은 오직 하늘의 뜻일 뿐 그다지 문제가 되지 않는다. 누가 먼저건 간에 이미 그것으로서 우리의 천생연분은 끝이 되고 말기 때문이다. 오늘의 우리는 오직 저 50의 금혼식의 희망을 안고 살아가고 있으면 그만이 아닌가! 그 어느 날 떠나야만 하는 그 날까지……(여성동아 1980.8).

낙엽

서울 Y대학 앞을 지나는 합승(合乘) 안에서 이런 대화를 귀담아 들었다.

A: 선생은 낙엽전시회를 구경하였습니까?

B: 낙엽전시회라니! 여러 가지 낙엽을 주워 모은 건가요?

A: 아니에요. 그야 낙엽을 주워 모은 것이기는 하지만 낙엽을 가지고 작품을 만든 거예요.

B: 작품이라니요?

A: 가령 '춤'이라든지 '여인상(女人像)'이라든지 '석양(夕陽)'이라든지 하는 여러 가지 제목을 붙여 작품을 만든 거지요.

B: 그럼 그건 순낙엽(純落葉)만 가지고 만들었나요?

A: 그야 바탕은 흰 것, 검정, 노랑 등을 쓸 수 있지만 그 위에 붙인 건 낙엽만 가지고 했지요.

B: 거! 재미있겠군요.

A: 정말 한번 보세요. 낙엽이란 이처럼 예쁜 줄 처음 느꼈어요.

그 가지가지 형태와 빛깔로 그처럼 정서 그윽한 작품들이 나올 줄은 몰랐어요. 이때까지는 낙엽이란 길가에 굴러떨어지는 것으로만 알았거든요.

이들의 대화에서 그들은 Y대학 교수들임을 알았고 동시에 그 작품이 그 대학 학생들의 손으로 만들어진 것임을 알았다. 뿐만 아니라 그 대학은 남자가 주이지만 여학생도 상당수 끼어 있는 대학임을 알았고 작품은 주로 여학생의 것이 많으나 남학생의 작품도 끼어 있다는 것이었다.

이런 대화를 들을 때 문득 나는 우리 대학이 더욱 뚜렷이 머리에 떠올랐다. 우리 대학에도 이제 찬 삭풍을 맞아 많은 낙엽들이 소리 없이 지고 있을 것이다. 학생들의 발길은 그 위를 혹은 그 곁을 밟고 지나련만 아마도 이러한 정서적인 감흥에 스스로의 마음을 어루만져 보는 사람은 몇이나 될꼬 하는 생각이 들었다.

낙엽이 귀근(歸根)이란 말도 있듯이 낙엽이란 아마도 해의 낙조처럼 서글픈 것임에는 틀림없다. 그러나 그것이 도리어 우리의 마음을 흐뭇하게 해 주는 작품으로 나타날 때 낙엽이란 썩어 없어지기만 하는 것이 아니라 이처럼 재생할 수 있다는 점에서 나같이 인생의 황혼기에 접어든 사람일수록 더욱 보고 싶은 전시회가 될 것만 같다 젊은이들이여!

노자(老者)들을 위하여 낙엽의 향연을 한번 베풀어줌이 어떨까! 우리들에게는 낙엽을 짓밟지 말고 주워서 곱게 다듬어 쓸 줄 아는 마음이 아쉽기 때문이다(The Chonnam University Press 1962.11.22).

설악산(雪嶽山) 기행(紀行)

　—가을 산책(散策)

　인물을 평(評)한 속언(俗諺)에 남남북녀(南男北女)란 말이 있는데 아마도 인물뿐이 아니라 산악이 또한 그런지도 모른다. 금강과 설악은 옛 시조에 "금강산 가던 길에 설악산 중을 만나……"라 한 것과 같이 항배상망(項背相望)의 처지요 그들의 주봉(主峰)에 오르면 상호지호(相互指呼)의 가까운 사이에다가 금강산은 북방 여성미의 극치를 이루고 설악산은 남방 남성미를 대표한다니 그럴싸한 이야기인지도 모른다.

　8·15와 더불어 금강·설악이 온통 38이북이 되고 보니 피차(彼此) 산자수명(山紫水明)의 강산을 논할 맛이 없던 차—그야 소금강(小金剛)은 도처에 산재하지만—정전과 더불어 설악만이라도 우리 품으로 돌아오니 어찌 보고픈 마음 일지 않을 수 있을까! 그러나 설악은 금강과 달라 개발에 착수한 지 일천한지라 대중적 관광의 길이 그나마 외설악만이라도 트인 것은 이 수 3년에 지나지 않는 것이다.

　오랜 숙원을 이루어 외설악 신흥사(神興寺) 어구에 닿기는 9일 하오(下午)의 일이다. 새벽 5시 반에 서울을 떠난 급행버스가 인제를 지나 진부령을 넘을 때 이미 정오가 지났다. 평생토록 기차표 살 때나 쓸까 말까 하는 신분증을 이 고개를 넘을 때 평생 처음 쓰게 되니 수복지구(收復地區)의 일선촉감(一線觸感)이 몸에 젖어 옴을 느끼게 한다. 여기서 우리는 철통같은 경계태세의 튼튼함을 절로 알게 된다. 그리하여 강원도 일선(一線)을 뚫고 탄탄대로를 달려 속초로 빠지는 것이었다. 속초에서 신흥사까지는 딴 차로 바꾸어 탔는데 40분 노정이다. 여장을 풀고 산세를 살펴본즉 그 규모의 웅대하면서도 유현(幽玄)함이 금강을 방불케 한다. 금강은 12,000 설악은 8,000이라 하지만 8,000봉의 아기자기한 맛도 결코 12,000봉의 그것에 지지 않을 것같이 느껴졌다.

10일은 셔리호(號)의 호우(豪雨)가 진종일 관동(關東)을 스치는 통에 '우중설악우일경(雨中雪嶽又一景)'이라 자위하면서 하루를 보냈다.

11일 아침은 아직도 부슬비가 내리는데 어제 이래 부푼 개울물을 징검징검 건너면서 계조암(繼祖菴)과 울산바위를 향하여 계곡을 더듬어 올랐다. 이날은 때마침 작야(昨夜)에 도착하신 금호(錦湖) 선생 일행과 합류하게 되어 탐승(探勝)의 길이 더욱 수다스럽고도 즐거웠다. 계조암은 신흥사에서 북으로 약 3km 지점에 위치하고 자장(慈藏)·원효(元曉)·의상(義湘) 등의 명승(名僧)들이 나온 곳이라 하여 이름이 높다. 이곳 '흔들바위'는 전차만 한 통바위가 손으로 밀어도 흔들흔들하는 것이 신묘하기도 하였다.

하오(下午)에는 다시 길을 돌려 천불동(千佛洞) 계류(溪流)를 타고 비선대(飛仙臺)에 이르렀다. 안내인의 말대로 외설악의 진경(眞景)은 과시(果是) 여기인 듯 일행은 거저 쾌재(快哉)를 연호(連呼)한다. 이제야 비로소 천리 길을 더듬어서 여기까지 온 보람을 맛보는 듯 내금강(內金剛) 만폭동(萬瀑洞)의 그 시원시원하고도 부드러운 풍치가 여기서는 웅장한 층암절애(層岩絶崖)와 더불어 만폭(萬瀑)의 포말(泡沫)을 토(吐)하면서 노후(怒吼)하지 않은가? 아뿔싸! 금강산 가는 길에 설악에 들렀더니 설악은 간 곳 없고 금강이 예로구나! 이쯤 되면 금강과 설악은 일란이태(一卵離胎)인 양하여 구별하기 힘이 든다.

여기서부터 더욱 깊숙이 들어갈수록 귀면암(鬼面岩)을 지나 대소청봉(大小淸峯)의 상봉에 이르는 사이가 이른바 외설악 천불동의 절경이라 하는데 어느새 일모(日暮)의 시각이라 뜻을 이루지 못한 것이 유감이다. 그러나 미련을 남김이 또한 후일을 다시 기약할 수 있으리라는 여운을 남기고 돌아설 수밖에 없었던 것이다.

12일은 비룡폭포행(飛龍瀑布行). 오늘은 노익장의 금호(錦湖) 선생께서 길을 재촉하신다. 아마도 어제 천불동 비선대의 영기를 타신 듯. 비룡폭포까지의 길도 기어오르는 산험(山險)의 맛을 맛보아야 하는데 거기서 또다시 토왕성폭포(土王星瀑布)까지의 길은 전문가의 등산객들도 힘드는 코스인데도 금호(錦湖) 선생의 가고파 하시는 동심(童心)의 기분에는 우리들이 도리어 즐거운 비명을 울리게 되는 판국이었다. 비룡포(飛龍布)까지라도 좋다. 장장류수(長長流水) 몇 천 몇 만년을 흐르고만 있으련만 오늘의 우리들만을 위하여 조화옹이 마련해 주신 것같이 느껴졌다.

귀로(歸路)에는 이 계곡동구(溪谷洞口)에 한 막사가 있어 우리 일행을 잠깐 쉬게 한다. 내 비록 불주객(不酒客)이지만 이때의 진로(眞露)의 맛은 한결 흥취가 있다. 막사의 주인이 두툼한 사인첩을 내놓고 일필(一筆)을 청(請)하니 금호(錦湖) 선생 문득 제왈(題曰) "구곡청

담하(九曲淸潭下) 박인천(朴仁天)"의 담담(淡淡)한 선미(禪味)를 풍기신다. 이에 서첩이 내게 돌아오기에 "만뢰성배비봉무(萬籟聲裵飛鳳舞) 무등산인(無等山人)"이라 휘지(揮之)한즉 광주인(光州人)은 도시(都是) 무등산인(無等山人)일 것이니 '현암(玄庵)'이라 부서(副署)함이 옳다는 의견에 따라 다시 여백(餘白)의 일우(一隅)를 메웠다. 이의 오칠양구(五七兩句)의 뜻을 합(合)하여 고시조형(古時調型)의 창조(唱調) 일수(一首)를 엮어보면

설악천봉(雪嶽千峯) 구곡청담(九曲淸潭)
완보(緩步)로 들어가니
만뢰성(萬籟聲) 들리는데
비봉(飛鳳)은 춤을 춘다
동자(童子)야 덮개(蓋) 가득 부어라
님과 함께(마시리라)

○   ○

관동팔경(關東八景)의 하나인 낙산사(洛山寺) 의상대(義湘臺)는 신흥사에서 약 30리. 범종소리에 여정(旅情)을 적시면서 하룻밤을 게서 새우고 이튿날 달 없는 강릉 경포태(鏡浦台)의 곁을 스쳐 목욕객들이 우글거리는 해수욕장도 지나쳤지만 그것에는 흥미가 없고 오죽헌(烏竹軒)에 들르니 실로 고현(古賢)이 낳으신 곳이 이렇듯 고요하며 이렇듯 소박한가 싶어 500년의 옛 꿈을 더듬어 보았다. 내 비록 둔필(鈍筆)일망정 율곡선생(栗谷先生)의 『격몽요결(擊蒙要訣)』을 번역하여 『전남교육』에 연재한 것이 4285년이니 꼭 10년 전 일이다. 오늘따라 선생의 영정 앞에서 분향하게 됨에 새로운 감회에 젖게 됨을 나

스스로 어찌 할 길이 없구나!

○ ○

내가 설악행(雪嶽行)을 떠날 때 '비밀행(秘密行)'이었기 때문에 마치 이 글을 통하여 보고하는 것으로 여겨지기도 하거니와 그러면 이 글은 어떻게 끝매듭을 하는 것이 좋을까. 옳지 끝으로 조용히 금호(錦湖) 선생의 '관설악술회(觀雪嶽述懷)'를 들어보기로 하자.

> "일본의 경치는 수목과 관광시설의 인공미라 한다면 설악이야말로 자연미의 절경이야! 조금만 시설을 하면 천하명승이 될 것인데."

이는 일반론이고

> "설악을 광주로 가지고 갔으면 좋겠네!"

무척 정이 드신 모양이나 이는 불가능론(不可能論)이라. 보고프면 우리가 다시 가야지 별도리가 없습니다(전남일보 1963.8.17).

덥혀진 차는 끓고 산동(山僮)은 잠들고……

    유가에서도 조상을 받드는 예로서 다례(茶禮)라는 제사의 풍습이 있기는 하지만 차가 선과 맥을 같이한다는 점에서는 불가와 더욱 가까운 인연이 있는 게 아닌가 싶다. 그럼에도 불구하고 조선조 후기 실학의 집대성자인 거유 정약용은 전남 강진으로 귀양간 후로 어찌하여 그의 아호를 다산(茶山)이라 자칭하였을까. 하기야 그가 거처했던 곳을 다산이라 불렀던 까닭으로 치부해버리면 그만이겠지만 내가 그의 학(學)에 심취하여 그를 사숙한 지 어언 30여 년의 세월이 흐름에 따라 다산에 얽힌 차의 의미는 또한 남다른 데가 있음을 느끼게 한다. 지금도 그가 묵고 있던 귤동 뒷산 다산초당의 언저리에는 자생(自生)한 차가 깔려 있고 초당 앞에 놓인 다조에는 아직도 차향이 서려 있는 양하다.

    벽돌 쌓아 올린
    자그마한 다조(茶竈)
    리괘(離卦) 손괘(巽卦)

나부끼는 불꽃
　덥혀진 차(茶)는 끓고
　산동(山僮)은 잠들고
　연기만이 간들간들
　뿜어내는 푸르름(原文畧)
　[다암시첩(茶盦詩帖)]

　흔히 다산 귀양살이를 강진 18년이라 하지만 따지고 보면 초당
10년을 빼면 읍거(邑居)시절이 8년이요 이 읍거 시절에 이미 혜장선
사로부터 강진차를 선사받는다. 여기서 새삼 길게 다산과 혜장과의
인연을 서술할 겨를이 없거니와 나는 그들의 만남을 일러 다연(茶緣)
이라 이르고 싶다. 왜냐하면 다산은 유가의 경사(經師)요 혜장은 불
가의 선사(禪師)임에도 불구하고 백련사에서 녹차를 사이에 놓고 마
주한 첫 만남, 그나마도 백년지기인 양 하룻밤을 뜬눈으로 새운 정
경은 이를 다연으로밖에 설명할 길이 없기 때문이다. 아니나 다를까
다산은 혜장에게 걸명시(乞茗詩)를 남기었고 아울러 장공(藏公)이 그
의 제자인 이성에게 들려보내 준 차를 받자 또한 사이성기차(謝頤性
奇茶)의 시를 짓기로 하였다. 차에 유―불의 구별이 있을 까닭이 없
다. 인간만사가 도시 선이 아닌가. 그러기에 다산도 이르기를 "경사
(經師)도 만년에는 좌선(坐禪)을 일삼는 일이 있거늘 나도 또한 그렇
게 되기를 바란다"고 이른 것을 보면 그들의 다연이야말로 유―불이
하나가 된 자라 이르지 않을 수 없다. 그러므로 차야말로 '만남'이라
푸는 까닭이 여기에 있다.
　다산의 만남은 혜장에 그치는 것이 아니라 다선(茶仙) 초의선사와
의 만남에서 그의 다연의 극치를 이룬다.

초의는 널리 알려진 바와 같이 대흥사 일지암의 고승으로서 일찍이『동다송』,『다신전』등을 저술하여 동방다도에 있어서 다성(茶聖)으로 일컬어지고 있는 선사다. 다산은 초당으로 경함을 옮긴 후로는 가까운 이웃 대흥사에의 출입이 잦아짐에 따라『대흥사지(大興寺誌)』및 『대동선교고(大東禪敎考)』의 저술에 착수하게 되었고 그 때문에 대흥사의 고승들과의 교의(交誼)가 두터워짐으로써 초의와의 다연도 더욱 짙어지게 이르렀던 것이다.

초의는 다우(茶友) 추사 김정희와는 동갑이지만 다산보다는 25세 수하로서 기록에 의하면 "종다산(從茶山)하야 수유서관시도(受儒書觀詩道)하고 회탁선경(恢拓仙境)" 하였다 이르고 있다. 적어도 시문과 유도에 관한 한 초의는 다산을 사사하여 스승으로 받들었음이 분명하다. 그러므로 다산은 초의를 다른 누구보다도 친제자처럼 애지중지한 흔적이 역연하다.

다른 것은 다 그만두고라도 여기서 특히 지적하고 싶은 것은 다름 아니라 다산이 초의를 위하여 중부(中孚)라는 아호를 지어 주었다는 사실을 생각하지 않을 수 없다. 중부란 유가에서도 가장 어려운 책으로 이름난『주역』64괘 중의 하나로서 다산은 어찌하여 초의에게 이처럼 그 뜻이 깊고도 어려운 중부라는 호를 지어 주었을까. 그것이 차와는 어떠한 관계가 있는 괘의 이름일까. 궁금하지 않을 수 없다. 다산은 특히 중부의 뜻을 다음과 같이 풀고 있다.

중부란 중이 빈 괘니라. 본래 한오라기 물도 없는지라 어찌 티끌인들 털 것이 있으랴. 또한 중이 빈 때문이다.[1]

주역 64괘 중 중부의 괘상(卦象)은 대리(大離)의 상▤으로서 허중(虛中)의 상임을 보여주고 있다. 우리말로는 속이 빈 상인 것이다. 속이 비었다 함은 곧 마음이 비어 있음을 의미하는 자가 아닐 수 없다. 그것은 곧바로 무욕을 뜻하는 자가 아니겠는가. 다시 말하면 다도의 진수는 무욕에 있고 무욕의 극치가 바로 선이 아니겠는가. 다도가 곧 선도요 다선의 도가 바로 무욕에 있는지라 이로써 다산이 초의를 일러 중부라 부른 까닭을 짐작하게 된다. 그러므로 다도야말로 만남[會友]에 이어서 마음을 비움[心空]에 있다는 까닭이 여기에 있다고 할 수 있다.

이로써 우리는 다산이 스스로 다산이라 자호(自號)하게 된 것은 그것이 결코 그가 거처했던 곳의 산명(山名)을 딴 것에 지나지 않는 것이 아니라 보다 더 깊은 다도의 이해에서 왔음을 짐작하게 한다. 그러므로 그가 다산이라 자호할 뿐 아니라 다수(茶叟)로도 자호하고 있음을 보면 이를 짐작하고도 남음이 있는 것이다. 왜냐하면 다수란 차의 옹(翁)이지 그것이 결코 다산의 옹이 아니기 때문이다. 다시 말하면 다산에 우거하는 노옹이 아니라 차를 즐기는 자신임을 의미하기 때문이다.

이에 다산이 스스로 다인(茶人)임을 확인한 것은 바로 그가 1818년에 귀양이 풀리자 그가 강진에 남겨두고 떠나야 하는 아쉬움에서 조직한 제자들의 다신계(茶信契)에서인 것이다. 이를 요즈음 말로 표현한다면 다산 제자의 동창계라 할 수 있는데 어찌하여 하필이면 계명을 일러 다신계라 하였을까. 더 좁혀 말하자면 '다신(茶信)'이란 어휘는 어디에서 따온 것일까.

---

1) 『茶山筆帖』, "中孚者 虛中之卦也 本無一物 何用拂塵 亦虛中也."

이제 우리는 다시금 저 난해의 주역을 들추어보지 않을 수 없다. 그것은 또 다산이 초의를 위하여 지어준 아호인 중부괘의 「잡괘」 전문을 찾아보면 다음과 같은 단구가 눈에 띈다.

중부는 믿음이다. 중부는 즉 대리(大离)의 믿음이다. 분명하게 중허(中虛)는 중부에 비유하여 말한 것이다.[中孚信也 中孚則大离之信 洞然中虛比之謂中孚也].

중허(中虛) 또는 허중(虛中)의 상은 곧 심공(心空)의 선도요 중허심공(中虛心空)이야말로 대리지신(大离之信)임을 밝혀 주고 있다. 우리말로 다시 고쳐 쓴다면 비움은 믿음인 것이다. 이로써 '다신'의 연유를 알 수가 있다.

이에 나는 다도를 다음과 같이 세 가지 뜻으로 풀고 싶다. 만남과 믿음과 비움이 곧 그것이다.

첫째, 이 세상은 서로 만나 더불어 살아야 한다. 싫건 좋건 서로 어울려 살아야 하게 마련이다. 공자는 그의 『논어』에서 "이문회우(以文會友)"하라 하였다. 글이야말로 벗들과 더불어 어울릴 수 있는 가장 좋은 매개체임을 의미한다. 시도 읊고 노래도 부르며 서로 마음을 터놓고 어울려야 하기 때문이다. 그러나 그것은 문화감각의 동질성이 전제되지 않고서는 불가능하지 않을까! 그러나 이다회우(以茶會友)한다면 그것은 만인이 함께할 수 있는 만남이 아닐 수 없다. 차야말로 귀천도 없고 상하도 없고 빈부도 없고 남녀도 가릴 것 없이 서로 마음을 터놓고 어울리게 해 주는 지극한 벗이 아닐 수 없기 때문이다.

둘째, 욕심을 버린 텅 빈 마음가짐이야말로 지극한 차의 덕이 아닐 수 없다. 사람이 이 세상에 태어나 어찌 욕심이 없을 수 있겠는가. 부와 귀는 인간의 본래적인 욕심이지만 그러한 욕심 때문에 인생을 망칠 수도 있다는 사실을 우리는 너무도 잘 알고 있다. 그러므로 우리는 다도를 통하여 심공무욕(心空無欲)의 도를 터득하여야 할 것이다.

마지막으로 이 세상은 믿음이 아니고서는 하루도 지탱할 수 없음을 우리는 너무도 잘 알고 있다. 한 나라도 불신불립(不信不立)인지라 믿음이야말로 우리 인간 세상을 지탱해주는 지렛대인 것이다. 그러한 의미에서도 다신(茶信)의 진리야말로 다산의 다신계의 전유물이 아니라 우리 모두가 간직해야 할 차의 미덕이라 이르지 않을 수 없다.

영원한 기억

—나를 꼬집으시던 어머니

나는 아버지를 모른다. 철부지 때 바삐 세상을 떠나셨으니 알 턱이 없다. 뒷날 사진으로 뵙긴 하였지만 아예 그렇거니 생각할 뿐 정은 통하지 않는다.

그러나 홀어머니의 정만은 흠뻑 받았다. 게다가 4대 독자니 일러 무엇하랴! 어머니 돌아가신 지도 어언 10년, 내 나이도 반백을 훨씬 넘고 보니 돌이켜 그럴수록 어머니의 모습이 환상처럼 스치는 때가 많다. 옛날에 순임금은 쉰에도 부모를 사모했다고 해서 천하의 대효(大孝)라 일컫는다지만 나는 그런 효도에서라느니보다는 거저 아쉬움에서 오는 어머니 생각인지도 모른다.

어머니 품 안에서 자랄 무렵의 일은 알 수 없지만 지각이 든 그이후의 일로는 나는 어머니에게 껴안겨본 기억은 없다. 볼을 만져주거나 입을 맞추어주거나 등을 두들겨 준다거나 하는 그런 일도 없을 뿐 아니라 단 한 번 손을 잡아 준 일조차 없으니 도대체 우리 어머니는 나를 어떤 모양으로 귀애해주셨는지 모를 일이다.

그러나 지금도 어머니에게서 꼬집히던 기억만은 생생하다. 무엇을 잘못했다가 어머니 손에 꼬집혔는지 그 내용은 하나도 모르겠다. 아마도 버릇없는 짓을 했거나 사람구실을 못할까 봐 걱정하는 나머지 때로는 지나친 화풀이를 죄송하지만 내게 다 하셨는지도 모른다. 다못 꾸중 듣던 기억만이 새롭고 그러고선 눈물짓던 어머니시었다. 그것도 내 나이 열을 넘어서기 이전의 일이다.

그간의 잔사설은 빼고 때가 성숙하여 한 사람 짝을 골라 장가를 들었는데 다행 태기가 있어 일녀(一女)를 낳으니 딸일망정 20여 년만에 처음 보는 어린애라 서운하기는커녕 화기만당(和氣滿堂)하였다. 그러나 때는 가족계획의 시절도 아니요 설령 천하가 가족계획을 하더라도 4대 독자의 가문에 가족계획이 있을 수 없는 일이 아니겠는가! 줄줄이 낳은 것이 딸만 넷을 내리 뽑았다.

설마가 이리 되고 보니 온 집안이 저기압일 수밖에 없다. 산모의 죄도 아니려니와 하기야 아무의 잘못도 아니지만 어머니께 기쁨을 드리지 못하는 것이 한스럽다면 한스러운 일이라고나 할까! 그러나 그때 우리 어머니는 보통 때나 다름없이 오직 미역국 걱정에, 갓난애 기저귀 걱정에 딴말이라곤 없다. "낳니라면 아들도 섞이느니라"의 한 마디만은 아직도 내 귓전에서 사라지지 않는다. 그 말씀이 씨가 되었는지는 모르지만 다음에 낳은 사내애가 금년에 대학에 들고 보니 한결 어머니께 보여드리고 싶어진다.

우리 내외도 어느덧 은혼(銀婚)의 고비도 훨씬 지나 30여 년의 세월이 흐르고 이지사(二之四)의 남매를 두어 해로의 문턱에 올라섰으니 이제는 심심풀이의 부부싸움도 열없는 일이지만 전에사 잦지는 않지만 웬걸 서로 비위가 틀리면 큰 싸움이 벌어지곤 하였다.

지금 생각해 보아도 어머니의 싸움 중재(仲裁) 역설적(逆說的)이다. 시비곡직은 차치하고 날더러만 잘못했다는 것이다. 서로 무언(無言)의 투쟁이 계속되는 동안 아무도 입을 열지 않는다. 그럴 때마다 어머니 말씀은 "지는 것이 이기는 것이니라"다. 알 수 없는 논법이다. 아들 편보다도 며느리 편을 드시는 어머니의 깊은 뜻을 나는 이해할 수 없었다.

그래도 고집을 부리면 이제는 날더러 '못난 사내자식'이라는 논리를 펴기도 하셨다. "사내자식의 도량이 그처럼 조불조불해서야 되나" 하는 것이다. 마지못해 말문을 트게 되면 아내도 기다렸다는 듯이 응한다. 결국 어머니 말씀과 같이 내가 더 아량이 있는 사람쯤 되는 결과가 된다. 후에 『노자(老子)』를 읽자 '유승강(柔勝强)'의 이치가 있음을 알고 『노자』를 읽지 않고도 깨달은 어머니의 그러한 슬기로움이 어디로부터 온 것인지 나는 아직도 모른다.

학교를 나온 후 30을 전후해서는 고향에서 어머니를 모시고 살았다. 공자처럼 "유주무량(唯酒無量)"은 되지 못하더라도 친구들과 휩쓸려 주가(酒家)에 드나드는 일이 잦았다. 주가 치고 주부(酒婦) 없는 주가가 없는 것은 예나 지금이나 다를 바 없으니 그러기에 아마도 주색(酒色)이란 바늘에 실처럼 따라다니는 것인지 모른다.

이러한 분위기 속에서 지새우는 사이에 실로 어머니의 걱정이 어느 정도이었는지 나는 사실 깨닫지 못했다. 나는 친구들과 휩쓸릴 따름이지 결코 주색에 탐닉해서가 아니라고 여쭈어도 어머니는 믿지 않으신다. 어머니의 훈계는 잔소리로밖에 들리지 않았다. 이제는 어릴 때처럼 고분고분 꼬집힐 나이도 아니다. 어머니의 꾸중에 화가 치밀면 악을 쓰면서 미닫이를 와락 닫고선 집을 나오곤 하기를 한두 번이 아니었던 것으로 기억한다. 얼마 후 만취한 나의 눈에 비친 고

부(姑婦)끼리의 두 여인은 우수의 초라한 모습일 뿐이었다.

그러자 어머니의 내게 대한 전법이 달라졌다. 우리 일당이 가무를 즐기는 술집 문 앞에 몇 시간이고 말없이 서 계시는 것이다. 술 취한 자식을 기다리다가 나오게 되면 앞서서 걸어가실 뿐 말이 없다. 집에 들어가면 아내는 "당신 어머니가 언제부터 서 계신 줄이나 아느냐"고 묻는다.

이러한 일이 거듭할수록 살을 깎고 가슴을 에이는 느낌이다. 하기야 여름밤이라도 홀로 씹고 계셨을 그 고적(孤寂) ― 나만을 믿고 살아오신 어머니! 겨울밤 혹은 눈 내리는 밤에도 그런 일이 있었다. 그러기에 지금도 그런 밤이면 어머님이 문밖에 서 계신 듯하여 자제하는 버릇이 생긴 것은 이때부터이다.

진정 사랑이란 아마도 소리도 없고 냄새도 없는 것인지 모른다. 바다처럼 넓고 깊은 사랑에 묻혀 살면서도 물을 모르는 물고기처럼 그것을 모른다. 지극한 애정은 감각적이거나 육감적인 것은 아니다. 어머니의 사랑이 그런 것이다. 나는 지금도 그것을 느끼고 있을 따름이다. 어머니의 사랑을 나는 갚아드리지는 못했을망정 나는 지금도 그 속에서 살고 있다.

세상이 각박해질수록 아쉬운 것은 정이다. 이는 줄 때 느끼고 받을 때 느낄 따름이다. 혹은 그때는 느끼지 못한 정이라도 그것이 진정(眞情)일진대 오랜 후에야 느끼는 수도 있다. 실로 진정(眞情)은 플라토닉한 것인지도 모른다.

나는 영원한 기억 속에 한 여인을 잊지 못하고 있다. 그녀는 나의 어머니시다. 어머니는 나의 가슴속에 그의 영원한 좌표를 마련하고 계신 것이다(사상계 1965.1월호).

발문

이 책을 발행하게 된 것은, <이을호 전서> 초간본이 품절되어 찾는 독자들이 많았고, 전서의 증보와 보완이 있었으면 좋겠다는 여망에 따른 것입니다. 전서가 발행된 이후에도 특히 번역본에 대한 일반 독자의 수요가 많아서 『간양록』을 출간하였으며, 『한글 사서』(한글 중용·대학, 한글 맹자, 한글 논어)는 비영리 출판사 '올재 클래식스'가 고전 읽기 운동의 교재로 보급하였고, 인터넷에서도 공개하고 있습니다. 「한글 논어」는 교수신문에서 '최고의 고전번역'으로 선정되기도 하였습니다.

그간 선친의 학문에 대한 관심의 고조와 함께 생전의 행적을 기리는 몇 가지 사업들이 있었습니다. 서세(逝世) 이듬해에 '건국포장'이 추서되었습니다. 선친께서는 생전에 자신의 항일활동을 굳이 내세우려 하지 않으셨기 때문에, 일제강점기에 임시정부를 지원하고 영광만세운동과 관련하여 옥고를 치렀던 일들을 사후에 추증된 것입니다.

향리 영광군에서도 현창사업이 있었습니다. 생애와 업적을 기리는 사적비(事績碑)가 영광읍 우산공원에 세워졌습니다. 그러나 금석(金石)의 기록 또한 바라지 않으신 것을 알기에 영광군에서 주관한 사적비의 건립 역시 조심스러웠습니다.

서세 5주년 때는 '선각자 현암 이을호 선생의 내면세계'를 주제로 한 학술심포지엄이 영광문화원 주최로 영광군에서 열렸습니다. 그의 학문이 "한국의 사상과 역사를 새롭게 연구하고, 우리 문화의 미래적 방향을 제시한 것"이었음이 알려지자, '한국문화원연합회 전남지회'에서는 『현암 이을호』라는 책을 간행하여 여러 곳에 보급하기도 하였습니다. 이후 영광군에서는 전국 도로명주소 전환 사업 시 고택(故宅) 앞 길을 '현암길'로 명명하였습니다.

학계에서는 전남대학교가 '이을호 기념 강의실'을 옛 문리대 건물에 개설하여 그곳에 저서를 전시하고, 동양학을 주제로 하는 강의와 학술모임을 하고 있습니다. 선친의 학문 활동은 일제시대 중앙일간지와 『동양의학』 논문지 등에 기고한 논설들이 그 효시라 할 수 있지만, 그 이후 학문의 천착은 일생 동안 몸담으셨던 전남대학교에서 이루어졌음을 기린 것입니다. 지금은 생전에 많은 정성을 기울이셨던 '호남의 문화와 사상'에 대한 연구도 뿌리를 내리게 되어 '호남학'을 정립하려는 노력들이 활발하게 이루어지고 있습니다. 또한 한국공자학회에서 논문집 『현암 이을호 연구』를 간행하였고, 최근 출간한 윤사순 교수의 『한국유학사』에서 그 학문적 특징을 '한국문화의 새로운 방향을 제시한 업적'으로 평가하였습니다.

이제 하나의 소망이 있다면, 그 학문이 하나의 논리와 체계를 갖춘 '현암학'으로 발전하는 것입니다. 이 출간이 '책을 통하여 그 학문과 삶이 남기'를 소망하셨던 선친의 뜻에 다소나마 보답이 되었으면 합니다. 덧붙여서 이 전집이 간행되기까지 원문의 번역과 교열에 힘써 준 편집위원 제위와 이 책을 출간하여준 한국학술정보(주)에도 사의를 드립니다.

2014년 첫봄
장자 원태 삼가 씀

편집 후기

2000년에 간행된 <이을호 전서>는 선생의 학문과 사상을 체계적으로 이해하도록 편찬하였었다. 따라서 다산의 경학을 출발로, 그 외연으로서 다산학 그리고 실학과 한국 사상을 차례로 하고, 실학적 관점으로 서술된 한국 철학과 국역『다산사서(茶山四書)』,『다산학제요』등을 실었던 것은, 다산학을 중심으로 형성된 한국적 사유의 특징을 이해하도록 한 것이었으며, 그 밖의『사상의학』과『생명론』은, 선생이 한때 몸담았던 의학에 관계된 저술이었다.

지금은 초간본이 간행된 지 14년의 세월이 흘러, 젊은 세대들은 원전을 이해하지 못하는 사람들이 늘어나고, 그 논문의 서술방식 또한 많이 바뀌어 가고 있다.

이러한 상황의 변화에 따라 새로운 전집의 간행이 이루어졌으면 하는 의견들이 많아 이번에 <현암 이을호 전서>를 복간하게 된 것이다.

이 책의 편차는 대체적으로 선생의 학문적 흐름을 쉽게 이해할 수 있다는 점에서 이미 간행되었던 <이을호 전서>의 큰 틀은 그대로 유지하면서도 각 책을 따로 독립시켜 각자의 특색이 드러나도록 하였다. 특히 관심을 기울인 것은 원문의 번역과 문장의 교열을 통하여 그 내용을 쉽게 이해할 수 있도록 한 것이다.

그 과정에서 가장 중점을 둔 것은 원문의 국역이었다. 저자는 문장의 서술과정에서 그 논증의 근거를 모두 원문으로 인용하였다. 그러나 이번에 인용문은 모두 국역하고 원문은 각주로 처리하였다. 또한 그 글의 출처와 인명들도 모두 검색하여 부기함으로써 독자들의 이해를 돕도록 한 것이다.

또한 이전의 책은 그 주제에 따라 분책(分冊)하였기 때문에 같은 주제에 해당하는 내용은 모두 한 책으로 엮었으나 이번 새로 간행된 전집은 다채로운 사상들이 모두 그 특색을 나타내도록 분리한 것이다. 이는 사상적 이해뿐 아니라 독자들의 이용에 편의를 제공하고자 하는 뜻도 있다.

또 한 가지는 서세 후에 발견된 여러 글들을 보완하고 추모의 글도 함께 실어서 그 학문세계뿐 아니라 선생에 대한 이해의 폭을 더욱 넓히는 데 참고가 되도록 하였다.

이제 이와 같이 번역·증보·교열된 <현암 이을호 전서>는 선생의 학문이 한국사상연구의 현대적 기반과 앞으로 새롭게 전개될 한국 문화의 미래적 방향을 제시하는 새로운 이정표로서 손색이 없기를 간절히 기대한다.

갑오년(甲午年) 맹춘(孟春)

증보·교열 <현암 이을호 전서> 복간위원회

안진오 오종일 최대우 백은기 류근성 장복동 이향준 조우진
김경훈 박해장 서영이 최영희 정상엽 노평규 이형성 배옥영

『현암 이을호 전서』 27책 개요

1. 『다산경학사상 연구』

처음으로 다산 정약용의 철학을 체계적으로 연구한 저서이다. 공자 사상의 연원을 밝히고 유학의 근본정신이 어디에서 발원하였는가 하는 것을 구명한 내용으로서, 유학의 본령에 접근할 수 있는 지침서이다(신국판 346쪽).

2. 『다산역학 연구 Ⅰ』

3. 『다산역학 연구 Ⅱ』

다산의 역학을 체계적으로 연구한 책으로서 다산이 밝힌 역학의 성립과 발전적 특징을 시대적으로 제시하고 다산이 인용한 모든 내용을 국역하였다(신국판 上, 下 632쪽).

4. 『다산의 생애와 사상』

다산 사상을 그 학문적 특징에 따라서 현대적 감각에 맞도록 정치, 경제, 사회, 문화 등 각 방면의 사상으로 재해석한 책이다(신국판 260쪽).

5. 『다산학 입문』

다산의 시대 배경과 저술의 특징을 밝히고, 다산의 『사서오경(四書五經)』에 대한 해석이 그 이전의 학문, 특히 정주학(程朱學)과 어떻게 다른가 하는 것을 주제별로 서술하여 일표이서(一表: 經世遺表 / 二書: 牧民心書, 欽欽新書)의 정신으로 결실되기까지의 과정을 서술한 책이다(신국판 259쪽).

6. 『다산학 각론』

다산학의 구조와 경학적 특징, 그리고 그 철학 사상이 현대정신과 어떤 연관성이 있는가에 대해 상세하게 논한 저서이다(신국판 691쪽).

7. 『다산학 강의』

다산학의 세계를 목민론, 경학론, 인간론, 정경학(政經學), 『목민심서』 등으로 분류하여 다채롭게 조명하여 설명한 책이다(신국판 274쪽).

8. 『다산학 제요』

『대학(大學)』, 『중용(中庸)』, 『논어(論語)』, 『맹자(孟子)』의 사서(四書)는 물론 『주역』, 『시경』, 『악경』 등 모든 경서에 대한 다산의 이해를 그 특징에 따라 주제별로 해석하고 그에 대한 특징을 서술한 방대한 책이다(신국판 660쪽).

9. 『목민심서』

다산의 『목민심서』를 현대정신에 맞도록 해석하고, 그 가르침을 현대인들이 어떻게 수용하여야 할 것인가 하는 것을 재구성한 책이다(신국판 340쪽).

10. 『한국실학사상 연구』

조선조 실학의 특징을, 실학의 개념, 실학사상에 나타난 경학(經學)에 대한 이해, 조선조 실학사상의 발전에 따른 그 인물과 사상 등의 차례로 서술한 것이다.(신국판 392쪽)

11. 『한사상 총론』

단군 사상에 나타난 '한' 사상을 연구한 것이다. 단군사상으로부터 '한' 사상의 내용과 발전과정을 서술하고, 근대 민족종교의 특성에 나타난 '한'의 정신까지, 민족 사상을 근원적으로 밝힌 책이다(신국판 546쪽).

12. 『한국철학사 총설』

중국의 사상이 아닌 한국의 정신적 특징을 중심으로, 한국철학의 형성과 발전과정을 서술한 것이다. 이 책은 한국의 정신, 특히 조선조 실학사상에 나타난 자주정신을 중심으로 서술한 것으로서 이는 중국의 의식이 아닌 우리의 철학 사상의 특징을 밝혔다(신국판 611쪽).

13. 『개신유학 각론』

조선조 실학자들의 사상적 특징, 즉 윤휴, 박세당, 정약용, 김정희

등의 사상을 서술하고 실학자들의 저서에 대한 해제 등을 모은 책이
다(신국판 517쪽).

14. 『한글 중용·대학』

『중용』과 『대학』을 다산의 해석에 따라 국역한 것이며, 그 번역
또한 한글의 해석만으로서 깊은 내용까지 알 수 있도록 완역한 책이
다(신국판 148쪽).

15. 『한글 논어』

다산이 주석한 『논어고금주』의 내용을 중심으로 『논어』를 한글화한
책이며 해방 후 가장 잘된 번역서로 선정된바 있다(신국판 264쪽).

16. 『한글 맹자』

『맹자』를 다산의 『맹자요의』에 나타난 주석으로서 한글화하여 번
역한 책이다(신국판 357쪽).

17. 『논어고금주 연구』

『여유당전서』에 있는 『논어고금주』의 전체 내용을 모두 국역하고,
그 사상적 특징을 보충 설명한 것이다. 각 원문에 나오는 내용과 용
어들을 한(漢)나라로부터 모든 옛 주석에 따라 소개하고 다산 자신
의 견해를 모두 국역하여, 『논어』에 대한 사상적 본질을 쉽게 알 수
있도록 정리한 책이다(신국판 665쪽).

18. 『사상의학 원론』

동무(東武) 이제마(李濟馬, 1838~1900)가 쓴 『동의수세보원』의 원문과 번역, 그리고 그 사상에 대한 본의를 밝힌 것으로서 『동의수세보원』의 번역과 그 내용을 원론적으로 서술한 책이다(신국판 548쪽).

19. 『의학론』

저자가 경성약학전문학교를 졸업한 후 당시의 질병과 그 처방에 대한 자신의 견해를 밝힌 의학에 대한 서술이다(신국판 261쪽).

20. 『생명론』

저자가 만년에 우주에 대한 사색을 통하여 모든 생명의 근원이 하나의 유기체적 관계로서 형성되고 소멸된다는 사상을 밝힌 수상록이다(신국판 207쪽).

21. 『한국문화의 인식』

한국의 전통문화에 나타난 특징들을 각 주제에 따라서 선정하고 그것들이 지니는 의미를 서술하였으며 또한, 우리 문화를 서술한 문헌들에 대한 해제를 곁들인 책이다(신국판 435쪽).

22. 『한국전통문화와 호남』

호남에 나타난 여러 가지 특징들을 지리 풍속 의식과 저술들을 주제별로 논한 것이다(신국판 415쪽).

23. 『국역 간양록』

정유재란 때 왜군에게 포로로 잡혀갔다가 그들의 스승이 되어 일본의 근대 문화를 열게 한 강항(姜沆)의 저서 『간양록』을 번역한 것이다(신국판 217쪽).

24. 『다산학 소론과 비평』

다산의 사상을 논한 내용으로서, 논문이 아닌 조그마한 주제들로서 서술한 내용과 그 밖의 평론들을 모은 책이다(신국판 341쪽).

25. 『현암 수상록』

저자가 일생 동안 여러 일간지 및 잡지에 발표한 수상문을 가려 모은 것이다(신국판 427쪽).

26. 『인간 이을호』

저자에 대한 인품과 그 학문을 다른 사람들이 소개하여 여러 책에 실린 글들을 모은 책이다(신국판 354쪽).

27. 『현암 이을호 연구』

현암 이을호 탄생 100주년을 기념하는 논문집으로서 그 학문과 사상을 종합적으로 연구하고 그 업적이 앞으로 한국사상을 연구하는 기반을 닦았다는 것을 밝힌 책이다(신국판 579쪽).

23. 『국역 간양록』

정유재란 때 왜군에게 포로로 잡혀갔다가 그들의 스승이 되어 일본의 근대 문화를 열게 한 강항(姜沆)의 저서 『간양록』을 번역한 것이다(신국판 217쪽).

24. 『다산학 소론과 비평』

다산의 사상을 논한 내용으로서, 논문이 아닌 조그마한 주제들로서 서술한 내용과 그 밖의 평론들을 모은 책이다(신국판 341쪽).

25. 『현암 수상록』

저자가 일생 동안 여러 일간지 및 잡지에 발표한 수상문을 가려모은 것이다(신국판 427쪽).

26. 『인간 이을호』

저자에 대한 인품과 그 학문을 다른 사람들이 소개하여 여러 책에 실린 글들을 모은 책이다(신국판 354쪽).

27. 『현암 이을호 연구』

현암 이을호 탄생 100주년을 기념하는 논문집으로서 그 학문과 사상을 종합적으로 연구하고 그 업적이 앞으로 한국사상을 연구하는 기반을 닦았다는 것을 밝힌 책이다(신국판 579쪽).

현암 이을호 전서 25
현암 수상록

초판인쇄   2015년 6월 19일
초판발행   2015년 6월 19일

지은이   이을호
펴낸이   채종준
펴낸곳   한국학술정보㈜
주소   경기도 파주시 회동길 230(문발동)
전화   031) 908-3181(대표)
팩스   031) 908-3189
홈페이지   http://ebook.kstudy.com
전자우편   출판사업부   publish@kstudy.com
등록   제일산-115호(2000. 6. 19)

ISBN   978-89-268-6915-4 94150
        978-89-268-6865-2 94150(전27권)